Mariam Irene Tazi-Preve
Das Versagen der Kleinfamilie

Mariam Irene Tazi-Preve

Das Versagen der Kleinfamilie

Kapitalismus, Liebe und der Staat

Verlag Barbara Budrich
Opladen • Berlin • Toronto 2017

Bibliografische Information der Deutschen Nationalbibliothek
Die Deutsche Nationalbibliothek verzeichnet diese Publikation in der Deutschen
Nationalbibliografie; detaillierte bibliografische Daten sind im Internet über
http://dnb.d-nb.de abrufbar.

Gedruckt auf säurefreiem und alterungsbeständigem Papier

ISBN   **978-3-8474-2010-1 (Paperback)**
eISBN 978-3-8474-0981-6 (eBook)

Umschlaggestaltung: Bettina Lehfeldt, Kleinmachnow – www.lehfeldtgraphic.de
Titelbildnachweis: www.istock.com
Lektorat: Dr. Andrea Lassalle, Berlin
Satz: Judith Henning, Hamburg – www.buchfinken.com
Druck: paper & tinta, Warschau
Printed in Europe

Das Leiden an der Liebe bis in alle Trostlosigkeit.
Erika Pluhar

Die Familie ist die kleinste terroristische Einheit.
Pier Paolo Pasolini

Inhalt

Vom Leiden an der Kleinfamilie. Eine Einführung

Rufen wir uns den österreichischen Autor Thomas Bernhard und die Geschichten seiner Kindheit in Erinnerung. Wütend und schmerzvoll kommt in ihnen die Demütigung der unehelichen Geburt hoch, die Würdelosigkeit, in der er aufwachsen musste, und die Scham, die die Mutter zeitlebens verfolgte. Der Vater bestritt die Vaterschaft, obwohl der Sohn sein Ebenbild war.

Die Aufarbeitung der eigenen Kindheit und Jugend ist oft Stoff literarischen Erzählens. Bei den *Tagen Deutschsprachiger Literatur* in Klagenfurt gab es 2012 eine große Zahl von Texten, die Familiengeschichten erzählten. Interessant, befand die Jury, aber gesellschaftspolitisch wenig relevant. „Die Familie als Ort von Neurosen", kommentierte eine Jurorin die mal mehr, mal weniger tragischen Geschichten und sprach damit aus, was Therapeuten und Therapeutinnen hinlänglich bekannt ist. Dem Glauben an die Kleinfamilie als Ideal privater Lebensführung tut dies jedoch keinen Abbruch.

Befasst man sich mit Mutter- und Vaterschaft und der Forschung zur Privatheit, so ist es unvermeidlich, die Nöte und das Leid wahrzunehmen, die Menschen in der gegenwärtigen Familienkonstellation erleben oder in ihrer Kindheit erfahren haben. Dieses Leid äußert sich in westlichen Gesellschaften in Depressionen, Aggressionen und Suchtverhalten. Die ungestillte Sehnsucht verlagert sich nach außen, in die Arbeitswelt und den Konsum, wo die Bedürfnisse nach Anerkennung und Ganzheit befriedigt werden sollen.

Das, was von der historischen „familia" aus römischer Zeit übriggeblieben ist, ist die Kleinfamilie, die sich als brüchig erweist. Die Idylle ist nur eine vermeintliche, sie hinterlässt in und außerhalb der Ehe alleingelassene und überforderte Mütter (Tazi-Preve 2004), in ihrer väterlichen Identität verunsicherte Väter (Tazi-Preve et al. 2007) und Kinder, die ohne das soziale Korrektiv einer Gemeinschaft aufwachsen. Die engen Eltern-Kind-Beziehungen geraten zu Traumata, wenn Kinder psychischer, physischer oder sexueller Gewalt ausgesetzt sind, die nicht nur gravierende Narben hinterlassen (Hermann 2006). Sie setzen sich auch fort, wenn diese Kinder selbst Familien gründen. SozialarbeiterInnen, Jugendämter und PsychiaterInnen sind täglich mit der Realität der Tragödie Kleinfamilie konfrontiert (z.B. Standard 8/2010).

In den vergangenen Jahren habe ich zahlreiche Vorträge zum Thema Familie gehalten und eine unglaublich große Resonanz gefunden.[1] Da habe ich begriffen, dass meine Rolle darin besteht, auszusprechen, was Frauen und Männer[2] selbst empfinden und begriffen haben. Ich bin mehr und mehr zum Sprachrohr der an den Familienverhältnissen leidenden Generationen geworden. Auf einem Kongress wurde ich nach meinem Vortrag zum Versagen der Kleinfamilie von einer Therapeutin angesprochen, die mir empathisch schilderte, wie sehr meine Darlegungen dem entsprechen, was sie täglich mit ihren KlientInnen[3] erlebt. In meinem Ansatz habe sie endlich die Erklärung für das Leiden an neurotisierten und neurotisierenden Familien gefunden.

Trotz aller Leiden bleibt das Ideal der Kleinfamilie aber stabil. Der Wunsch nach ihr steht immer noch ganz oben auf der Beliebtheitsskala und in den Lebensvorstellungen von Jugendlichen. Obwohl sich ihre Eltern immer öfter scheiden lassen oder vielleicht gerade deswegen. Sie glauben daran, dass sie es besser machen würden. Als Erklärung für die aktuelle Re-Familialisierung gilt neuerdings auch die sich verschärfende Wirtschaftslage, in der ein stabiler Rückzugsort umso bedeutsamer wird.

Und dann gibt es den normativen Diskurs, also die Diskussion darum, wie Familie angeblich zu leben sei. Er wird hauptsächlich von kirchlicher und politischer Seite geführt, besonders dann, wenn mit der Kindererziehung etwas schiefläuft. Auch Psychologinnen und Pädagoginnen appellieren in diesem Fall an die Eltern, für ein „ordentliches" Familienklima zu sorgen.

Der Diskurs zur Familie stellt sich also so dar, als gäbe es nur zwei Blickwinkel, auf die Familie (zurück) zu schauen: in wütender Reminiszenz oder in idealisierter Verklärung.

Das Grundschema der Kleinfamilie beruht auf einer juristischen Finte der Römer. Es sollte etwas sichergestellt und amtlich besiegelt werden, das gar nicht sicher sein konnte, nämlich die Vaterschaft – während die Mutterschaft ja immer augenscheinlich war. Die Ehe begründete rechtlich die Hoheit des

---

1   „It is so necessary that you speak out", sagte eine Frau nach einem Vortrag in San Francisco zu mir.

2   Auf einer Konferenz in der Schweiz meinte ein junger Mann: „Das ist der Vortrag, auf den ich gewartet habe."

3   Ich werde in meinem Text verschiedene Formen der geschlechtergerechten Schreibweise verwenden. Da sind einmal das Binnen-I und daneben die männliche und weibliche Form separat, wo es mir sinnvoll erschien. Daneben werde ich auch die weibliche Schreibweise als allgemeine Form benutzen, um ersichtlich zu machen, dass die Floskel, „Frauen" seinen „mitgemeint", wenn die (männliche) „Normalform" gewählt wird, einfach nicht stichhaltig ist.

„pater familias" über die Früchte seines Landes, seines Haushalts und „seiner Lenden".

Nur scheinbar unterliegt die Debatte heute keinem „Vater-Diskurs", also dem patriarchalen Herrschaftsdogma des römischen Rechts, mehr. In den 1970er Jahren wurde überall in Europa das Familienrecht reformiert. Das patrilineare Prinzip der Trennung der Mutter-Tochter-Bindung zugunsten der ehelichen Verbindung mit einem Partner, an den von nun an – zumeist vergeblich – alle Sehnsüchte und Wünsche adressiert werden, bleibt aber bestehen. An die Stelle des Rückhalts aus der Herkunftsfamilie und der weiblichen Genealogie ist der Partnerschaftsmythos getreten. Der Mann aber erweist sich nur dann als der richtige Adressat, wenn es um die erotische Anziehung, selten aber dann, wenn es um Unterstützung für die Frau und die beständige Betreuung und Fürsorge für ihre Kinder geht.

Theoretisch begründet wurde die Struktur Vater-Mutter-Kind in der Triangulierung durch Freud. Aber selbst dieser zeigte sich pessimistisch, was das Funktionieren von Familiensystemen betrifft.

> Wer überhaupt weiß, von welchen Spaltungen oft eine Familie zerklüftet wird, der kann auch als Analytiker nicht von der Wahrnehmung überrascht werden, dass die dem Kranken Nächsten mitunter weniger Interesse daran verraten, dass er gesund werde, als dass er so bleibe wie er ist. (Freud 1917, o.S.)

Freud konzediert, dass die Gesundung des/der Einzelnen das ganze System zu Fall bringen könnte. Aus seinen Schriften geht hervor, dass die Ehen der Wiener Oberschicht seinerzeit häufig der Konvention geschuldet waren. Sie wurden arrangiert, hatten wenig mit Liebe zu tun, Affären waren üblich und die Ehe in der Konvention erstarrt. Aber obwohl Freud das erkannte, hielt er doch an der Kleinfamilienstruktur als unabänderlich fest.

Es handelt sich bei der Kleinfamilie also um ein Glaubenssystem, das in der Freud'schen Theorie der „Triangulierung" normativ fixiert wurde. Und dies, obwohl der „Vater der Kleinfamilie" erkannt hatte, dass das Aufwachsen in ihr eine potentiell traumatisierende, weil unausweichliche Situation auf kleinstem Raum darstellt. Die emotionale Grundstruktur jedes Menschen resultiert aus dieser Konstellation und den Folgen, die eine unglückliche Mutter-Kind- oder Vater-Kind-Beziehung hat. Diese weitreichende psychische Dimension aber wird im politischen und sozialen Diskurs um Familie gemeinhin ausgespart.

Erst im therapeutischen Prozess treten Risse, das Leid und die Angst zutage, ausgelöst durch das „Nichtfunktionieren" der Herkunftsfamilie, besonders durch als verlassend, distanziert oder übermächtig erlebte Mütter; aber auch durch Väter, die sich häufig aus der Verantwortung für ihre Kinder stehlen, wenig Anteil an ihrem Alltag nehmen oder Kinder aus früheren Beziehungen gänzlich verlassen. Narzisstische Verletzungen entstehen aus dem Gefühl der Nichtbeachtung, der fehlenden Wertschätzung durch Vater oder Mutter oder aber durch die schlechte Beziehung der Eltern zueinander.

Mit auf der Therapeutencouch liegt immer die Mutter, und zwar, weil sie zumeist die einzige ist, die präsent war.

> Früher oder später wird sie immer Thema: die Mutter, die Nervtöterin, die Egomanin, die ewige Vorgesetzte mit dem Meinungsmonopol. (Wienerin 5/2011, 197)

Die Verbindung zwischen Mutter und Tochter, so heißt es, sei häufig kompliziert und emotionsgeladen. Töchter litten unter Kritik und Kontrolle oder Mütter suggerierten ihnen Schuldgefühle. Populärwissenschaftliche Bücher und Magazine sind voll von solchen Berichten. Oft und allenthalben ist vom Leiden an der Familie, an der Mutter und am Vater die Rede. Die Familien-Opfer treffen sich in Selbsthilfegruppen oder eilen in die Therapiepraxen.

Und zahlreich sind die Menschen, die glauben, im Falle einer Scheidung bzw. Trennung persönlich zu versagen. Doch es geht nicht um individuelles Scheitern. Es sind nicht die Einzelnen, die den Ansprüchen nicht genügen. An den Ansprüchen des Systems ist etwas zutiefst falsch. Es gibt nämlich „kein richtiges Leben im Falschen", wie Adorno sagt.

Gerade aus der jüngsten Zeit sind aus Österreich etliche Dramen der sexuellen Ausbeutung von Kindern durch Väter und Stiefväter bekannt. Dokumentiert sind die Schäden, die die Kinder durch das Ausgeliefertsein – zu Hause, in Internaten und Heimen – davontragen. Wo immer Kinder in einer ausweglosen Situation sind, wenn sie sich in ihrer Not an niemanden wenden können, haben die Täter leichtes Spiel. Nie vergeben wird der furchtbare Verrat am Kind durch die oft mitwissende Mutter. Sie opfert den Schutz des Kindes einer vermeintlichen Sicherheit der Ehe und einer vermeintlichen Liebe zu einem missbrauchenden (Ehe)Mann. Solche Verhaltensweisen können nur durch ihre eigene emotionale Abhängigkeit erklärt werden. Wenn die Mutter also selbst dann noch an Liebe und Sicherheit glaubt, wenn der Partner ihr eigenes Kind missbraucht.

Es gilt also zu verstehen, dass hier nicht „Normalität" am Werk ist. Das Familiensystem folgt vielmehr einer „Norm", also einer konstruierten Form, an der individuell gelitten wird. Dieses Buch ist dem Hinterfragen und Neudenken dieser Organisation privater Beziehungen gewidmet. Und darüber hinaus den Wechselwirkungen zwischen dieser Form von Privatheit und dem öffentliche Raum, also Ökonomie und Politik. Breiter Raum ist den Themen Politik zu und Wirtschaft mit der Familie gewidmet

In diesem Buch wird keiner politischen Partei das Wort geredet, keiner Ideologie und keiner konfessionellen Zugehörigkeit. Im Gegenteil ist es mein Anliegen aufzuzeigen, dass über alle Parteigrenzen hinweg das Denken von Familie zutiefst ideologisiert ist und auf falschen Grundannahmen beruht. Es geht darum, den gewohnten Blickwinkel auf Familie aufzuheben zugunsten einer Sichtweise, die davon ausgeht, dass Menschen von Anfang an ein Leben in Würde, in Freiheit und Sicherheit zusteht, statt in Unfreiheit, Scham und Leid. Wir müssen aufhören mit der Verniedlichung und Verharmlosung von Familie, der Beschwörung einer phantasierten heilen Familienwelt und auch damit, der „Zerrüttung" von Familie das Wort zu reden.

Tatsächlich sind die Erosionserscheinungen beträchtlich, die Scheidungs- und Trennungsraten hoch, die Geburtenraten relativ niedrig und die Gewalt in der Familie ist alarmierend. Diese Phänomene werden aber meist ideologisch gedeutet – „Niedergang der Werte" – oder praktisch-politisch – der Geburtenrückgang bedrohe das Sozialsystem. Von familienpolitischer Seite wird wiederum argumentiert, dass man Frauen bei der Vereinbarkeit von Beruf und Familie besser unterstützen müsse. Die hohen Trennungsraten wiederum seien der mangelnden Reife oder der zunehmenden Individualisierung oder aber egoistischen Bedürfnissen geschuldet. All diese Argumente gehen am Kern des Problems völlig vorbei. Nicht nur das, sie stabilisieren das enge Verständnis von Familie als Kleinfamilie.

Auch angesichts des schleichenden Verlusts an Glauben an das (neo)liberale Wirtschaftssystem ist eine Diskussion um die privaten Beziehungen unerlässlich und ganz besonders dringlich. Soll doch die „Familie" nun noch jene Menschen auffangen, die unter die Räder der Arbeitswelt kommen.

Die Frage, wie wir mit der Erde, den Rohstoffen, der Natur und der Arbeitskraft, also den Menschen, umgehen, hat zutiefst mit einer ursprünglichen Emotionalität zu tun. Im Umgang mit den Mitmenschen und der Welt drückt sich nämlich unsere psychische Befindlichkeit aus: wie freundlich oder feindlich uns die Welt als Kind und Heranwachsende/r erschien, wie viel wir davon kompensieren müssen durch Ringen um Anerkennung und Status in einer sich verschärfenden Arbeitswelt. Entwicklungspsychologische Untersuchungen (Ahnert 2010 u.a.) zeigen, wie sehr unsere psychische Struktur von den ersten Lebensjahren bestimmt ist, und diese ist es, die sich tagtäglich in der Art des Umgangs mit Familienangehörigen und in der Arbeitswelt zeigt. Die Wirkungen des familiären Ausgesetztseins des Kindes auf den erwachsenen Menschen und die Gestaltung der Welt kann nicht hoch genug eingeschätzt werden.

Die Schilderungen einer brutalisierten Arbeitswelt, in der extrem hierarchisches Denken und Konkurrenzdruck vorherrschen und für normal gehalten werden, zeugen von einer pervertierten Logik, in der gerade die emotional zu kurz Gekommenen ihre Defizite kompensieren können. Sind die Fähigkeiten der Arbeitskraft zur Empathie unterentwickelt, führen sie zur Herausbildung eines übersteigerten Willens zur Selbstbehauptung und Selbstdarstellung.

Wenn man alle Menschen der Industriegesellschaft, die in irgendeiner Form süchtig und psychisch beeinträchtigt sind, zusammennimmt, so erweist sich nach Schätzungen Rengglis (1992) etwa die Hälfte als psychisch gestört, entweder offen oder durch irgendeine Form von körperlichem Leiden verdeckt. Das Verlangen nach der Mutter wandelt sich in nie zu stillende Bedürfnisse – die Sucht nach Konsum ersetzt die menschliche Nähe. Dieser universell süchtige Menschentyp ist Motor unserer heutigen (post)industrialisierten Welt. Es ist diese Sucht, mit welcher wir langsam, aber unerbittlich unseren Planeten plündern.

Fragmentiertes wieder zusammenbringen, dafür plädierte die ägyptische Feministin und Friedensaktivistin Nawal El Saadawi 2008 auf der *Weltfrauenkonferenz* in Madrid. Wenn das fragmentierte Wissen wieder zusammengesetzt würde, entstehe Wissen erst wirklich. Diesem Verständnis folgend, erweitere ich den Blickwinkel auf die Familie um weitere Bereiche, die unsere Lebenswirklichkeit bestimmen. Dazu gehören Politik, Wirtschaft und Sexualität.

Es ist mir ein Anliegen, das Leiden an der Kleinfamilie aufzuzeigen, es zu benennen, aus dem Unterbewusstsein, dem Schatten und aus den psychotherapeutischen Praxen herauszuholen. Ich möchte es ins Licht der gesellschaftspolitischen Analyse stellen. Es geht darum, das zu artikulieren, was in der üblichen Rhetorik zu und über Familie unsichtbar bleibt. Und natürlich kommen wir um den Feminismus nicht herum.[4] Wenn ich hier eine feministi-

---

4   Wenn sich mittlerweile sogar Männer als feministisch bezeichnen, wie der Kanadische Ministerpräsident Justin Trudeau.

14

sche Familientheorie vorschlage, so meine ich, dass es nicht nur um das individuelle Hickhack um die Verteilung der Hausarbeit geht. Es geht um eine viel weiter reichende systemische Sichtweise darauf, dass die gesamten politisch-ökonomischen Strukturen und Institutionen auf dem Ungleichgewicht in der Geschlechterfrage, z.B. der unbezahlten Familienarbeit, gegründet sind. Und ohne die Infragestellung jener kann es keine gerechte, nicht-ausbeuterische Gesellschaft geben.

Daran knüpfen sich zahlreiche Fragen: Was bedeutet es, dass die Kleinfamilie die Norm ist und sich alternative Lebenskonzepte nicht durchsetzen konnten? Und: *cui bono*, also wem nützt dieses Familienbild? Warum überlässt die politische Linke dieses Feld gänzlich der konservativen Seite? Und wo sind die Alternativen?

Ich verstehe meine Arbeit als patriarchatskritische[5], die sich mit einer umfassenden Deutung von Familie befasst, d.h.mit Implikationen für das Individuum, für Gesellschaft, Politik und Ökonomie. Es geht eben nicht nur um die individuelle Frau und den individuellen Mann, sondern um die Geschlechterfrage als systemische. Diese Herangehensweise zeigt, dass sich die politischen, wirtschaftlichen, sozialen und familialen Strukturen entlang strikter Geschlechterzuschreibungen entwickelt haben, in denen einem Ansatz Vorrang und Deutungsmacht zukommt, der patriarchal oder androzentrisch genannt werden kann. Ich werde zeigen, dass sich die „patriarchale Denkgewalt" weiter ausbaut, anstatt verringert, wie allgemein behauptet wird.

Das Reden über Familie, Intimes, über Emotionen und das tägliche Leben, wird gering geachtet gegenüber dem Reden über Zivilisation, Politik und Ökonomie. Das eine scheint zu klein, zu eng, zu trivial gegenüber dem angeblich wirklich Wichtigen, das zumeist mit großem Gestus vorgebracht wird, erinnern wir uns an den Titel „The Clash of Civilizations" (Huntington 1996). Auf der anderen Seite haben die moralischen Instanzen sehr wohl erkannt, wie bedeutsam es ist, in welcher Weise verwandtschaftliche Strukturen gestaltet sind und wie die „Menschenproduktion" (Heinsohn/Knieper/ Steiger 1979) stattfindet, und sich historisch früh des Themas bemächtigt. Die Kirche gibt seit Jahrhunderten vor, unter welchen Bedingungen Sexualität stattfinden darf. Und im Spätmittelalter setzten die politischen Bemühun-

---

5   Vgl. Kap. Grundbegriffe.

gen um die Steuerung der Nachwuchsproduktion durch eine militante Bevölkerungspolitik ein.

Die liberalisierte Wirtschaft wiederum führt zu einer sich verschärfenden Situation, in der es Müttern und wohlwollenden Vätern erschwert, wenn nicht verunmöglicht werden soll, überhaupt noch Kinder aufzuziehen. Das führt in Folge zur Ausweitung des Phänomens der Alleinerziehenden, die unter völliger psychischer Überforderung und materieller Benachteiligung leiden. Alternative Lebensformen bleiben dagegen marginal.

Man muss sich also die Frage stellen, ob das Gebären durch die Mütter zum Erliegen kommen soll, um mithilfe der mittlerweile gängigen Reproduktionstechnologie durch eine zersplitterte Mutterschaft ersetzt zu werden. Ob es also das Ziel ist, die Integrität der Mutter zu zerstören. Platon hatte dies in seiner „Politeia" schon im Sinn, als er die von der Mutterschaft abgetrennte Aufzucht unter staatlichen Bedingungen plante. Das ist ein Szenario, das sich abzeichnet. Das Zerbrechen der Kleinfamilie nicht in Richtung „Befreiung", sondern in Richtung kontrollierter Ersetzung durch Technik.

Meine These besagt, dass die Vorstellung von Privatheit in Form der Kleinfamilienstruktur selbst das Problem darstellt. Sie funktioniert nicht, weil sie gar nicht funktionieren kann. Nicht nur das, es drängt sich vielmehr der Verdacht auf, dass genau dieses Nichtfunktionieren und seine Folgen durchaus erwünscht und geplant sind. Ich gehe also davon aus, dass die Kleinfamilie Ort der Zurichtung des Menschen in die patriarchale Zivilisation ist. Das Thema dieses Buches ist daher die Kritik, die Analyse und der Aufruf zur notwendigen Abkehr vom „Glaubenssystem Kleinfamilie". Im Vater-Mutter-Kind-Dreieck sind erotische Anziehung, ökonomische Abhängigkeit und das Aufziehen von Kindern miteinander verknüpft. Die Grundannahme dieser Konstellation – die lebenslange Liebesbeziehung – hält aber der Realität des Alltags nachweislich nicht stand. Nur weil die Kleinfamilie die einzige Familienform ist, die wir kennen[6], muss sie noch lange nicht richtig und bedürfnisgerecht sein. Und obwohl hinlänglich bekannt ist, dass die Familie der Ort der Entstehung von Neurosen ist, wird nur die Verfasstheit und Ausgestaltung des Ortes, aber nicht seine Existenz selbst in Frage gestellt.

---

6   Auch Patchworkfamilien, gleichgeschlechtliche Partnerschaften etc. sind nur Varianten davon.

Meine These impliziert „das Abfallen vom Glauben" (Werlhof), dass das westliche Verständnis von Familie das einzig mögliche sei. Wir müssen also aufhören mit diesem permanenten Kolonialismus innerhalb der Gesellschaft, die damit in ihren Möglichkeiten beschränkt und auf eine einzige Form von Familie fokussiert bleiben soll. Wir müssen auch aufhören zu glauben, dass an der Familie nur leichte Abänderungen notwendig seien oder dass mit dem „Hineintherapieren" der Familienmitglieder das Problem gelöst sei.

Meine These besagt des weiteren, dass Familie – verstanden als wichtigste soziale Gemeinschaft, in der Kinder behütet aufwachsen können und Erwachsene Rückhalt finden – nicht die Kleinfamilie ist, sondern die in manchen Gesellschaften übliche matrilineare Sozialordnung[7] darstellt. Familie unter patriarchalen Vorzeichen muss naturgemäß scheitern, weil sie die matrilineare Generationenfolge negiert und auf den Kopf stellt. An die Stelle von Verantwortlichkeit und Fürsorge für die Nachkommen ist historisch jene von Obrigkeit, Herrschaft und Inbesitznahme getreten. Wenn sich die Familienformen und das Familienrecht auch seither wesentlich gewandelt haben, ist die Charakteristik von Familie in ihrem ideologischen Kern doch erhalten geblieben.

Das Buch umfasst daher nicht nur eine Analyse westlicher familialer Verhältnisse, sondern bezieht in einem weiteren Schritt alternative Sichtweisen, Konzepte und Lebensweisen mit ein. So werden die familialen Strukturen außereuropäischer, matrilinear lebender Gesellschaften skizziert und darüber hinaus Spuren matrilinearer Lebensweisen hierzulande aufgezeigt. Diese können modellhaft für neue Formen familialen Lebens stehen.

Der wissenschaftliche Anspruch impliziert für mich den Wunsch nach Veränderung, um nicht nur bei der Beforschung gesellschaftlicher Missstände stehen zu bleiben. Um die Destruktivität des familialen Systems zu verstehen, nachhaltig analysieren und letztlich die Lebensbedingungen verändern zu können, ist es unablässig, eine patriarchatskritische Haltung einzunehmen. Es erfordert, andere Modelle privaten, emotionalen und auch ökonomischen Zusammenlebens als Visionen heranzuziehen. Nötig ist die Sprengung des ideologischen Panzers, den das patriarchale Familienkonzept bedeutet, hin zum Weg in eine Freiheit der Rückbesinnung, aber auch des Neuschaffens von familialen Beziehungen.

---

7   Vgl. Kap. Grundbegriffe.

Was hat die Liebe damit zu tun. Grundbegriffe und Theorie

Wie steht es um die romantische Liebe und was hat sie mit der Familie zu tun? Wovon sprechen wir, wenn wir „Familie" sagen? Was ist mit der patriarchalen Verfasstheit einer Gesellschaft gemeint und was mit Matriarchat und Matrilinearität? Diese zentralen Begriffe werden hier vorweg erklärt. Zudem wird das theoretische Konzept dargelegt, auf dem meine Arbeit basiert, die Kritische Patriarchatstheorie.

Von der Liebe

In Zagreb gibt es ein Museum der zerbrochenen Beziehungen (Standard 7/2012). Dort werden Artefakte gesammelt, die von einer gescheiterten Beziehung, einer verlorenen Liebe zeugen. Es ist ein Friedhof der romantischen Liebe und gibt Raum für Rache, Sehnsucht und Trauer um verlorene Intimität. Es scheint heute schwerer denn je „die Liebe zu finden", heisst es im Zeit Dossier (Pham 2016), und trotz exzessivem Online Dating sei die „Beziehungsunfähigkeit" weit verbreitet.

Die romantische Liebe ist in der Moderne ein Sehnsuchtsort. Sie führe angeblich zu einer lebenslangen Beziehung und die aus ihr hervorgehenden Kinder seien die „Frucht der Liebe". Diese Botschaft wird unablässig transportiert, in Medien[8], in Filmen, im Alltag, aber auch in der Gesetzgebung. Mit ihr gehe angeblich auch die lebenslange Treue einher.

Dieser Liebesmythos ist ein historisch junges Phänomen. Er trägt Züge der (früh)mittelalterlichen „Minne", bei der Troubadoure der Geliebten in Versen huldigten. Nur, diese Liebe hatte nichts mit der Realität einer Liebesbeziehung zu tun, es wurde eine unerreichbare Fürstin verehrt. Es war eine Art abstrakte Liebe in die eigene Liebesfähigkeit, ihr weibliches „Liebesobjekt" – psychoanalytisch gesprochen – ein überhöhtes Ideal.

Seit dem 20. Jahrhundert wird suggeriert, dass die romantische Liebe real wäre und in eine Ehe münden müsse. Diese Norm hält aber der Realität nicht

---

8 In der New York Times erscheint jeden Sonntag eine Kolumne zu „Modern Love" mit herzzerreißenden autobiographischen Essays über gescheiterte, gelingende oder endende Beziehungen und das „endless dating" bis „Mr. Right" gefunden ist.

stand, die von hohen Scheidungs- und Trennungsraten zeugt.[9] Dennoch dominiert der Glaube an das Dasein als liebendes Paar. Obwohl ihn nicht nur die Musikerin Christiane Rösinger (2012) demontiert, wenn sie behauptet, „Liebe wird oft überbewertet". In Wirklichkeit ist die lebenslange Dauer einer Beziehung die Ausnahme, die zeitliche Limitierung dagegen die Regel.

Abbildung: Autorin

Die Statistik zeigt, dass realiter die „Lebensabschnittspartnerschaft" gelebt wird. Leidenschaft überdauert selten viele Jahre oder gar Jahrzehnte. Eine empathische, gefühlsmäßige Liebesbeziehung kann hingegen ein Leben lang halten, aber auch sie wird sich über die Jahre verändern. So erklären sich zahlreiche Trennungen, die der Einsicht folgen, dass man sich „auseinandergelebt" habe. Das Ausmaß von Liebe, Sexualität und Leidenschaft sind von der Qualität des täglichen Zusammenlebens zu unterscheiden, davon gehen auch Paartherapeuten aus (Profil 30/2012). Nur in Ausnahmefällen sind sie dauerhaft miteinander verknüpft.

Dies führt uns zur Frage, warum eigentlich die Erwartungen an den Partner so hoch sind? Der Partner soll gegenüber der Partnerin und gegenüber den Kindern mütterliche Fähigkeiten entwickeln, er soll von früh bis spät das Leben mit ihr teilen und die Herkunftsfamilie ersetzen. Für Männer stellt sich die Liebes-Frage anders: Zum einen neigen sie eher dazu, sexuelle Anzie-

---

9   In Deutschland liegt die Scheidungsrate bei 35 %, in Österreich bei 42 % (2015).

hung und Gefühle zu trennen. Zum anderen suchen sie die Sicherheit und mütterliche Fürsorge bei einer Frau, indem sie diese sexualisieren. Ein „Zuhause haben" und die Befriedigung von Sexualität werden miteinander vermischt.

Die Ehe sollte in der Moderne emotionale Bedürfnisse nach Zuwendung und Wärme befriedigen, die eigentlich der mütterlichen Fürsorge entsprechen. Dies kann der Partner/die Partnerin aber nie leisten. Die historisch junge romantische Liebe, so eine These, die nicht nur von Autorinnen matrilinearer Familienbilder (z.B. Rathmayr 1993) vertreten wird, stellt eine verkehrte Mutterliebe dar, die sich vom Kind ab- und zum Mann hinwendet.

In der Paartherapie wird davon ausgegangen, dass sich in der Partnerschaft folgende Prozesse abspielen: Gelernte Reaktionen aus der Kindheit und unerledigte Konflikte des eigenen Elternhauses werden unbewusst in der Partnerschaft weiter ausagiert, selbst wenn diese ganz und gar unpassend sind. Therapeuten sprechen von der fehlenden „reifen" Ablösung von der Herkunftsfamilie (Ingwersen 1996). Und auch die Eltern der Partner/innen selbst litten bereits an psychischen Störungen und Symptomen, die auf nicht erfüllte Bedürfnisse nach Nähe, Sicherheit oder Eigenständigkeit zurückzuführen sind. Sie sind daher nie unbelastet von ihrer Herkunftsfamilie und ihrem eigenen Aufwachsen und tragen alle unbewältigten Konflikte aus Kindheit und Jugend in die Beziehung hinein.

Es war Sigmund Freud, der die Kleinfamilie theoretisch begründete und als universell gültig erklärte. Die „Freud'sche Triangulierung" besagt, dass das natürliche Aufwachsen des Kindes innerhalb des Dreiecks Vater-Mutter-Kind stattzufinden habe. Wolf zitierend nennt Rendtorff (2007) dies die „Matrix" in der inneren Welt des Kindes. Die Ebene der Liebesbeziehung der Eltern wird mit jener zum Kind in Beziehung gesetzt und als Basis für die Entwicklung des Kindes erachtet. Was laut Freud das traute Familiendreieck störte, war die Liebesbeziehung der Mutter zum Kind, mit der die zum Partner nicht konkurrieren konnte. Deshalb war er bestrebt, die anfängliche Symbiose – besonders die des männlichen Kindes – mit der Mutter zu beenden. Und er suggerierte, dass die Liebesorientierung des Kindes auf den Vater als „Vermittler von Welt" zu richten sei. Auch die Frau sollte lernen, der Liebe und Loyalität zu ihrem Ehemann Priorität einzuräumen. Dies erkläre auch die oft beobachtete „Eifersucht" des Vaters auf das neugeborene Kind, mit dem er um Aufmerksamkeit konkurrieren müsse.

Für Freud ist Liebe in erster Linie Sexualität (Mees/Schmitt 2000), in zweiter Linie spricht er von Zärtlichkeitstrieben. Nach Bowlys Bindungstheorie (Mees/Schmitt 2000) hingegen setzt sich Liebe aus Bindung, Fürsorge und Sexualität zusammen. Dieser Theorie zufolge müsse – trotz nachlassender sexueller Anziehungskraft – die Partnerschaft zumindest so lange halten, wie für den gemeinsamen Nachwuchs zu sorgen ist.

Eben hier zeigt sich der grundlegende Konflikt innerhalb der Kleinfamilie. Die Liebesbeziehung der Eltern sei, so wird behauptet, mit der Liebe der Eltern zum Kind verquickt. Und Familientherapien folgen dem engen Konzept der Kleinfamilie und ignorieren folglich den Konflikt zwischen den erotischen Bedürfnissen und den Verpflichtungen, die sich aus dem Aufziehen von Kindern ergeben.

Der Psychotherapeut Bernd Hellinger geht in seinem therapeutischen Ansatz des Familienstellens von einem simplizistischen Ansatz von Partnerschaft aus (Neuhauser 1999), der besagt, ein Mann „brauche" eine Frau und eine Frau einen Mann. Durch die Sexualität blieben Mann und Frau unauflöslich aneinander gebunden, was auch der Grund für die schmerzlichen Gefühle von Versagen und Schuld bei einer Trennung sei. Hellinger gibt dieser Paarbeziehung Ewigkeitscharakter, indem er postuliert, das ganze Leben steure angeblich auf sie hin. Auch er stellt innerhalb des Familiensystems die Paarbeziehung über die Elternrolle (Hellinger 2000).

Dass Partner/innen auch nach dem anfänglichen Liebesrausch zusammenbleiben, hat in der Realität viel mehr damit zu tun, dass die Paarbeziehung eine sozial erwünschte Lebensform ist, und damit, dass Kinder und Besitz sie aneinander ketten. Eine Rolle spielt auch, dass sie kaum auf alternative soziale und emotionale Unterstützungssysteme zurückgreifen können. Und eine eventuelle Rückkehr in den elterlichen Haushalt wird wiederum in der Kleinfamilienkultur als Mangel an Erwachsensein und Autonomie interpretiert.

Trotzdem bleibt das Bedürfnis nach einer solchen Rückkehrmöglichkeit, nach der Empathie und Fürsorge, die aus der emotionalen, oft verwandtschaftlichen Nähe stammt, bestehen. Seit den 1970er Jahren gibt es zahlreiche Versuche, familienähnliche Gemeinschaften aufzubauen, entweder, weil der Weg zur Kleinfamilie per se versperrt war (z.B. die Gay Community), oder gerade, um die Kleinfamilie aufzubrechen (Gründung von Kommunen in den Anfängen alternativer Bewegungen).

Familie. Begriff und Historisches

Sozialwissenschaftliche Disziplinen gehen von unterschiedlichen Bedeutungen von „Familie" aus. Die Statistik hält primär am „Haushalt" fest, in dem ein Paar oder zwei Generationen zusammenleben. Die Familiensoziologie erforscht alle Familienmitglieder im Sinne der Herkunfts- bzw. Generationenbeziehungen (Kern et al. 2000). Die Familiendefinition in der Bevölkerungs- und Politikwissenschaft und in weiten Teilen der Geschlechterforschung wiederum beschränkt sich auf die Kleinfamilie – die eheliche oder nichteheliche Lebensgemeinschaft mit oder ohne Kinder. In der Alltagssprache wird der Begriff Familie oft nur dann verwendet, wenn aus einer Ehe bzw. Partnerschaft ein Kind hervorgeht.

Begriff

FamilienwissenschaftlerInnen, insbesondere FamiliensoziologInnen sind sich darin einig, dass es keine einheitliche Definition von Familie gibt. Dennoch halten sie an der Kleinfamilie fest, wenn Themen empirisch erforscht werden oder wenn generell von „Familie" die Rede ist. Zum Beispiel führt Rendtorff (2007) aus:

> Definieren wir zunächst Familie sehr weit gefasst als eine Gruppe von Menschen, die mindestens zwei Generationen umfasst. (…) Dennoch wird der Einfachheit halber im Folgenden von „Erwachsenen bzw. Eltern" und „Kindern" die Rede sein. (Rendtorff 2007, 94)

Für Österreich (Kaindl/Schipfer 2015) und Deutschland (DESTATIS. 2016) zeigen die statistischen Zahlen, dass unter 15-jährige Kinder in den meisten Fällen mit ihren (Stief-)Eltern im Haushalt leben. Die Elternpaare sind größtenteils verheiratet (68 bzw. 69 %), 17 bzw. 10 % leben unverheiratet zusammen. Die Zahl der Dreigenerationenhaushalte ist gering. Das Phänomen der Patchworkfamilien ist relativ neu und statistisch nicht durchgängig erfassbar, weil deren Mitglieder selten vollständig im selben Haushalt leben. So haben z.B. die neuen Partner/innen der Eltern einen eigenen Wohnsitz.

Die Familien-Definitionen reichen vom engen Verständnis der Vater-Mutter-Kind-Beziehung bis zur Anerkennung vielfältiger Familienformen wie Patchwork, Getrennt-Zusammenlebend etc. Auch die Generationen- und Geschwisterbeziehungen werden berücksichtigt sowie Ahnen/Ahninnen und Herkunft, zum Beispiel in der Forschung zu Familienstammbäumen. Stets wird aber daran festgehalten, dass Mutter und Vater die wichtigsten Bezugspersonen für das Kind seien, und das Ideal der lebenslangen Paarbeziehung propagiert, insbesondere dann, wenn aus ihr Kinder hervorgehen. Diese Vorstellungen sind nicht nur Teil der Rhetorik populärwissenschaftlicher und medialer Darstellungen von Familie. Sie finden auch Eingang in die Gestaltung familienpolitischer Maßnahmen.

Es wird zwar Forschung zu Großeltern und Geschwistern betrieben, „Untersuchungen zu Verwandten, Tanten und Onkel etc. findet man aber so gut wie gar keine", wie Ecarius (2007, 222) feststellt. Dem liegt die „These von der Bedeutungslosigkeit der Verwandten" seit Beginn der industriellen Gesellschaft (Ecarius 2007, 222) zugrunde. Damit trägt die Familienforschung selbst zur Perpetuierung eines bestimmten Verständnisses von Familie bei.

Erstmals kritisch zur Familie äußerte sich die Frankfurter Schule in den 1930er Jahren in ihren Studien über Autorität und Familie (Wiggershaus 1991). Im Mittelpunkt des Interesses stand der Zusammenhang von sozialer Struktur, also Klasse, dem Staat und der Familie, die die autoritätsgläubige Persönlichkeitsstruktur produzieren. Der autoritäre Staat sei sowohl Folge als auch Produkt des in der Kleinfamilie erzeugten „sado-masochistischen" Charakters. Die Vertreter der Kritischen Theorie, die unter dem Eindruck der ersten Schriften zum Matriarchat standen (Bachofen, Engels u.a.), sahen den Niedergang der patriarchalen Autorität in der Familie, meinten aber, dass die erstarkende ‚matrizentrische' Stellung der Mutter ohne positive Folgen bliebe, weil Frauen über keine ökonomische Macht verfügen.

Familie hat, laut Rendtorff (2007), Funktionen in drei voneinander zu unterscheidenden Feldern. Da sei einmal das materielle Aufgabenfeld, das den Haushalt umfasst. Ein weiteres Aufgabenfeld sei die „Sorge", die Rendtorff das „Denken vom Anderen aus" nennt – heute wird von der Care-Ethik gesprochen. Das „edukative", erzieherische, Aufgabenfeld wiederum mache Familie zum Ort der Kindererziehung. Die Familienforscherin Nave-Herz (2004) beschreibt die Familie erstens als Ort der „biologischen Reproduktionsfunktion" und der Nachkommenschaft; zweitens als Ort der „sozialen Reproduktionsfunktion", also als Ort der Regeneration; drittens als Ort der „Sozialisationsfunktion" für Kinder, an dem sie zu Mitgliedern der Gesellschaft erzogen werden; viertens als Ort der „Plazierungsfunktion" in der sozialen Hierarchie für die Kinder, an dem sich entscheidet, ob Kinder der

24

Ober-, Mittel- oder Unterschicht angehören werden; sowie zuletzt als Ort der Freizeitfunktion sowie der „Spannungsausgleichsfunktion".

Diese Vorstellungen davon, was Familie zu leisten habe, gelten in Form der Ehe als institutionalisiert und rechtmäßig. Namhafte – meist männliche – Familienforscher halten weiter an der Rede von Ehe und Familie als „Keimzelle" des Staates fest (vgl. z.b. Wingen 1997) und trotz der Vervielfältigung der Lebensformen bleibt die institutionalisierte Form der Familie einer der wesentlichen staatspolitischen Grundpfeiler. So arbeiten Forschung, Rechtsprechung und Politik zusammen, um die Kleinfamilie als politisches und individuelles Leitbild zu stabilisieren.

Oft geht die Wissenschaft vermeintlich objektiv an ihren Gegenstand heran. Das heißt, sie beschreibt, analysiert, katalogisiert. Sie ist aber normativ, wenn sie beschreibt, dass Menschen sich innerhalb der Familie regenerieren sollen, dass die gesamte Kindererziehung und -betreuung sowie die empathische Beziehung zu den Eltern in ihrem Rahmen stattfinden sollen. Auffällig sind die Auslassungen: Was ist mit dem Wohl der Eltern? Und wo bleibt die Geschlechterperspektive? Für Frauen gilt so manches nicht im gleichen Maße wie für Männer. Aus der Geschlechterperspektive betrachtet, hat die Kleinfamilie höchst unterschiedliche Bedeutungen. Statistiken und Studien bestätigen (z.B. Neuwirth 2007), dass für Frauen „Familie" primär einen Arbeitsplatz und Ort der Verantwortung für Kinder darstellt. Frauen regenerieren sich selten im familialen Raum. Für Männer steht „Familie" dagegen oft für Erholung und Freizeit. Und Familie dient ihnen als Rückhalt und Energieressource, damit sie kontinuierlich erwerbstätig sein können. Wie Beck-Gernsheim (1985) bereits in den 1980er-Jahren festgestellt hat, setzt der Arbeitsmarkt eineinhalb Personen voraus, nämlich den Arbeitenden selbst plus eine halbe Kraft, die Haushalt und Kinder betreut. So wird die „männliche Normalbiographie" der Berufstätigkeit bei lebenslanger Freistellung von Familien- und Hausarbeit ermöglicht.

Aus den zu Ende gegangenen Beziehungen lernen wir, woran sie scheitern. Kinder, ökonomische Schwierigkeiten und generell Stress bzw. mangelnde Kompetenzen zur Konfliktlösung sind laut Scheidungsforschung die Hauptauslöser (z.B. Bodenmann 2005). Amerikanische Langzeitstudien (Kurdek 1998) fanden heraus, dass nach 10 Jahren praktisch jede Ehe in einer Scheidung endet oder emotional am Ende sei. Für Männer zeigen Gesundheitsdaten, dass sich der Ehestand als gesundheitsfördernd erweist und die

Lebenserwartung erhöht, für Frauen dagegen ist eine solche Wirkung nicht feststellbar.

In der Familienforschung gibt es daher Stimmen, die erkannt haben, dass es sich beim Familienbild um „Vorstellungsmythen" (Böhnisch/Lenz 1996) handelt. Fuhs (2007) spricht von einem dreifachen Mythos: dem „Harmoniemythos", also die Vorstellung einer – auch historisch – verklärten harmonischen Familie; auch die Größe der Familie sei ein Mythos, da es in der Vergangenheit die angeblich verbreitete Dreigenerationenfamilie kaum gegeben habe; „Konstanzmythos" nennt Fuhs wiederum die Vorstellung, dass es sich bei der Familie um eine Art Naturkonstante handle.

Historisches zur Ehe

Hilfreich ist der Blick auf die historischen Anfänge dessen, was wir unter Familie verstehen. Im hellenischen Griechenland war mit „Oikos" die Haushaltsgemeinschaft des freien Mannes, die die Ehefrau, die Kinder und die Bediensteten umfasste, gemeint und die auch die Wirtschaftsgemeinscaft umfasste. Die Ehe diente der Sicherstellung der leiblichen Nachkommenschaft, die für die Weitergabe des Erbes wichtig war.

Die historische Bezeichnung „Familia" bedeutete im antiken Rom zum einen Haus, Hausstand, Vermögen und Besitz, zum zweiten Geschlecht und Familie und zum dritten Dienerschaft, Leibeigene und Hörige (Petschenig 1971). Das römische Patriarchat, gleichbedeutend mit „Herrschaft des Vaters", unterwarf die Ehefrau, die Kinder und Sklaven dem Willen des „pater familias". Dies schloss historisch seine sexuelle, rechtliche und ökonomische Verfügungsgewalt über die gesamte Haushaltsgemeinschaft ein. Der römische Mann heiratete, um sich die Mitgift der Frau zu sichern – ein beliebtes Mittel, um wohlhabend zu werden – und um in „rechtmäßiger Ehe" Nachkommen zu zeugen, die als legitime Kinder das Erbe antraten (Veyne 1989). Es galt, für den Fortbestand des Staates zu sorgen; Kinder zu zeugen war „staatsbürgerliche Pflicht".

Während die Vorstellung von der ehelichen Liebe später durch die christliche Doktrin eingeführt wurde, machte man sich im antiken Rom keine Illusionen über die Partnerliebe, wie das folgende Zitat zeigt:

> Um das Jahr 100 v.u.Z. äußerte ein Zensor vor einer Versammlung von Bürgern: „Die Ehe ist, wie wir alle wissen, eine Quelle des Verdrusses; dennoch muss man heiraten, und zwar aus Bürgersinn." (Veyne 1989, 49)

Die Griechen verordneten dem antiken Oikos nicht nur die Ab- und Unterordnung unter das Gemeinwesen, sondern machten die Privatheit zum Ort der Bewahrung von Sittlichkeit. Auch kirchliche Theoretiker verbanden von Anfang an die Familie mit der christlichen Moral. Die Ehe wurde zum einzigen Ort der erlaubten Ausübung von Sexualität erklärt, was unzählige Probleme verursacht hat. Darüber hinaus wurde sie als heilig erklärt und damit gefeit gegen alle rationalen Gegenargumente.

Kennzeichen von Familie in vorindustrieller Zeit war die Haushaltsgemeinschaft, zu der auch nichtverwandte Personen gehörten, da sich die Familie primär als Produktionsgemeinschaft verstand. Mitterauer (1978) hat zwar analysiert, dass es die Drei-Generationen-Familie früher nicht in dem Ausmaß gegeben habe, wie gemeinhin angenommen, die Kleinfamilie also nicht erst ein Produkt der Moderne sei. Trotzdem gilt, dass sie als exklusiver Ort der emotionalen Versorgung und Erziehung historisch neu ist.

In Österreich war die Ehe lange Zeit ein Privileg der Besitzenden und damit dem Bürgertum vorbehalten. Es galten zahlreiche Heiratsverbote für die mittellosen Klassen: Knechte, meist Geschwister der Bauernhof-Erben, durften nicht heiraten. In der Habsburgermonarchie galt für über der Hälfte der Untertanen ein Heiratsverbot, was auch die hohe Zahl der unehelich Geborenen besonders in landwirtschaftlichen Gebieten erklärt. Heiraten als Privileg der Oberschicht wurde daher zum ersehnten Ziel, das diesen Kindern und deren Eltern, die per Gesetz rechtlos und sozial sanktioniert waren, vorenthalten blieb.

In den letzten Jahrhunderten haben sich in Bezug auf die Funktionen von Familie einschneidende Veränderungen vollzogen. Einerseits verlor die Familie als Produktionsgemeinschaft an Bedeutung, dieser Bereich wurde in die Ökonomie verlagert. Außerhäusliche Berufstätigkeit wurde für Frauen aus der Arbeiterschaft seit Beginn der Industrialisierung üblich. Nur bürgerliche Frauen waren nicht berufstätig. Andererseits gewann der Zugriff des Staates durch den Ausbau des öffentlichen Erziehungswesens und der Sozialpolitik an Bedeutung – bisher familiale Aufgaben wurden zunehmend verstaatlicht. Und nach wie vor geriert sich das Eherecht als Garant für Privilegien, die dem unverheirateten Paar vorenthalten bleibt.

Mythos Kleinfamilie und die Geschlechterfrage

Noch vor einem Jahrhundert glaubte man keineswegs, dass ein erfülltes Liebesleben auf den Ehepartner beschränkt sei. Man hatte Affären, auch Frauen hatten den in Wiener bürgerlichen Kreisen beliebten „Hausfreund"[10]. Dass es sich beim Familienbild um einen Mythos handelt, wurde also schon früh erkannt. Warum aber dieser Mythos überhaupt existiert und wem er nützt, diese Fragen hat erst die Geschlechterforschung aufgegriffen. Deren Vertreterinnen identifizierten die Zwänge, und mit dem Slogan „das Private ist politisch" wurde die Trennung von Familie und Politik aufgehoben.

> Der Staat muss also ein Interesse daran haben, dass die Produktionseinheiten innerhalb seines direkten Organisationsbereichs (Agrarsektor, Familie) so funktionieren, als wären sie selbst kleine Staaten, und die jeweiligen „Oberhäupter" sich so verhalten, als wären sie kleine Staatschefs. (…) So ist das historisch Neue an der modernen Kleinfamilie und der neu entstehenden Großfamilie im Gegensatz zu den älteren Formen womöglich darin zu sehen, dass sie letztlich von oben oktroyierte, im Prinzip staatsähnliche Institutionen sind, während ihre älteren Vorgänger eher oder zum Teil noch von unten gewachsen und gerade antistaatlich orientiert waren. (Werlhof 1991, 34)

An die Erkenntnisse der Frauenforschung knüpfte die Familienforschung an, wenn Fuhs konstatiert, dass mit dem

> Entwurf einer Geschichte der Familie (…) immer auch eine Legitimation oder ein Angriff auf die herrschenden Machtverhältnisse in einer Gesellschaft einhergehen (Fuhs 2007, 19).

Fuhs bricht damit den vermeintlich neutralen Familienraum auf und zeigt in seiner Geschichte der Familie, dass es um das Legitimationsbedürfnis des Geschlechterungleichgewichts und um Fragen von Männermacht geht. Dies gelte auch und gerade bei jenen Familienforschern, die durch eine Überhöhung und

> Idealisierung der Familie in Erscheinung treten, insbesondere dann, wenn sie sie als Naturgegebenheit apostrophieren. (Fuhs 2007, 18).

Riane Eisler (2006) geht in ihrer Arbeit der kulturübergreifenden Geschichtswissenschaft von zwei grundlegend unterschiedlichen kulturellen Mustern aus. Das „dominatorische(n) Modell(s)" der „traditionelle(n) Familie" sei durch die autoritäre Sozial- und Familienstruktur gekennzeichnet. Familien-

---

10 Das passende Lied dazu lautete: „Warum soll eine Frau kein Verhältnis haben?"

strukturen können nämlich matrilinear oder patrilinear gestaltet sein, d.h. Lokalität und Name folgen entweder der Mutter oder dem Vater.

Die Theoretikerin und Psychoanalytikerin Luce Irigaray (1989) hat das Schicksal der in Patrilinearität lebenden Frau anschaulich nachgezeichnet; in einem ersten Schritt gelte es anzuerkennen, dass unsere Ordnung und Moral darauf beruhe, dass die Tochter von der Mutter getrennt und quasi-exiliert in die Familie des Ehemannes gepflanzt wird. Wie in der Tragödie des Sophokles beschrieben, beruhe dieser Vorgang auf einem gewaltsamen Raub einer Frau durch einen Mann. Die Liebe der Mutter zur Tochter werde im Patriarchat unmöglich gemacht und in einen „Zwangskult" umgewandelt, einen Kult gegenüber den Kindern ihres rechtmäßigen Ehemanns und gegenüber ihrem Ehemann als männlichem Kind. Die Auslöschung der weiblichen Genealogie in der männlichen sei nach Irigaray eine Schuld, die eine Ethik zwischen den Geschlechtern verunmögliche. Die solcherart konstruierte Familie diene allein dem Erhalt von Besitz, dem Eigentum an Vermögen und Kindern. Sie könne daher kein Ort des Respekts vor individuellen Unterschieden sein. Hier verkehren sich die Rechte von Frauen vollständig in Pflichten: die Pflicht zu gebären, sexuelle Pflichten etc.

Zur „Modernisierung" von Familie kam es in den letzten Jahrzehnten, als die häuslichen Tätigkeiten als Arbeit bezeichnet wurden – ohne die „Hausfrau" allerdings dafür entlohnen zu müssen. Ihr Schmuddelimage sollte verschwinden. Seither ist die Rede von den „soft skills", die innerhalb der Familienarbeit eingeübt und als besonders ehrenwerte Eigenschaften und nützlich für den Arbeitsmarkt anerkannt werden sollten. In der neoliberalen Wirtschaftslogik erfährt die Hausfrauentätigkeit ein neues Wording: da ist die Rede von „care work", „care economy" und „social skills".

Aufgrund der Modifikationen des Familienrechts in den 1970er Jahren nimmt die Dominanz des Mannes in der Familie in der Moderne ab. Realiter bleibt das Machtungleichgewicht aber auf verschiedenen Ebenen bestehen, sei es durch die Einkommensdifferenz, durch die ungleiche Aufteilung der Kinderbetreuung oder Gewalt gegen Frauen und Kinder in der Kleinfamilie.

Die Vervielfältigung der Lebensformen – also Alleinerziehende, Patchworkfamilien oder getrennt Zusammenlebende – gilt als progressiv. Und die Anerkennung homosexueller Beziehungen und ihre rechtliche Legitimierung sind geradezu zum Gradmesser für eine fortschrittliche Gesellschaft geworden. Der Widerspruch ist augenscheinlich – ist doch die konservative Kleinfamilie, inklusive Kinderwunsch, zum Ideal gleichgeschlechtlicher Beziehungen geworden.

Definition von Patriarchat

Der Begriff Patriarchat war von den 1960er- bis in die 1990er-Jahre Bestandteil feministischer Analysen sowohl im Kontext eines radikal-feministischen Ansatzes als auch der marxistischen Kapitalismuskritik. Damals ging es in erster Linie um die Kritik am Sexismus der Institutionen und den Ausschluss der Frauen aus allen öffentlichen Bereichen.

Mit Anfang der zweiten Frauenbewegung ab den 1970er Jahren wurden die Hierarchisierung und die Ausbeutungsverhältnisse innerhalb der Hausfrauen-Ernährer-Ehe thematisiert und der Slogan vom „Politischen" des „Privaten" geprägt. Aktivistinnen und Forscherinnen identifizierten die herrschaftliche Machtausübung und die Kontrolle über weibliche Sexualität und Fortpflanzung als Kennzeichen des Patriarchats. Als soziale Grundlagen des hierarchischen Geschlechterverhältnisses wurden die ungleiche Arbeitsteilung und die politische Nicht-Repräsentanz erkannt, also der Zusammenhang von Ökonomie und Politik.

Lerner (1991) und Walby (1990) untersuchten das Patriarchat aus historischer und soziologischer Perspektive und verstanden es als System patriarchaler Dominanz, das sämtliche Strukturen und Institutionen umfasst. Walby definierte es als System sozialer Strukturen und sozialer Praktiken, in dem Frauen systematisch untergeordnet werden. Herrschaft und Machtausübung werden in solchen Systemen als notwendig definiert.

Dann verschwand der Ausdruck für einige Zeit. Auch die Frauenforschung wurde nun – aufgrund der Vorherrschaft des Poststrukturalismus[11] – nicht mehr als solche benannt. Der Vorwurf ist seither, dass der Begriff Patriarchat zu verallgemeinernd sei und man auch nicht mehr von den Frauen als allgemeinem Referenzpunkt ausgehen dürfe. Das Konzept des Patriarchats würde modernen Gesellschaften nicht mehr gerecht, da es die Vormachtstellung des „pater familias" nicht mehr gäbe. Geschlechterbeziehungen seien ab nun im Kontext von Klasse, Rasse und neuen Strukturmerkmalen wie sexu-

---

11 Die Geschlechterdifferenz wird als Ergebnis von Interpretationen und Zuschreibungen aufgefasst. Der Körper existiere nicht für sich, sondern sei schon immer diskursiv belegt (Butler 1991).

eller Orientierung, Behinderung etc. zu sehen. Lehrgänge, die das Machtungleichgewicht in den Geschlechterverhältnissen im Blick hatten, werden seit
den 1990er-Jahren umbenannt und wurden nun Lehrveranstaltungen zu
„Gender und Diversity bzw. Intersectionality"[12] genannt.

Auch die feministische Politikwissenschaft ist sich über den Patriarchatsbegriff nicht einig. Daly und Rake (2008) verwenden ihn in ihrer Analyse des europäischen Wohlfahrtsstaats unter dem Blickwinkel der Machtbe-
ziehungen zwischen Männern und Frauen. Sie legen dar, dass Männer und
Frauen – vielfach aufgrund der unausgewogenen Betreuungspflichten für
Kinder – ungleiche Einkommenschancen hätten und daher auch ungleiche
Beträge aus dem Sozialsystem ausbezahlt bekämen. Dass sich die Ausgestaltung des Wohlfahrtsstaates entlang des männlichen Lebenszusammen-
hangs entwickelt hat, wird also von manchen Politologinnen als Patriarchat
bezeichnet.

Insbesondere in den Sozialwissenschaften kommt eine systemische Herangehensweise am Patriarchatsbegriff nicht vorbei. So erweiterte Sylvia
Walby (2009) ihr Konzept, indem sie „varieties of gender regimes" unterscheidet und Patriarchat im Zusammenhang mit Intersektionalität neu veror-
tet. Es tauchen auch weitere Bezeichnungen auf: androkratisch/dominatorisch
(Eisler 2006) oder androzentrisch (Meier-Seethaler 1988). Kurz-Scherf
(2009) argumentiert etwa für die Verwendung des Begriffs Androzentrismus
für eine auf Männer fokussierte Forschungs- und Theorieperspektive, da in
nahezu allen Politikfeldern androzentrische Problemdiagnosen vorherrschten
und Ungleichheiten aufgrund des Geschlechts ignoriert werde.

Interessanterweise hält die kritische Männlichkeitsforschung am Begriff
Patriarchat fest. Ehnis und Beckmann definieren es

> als hegemoniale Männlichkeit nach Connell: „jene Konfiguration geschlechtsbe-
> zogener Praxis (...), welche die momentan akzeptierte Antwort auf das Legiti-
> mitätsproblem des Patriarchats verkörpert und die Dominanz der Männer sowie
> die Unterordnung der Frauen gewährleistet (oder gewährleisten soll)" (Ehnis/
> Beckmann 2009, 98).

Die Politologin Sauer (2004) geht davon aus, dass Staat und männliche Herrschaft nicht einheitlich seien. Vielmehr gebe es eine strukturelle „Staats-

---

12 Der aus den USA stammende Begriff der „Intersectionality" bezeichnet die Verschränkung
    verschiedener Faktoren von Benachteiligung, also Geschlecht, „Rasse", sexuelle Orientie-
    rung etc.

männlichkeit" oder, nach Weber, eine „versachlichte Männlichkeit", die in „politische(n) Normen, Praktiken und Institutionen" eingelassen sei.

> Die „Entstehung des Staates aus den Geschlechterverhältnissen" heißt, dass Staat und Geschlecht sich gegenseitig konstituierende diskursive Formationen, Praxen und Institutionen sind, dass der Staat nicht nur ein geschlechtsneutrales Instrument ist. (Sauer 2004, 22)

Durch Ein- und Ausschließung öffne und schließe der Staat demnach gesellschaftliche Räume im Sinne „maskulinistischer Hegemonie".

Dem steht die Definition Werlhofs (2015) gegenüber, die gerade eine umfassende systemische Erklärung für die ungerechten sozialen Verhältnisse für unablässig hält. Für sie ist Patriarchat ein Konzept, das den Charakter der gesamten sozialen Ordnung erklärt. Werlhof definiert Patriarchat als „Denkgewalt", als alle Lebensbereiche durchdringendes Denksystem, das dennoch nicht als solches benannt wird oder werden darf. Es ähnle z.b. dem ehemaligen „real existierenden Sozialismus", der die eigene Welt immer wieder propagandistisch als „normal" darstellte.

Von Patriarchat zu sprechen, gilt zumeist als verpönt. Dabei ist es sehr präzise, den Begriff zu verwenden, denn er bezeichnet ein Prinzip, dem sich der individuelle Mann durchaus entziehen kann. Auch Männer können im Patriarchat Opfer werden, wenn sie z.b. einem anderen Vaterbild entsprechen wollen und dadurch in Konflikt mit der Forderung nach permanenter Präsenz am Arbeitsmarkt geraten. Und die wenigen Frauen an der Spitze von Staaten oder Konzernen müssen durch Rituale, Prinzipien und Taten beweisen, Teil der herrschenden Maschinerie zu sein. Ich bezeichne sie als patriarchale Frauen.

Im vorliegenden Buch wird einem systemischen Patriarchatsbegriff gefolgt, der als Meta-Prinzip zu verstehen ist und weit über die Dominanz von Männer über Frauen hinausgeht. Patriarchat ist dabei nicht nur als Prinzip zu verstehen, das die Gesellschaft geschlechtsspezifisch strukturiert. Es handelt sich vielmehr um die Funktionsweise, die unsere gesamte Zivilisation – Familie, Gesellschaft, Politik und Wirtschaft – kennzeichnet. Die Merkmale patriarchaler Zivilisationen sind folgende:

- herrschaftliche Machtausübung durch hierarchische Gliederung und Machtausübung, z.B. in Politik und Konzernen;
- das Prinzip des „Teile und Herrsche" zur Verhinderung des Zusammenschlusses, z.B. die Isolation der Mütter (vgl. Kap. 1);

- die Ablehnung der Verantwortlichkeit gegenüber dem Lebendigen, z.B. menschliche „Kollateralschäden" im Krieg;
- Ausbeutung von Menschen und Natur in der Ökonomie, z.b. sklavenähnliche Arbeitsverhältnisse und Ressourcenabbau werden als legitim angenommen (vgl. Kap. 4);
- Akzeptanz von Gewalt, besonders gegen den Körper von Frauen und Kindern, z.b. Vergewaltigungen und sexuelle Belästigung werden selten sanktioniert;
- die Umkehrung: Prinzipien werden auf den Kopf gestellt. Krieg gilt als gut, Friedensbewegte werden als „Gutmenschen" denunziert;
- natürliches Hervorbringen durch die Mutter und die Natur gilt als nichts, die geistige und technische angebliche „Neuschöpfung" (die Surrogatmutter, künstliche Welten) als „wirkliche Kreation", (vgl. Kap. 2).

Matriarchat und Matrilinearität

Meine Arbeit ist wesentlich beeinflusst von den modernen Matriarchatsstudien, insbesondere von den Erkenntnissen zur Matrilinearität. Sie eröffnen den Blick auf Alternativen, die durch den Kleinfamilienmythos verstellt sind. Matriarchale Kulturen spannen sich über den ganzen Globus und sind gut erforscht. Sie existieren z.b. in Südchina – die Mosuo (Rosati Freeman 2015, Danshilacuo/Mei 2009, Madeisky/Parr/Margotsdotter 2014 u.a.) – und auf der indonesischen Insel Sumatra – die Minangkabau (Reeves Sunday 2006 u.a.). Es gibt sie in Indien – z.b. die Khasi (Mukhim 2009) –, in Afrika und bei den indogenen Völkern der Amerikas. Und alle matriarchalen Gesellschaften haben ähnliche Grundcharakteristika.

„Matriarchat" leitet sich etymologisch vom lateinischen „Mater" und dem griechischen „Arche"[13] her und bedeutet „am Anfang die Mutter". Es enthält im Unterschied zu „Patriarchat" in der Bedeutung „pater arche" (die Herrschaft des Vaters) keinen Dominanzanspruch. Die hellenischen Eroberer des vorpatriarchalen Griechenlands deuteten den Wortstamm, der „Anfang, Beginn, Ursprung" bedeutet, in die ganz andere Sinngebung von „Herrschaft, Amt, Obrigkeit" um (Meier-Seethaler 1988). Dies sollte suggerieren, dass ein

---

13 Laut Gemoll (1965) besitzt „arche" drei unterschiedliche Bedeutungen.

durch Männer ausgeübtes herrschaftliches System am Anfang der Geschichte gestanden habe und daher die einzig denkbare Form von Politik sei.

Hier zeigt sich das Problem des Evolutionsbegriffs gängiger Zivilisationstheorien. Die übliche Ansicht lautet, es habe eine stetige zivilisatorische Höherentwicklung gegeben. Das alte Ägypten und das antike Griechenland gelten als „Wiege der Zivilisation" (z.b. Rifkin 2010), als habe es vorher keine Kultur gegeben und als sei alle Entwicklung ab diesem Zeitpunkt als Fortschritt zu verstehen. Dieses Denken bezeichnet nur Kulturen, die über eine Schrift verfügen, als „Hochkulturen" und wertet damit die vorhergehende friedliche neolithische Zeit als „primitiv" ab. Bis heute werden nicht-patrilinear lebende Gesellschaften als „Naturvölker" bezeichnet.

Damit blendet die Geschichtsschreibung alle auf mündlichen Überlieferungen basierende Kulturen aus. Zeichnungen, Ritzungen, Darstellungen in der Kunst, in Haushaltswaren, der Töpferei sowie der Architektur werden in ihrer Bedeutung zurückgedrängt. Dies betrifft zum Beispiel alle indigenen Kulturen Amerikas, die nicht über schriftliche Überlieferungen verfügen. Schon Mellaart (1975) stellte fest, dass die Schrift allein nicht ausschlaggebend für die Schaffung von Kultur und Zivilisation sei. Die Schriftlosigkeit der nordamerikanischen Wabanaki[14] begründet sich darin, dass der spirituelle Gehalt, der in der gesprochenen Sprache vorhanden ist, durch die Verschriftlichung verlorengehe[15]. Deshalb geben sie historisch der mündlichen Tradition den Vorzug. Bei der Kolonisation der Amerikas war dies für die europäischen ImmigrantInnen mit ein Grund, sie als „primitiv" zu bezeichnen und zur Beherrschung und Vernichtung freizugeben.

Wie sieht nun die matrilineare Familien- bzw. Clanstruktur aus? Größtenteils beziehe ich mich in meinen Ausführungen auf Heide Göttner-Abendroth (2012), die Modelle der sozialen Organisation matrilinear organisierter Gesellschaften erarbeitet hat. Ihr Grundprinzip ist die Orientierung an der Mutterlinie, die sich um die Clanmutter zentriert. In matrilinearen Familien leben Mütter, Geschwister und Kinder zusammen oder in unmittelbarere Nähe. Der mütterliche Name wird von Generation zu Generation weitergege-

---

14   Der indigene Stamm der Wabanaki umfasst die Clans der Maliseet, der Mi'Kmaq, der Penobscot und der Passamaquoddy. Sie sind in Maine, Massachusetts und im Südosten Kanadas beheimatet und leben in Matrilinearität.

15   Ich zitiere hier den Vortrag der Indigenen Miigam'agan anlässlich der Konferenz der „Association for the Study of Women and Mythology", 1. April 2016, Boston, MA.

ben. Familie bedeutet Verwandtschaft über die Mutter, nicht über Heirat oder einen Vater.

Matriarchat ist eine Meta-Struktur auf den Ebenen der Ökonomie, der Politik, der Religion und der sozialen Ordnung (Göttner-Abendroth 2000). Die ökonomischen Muster matriarchaler Gesellschaften sind: Subsistenzwirtschaft, die meistens, aber nicht immer, auf Garten- oder Ackerbau beruht; Land und Häuser sind im Gemeinschaftseigentum des Clans, Privatbesitz ist unbekannt. Die sozialen Muster matriarchaler Gesellschaften umfassen die Bildung von Clans, die durch Matrilinearität und Matrilokalität zusammengehalten werden. Sie zeichnen sich durch große sexuelle Freiheit für beide Geschlechter aus. Die soziale Vaterschaft" des Mannes bezieht sich auf die Kinder seiner Schwester und nicht auf die biologische Abstammung.

Das Zusammenleben kann sich in einem großen Clanhaus – wie bei den Minangkabau auf Sumatra – gestalten oder es werden kleine Häuser an das Mutterhaus angebaut oder in unmittelbarer Nähe errichtet. Wesentlich ist also die zentrale Stellung eines familialen Haushalts, der den Rückhalt für alle erwachsenen Mitglieder darstellt und Ort der Sicherheit sowie der Erziehung der Kinder ist. Die ökonomische Versorgung wird durch den Familienclan gewährleistet. Zum Clan der Irokesen (Mann 2009) können Tausende von Menschen gehören, die ein weit verzweigtes Verwandtschaftssystem umfassen. Matrilinearität bedeutet das Zusammenleben einer Familie, die sich auf die gemeinsame Mutter stützt, die Kinder erhalten alle den Namen dieses Mutterhauses oder, wie bei den Khasi Indiens, erhält der gesamte Clan den Namen der Vorfahrin, von der alle gemeinsam abstammen.

Auch auf der politischen Ebene ist die Verwandtschaftsbeziehung bestimmend. Auf der Ebene des Hauses/der Familie werden Entscheidungen durch gemeinsame Konsensfindung gefällt. Auf der Ebene des Dorfes treffen sich bestimmte Delegierte der Familien, die sich miteinander austauschen und im Anschluss solange zwischen dem Dorfrat und dem Clanrat verhandeln, bis ein Konsens gefunden ist. So wird auch auf der Ebene der Region verfahren. Patriarchale Hierarchien können auf diese Weise nicht entstehen. Männer sind Delegierte des Clans in wichtigen Rollen; „Chiefs" oder Könige sind Kommunikations-, und keine Entscheidungsträger.

Diese Matriarchate leben zumeist zurückgezogen innerhalb patriarchal organisierter Staaten. Viele von ihnen sind den Patriarchalisierungsbestrebungen der sie umgebenden Gesellschaften ausgesetzt. Dies geschieht auf ökonomischer Ebene, indem das Gemeinschaftseigentum abgeschafft werden soll. Auch der Tourismus spielt eine große Rolle. Durch neue Transportbedingungen werden Orte erschlossen, die bisher unzugänglich waren. Sie bringen Werte mit sich, die die gewachsenen Strukturen nachhaltig verändern. Auf religiöser und politischer Ebene versuchen Missionare und Politiker die matrilineare Struktur durch Einführung von Ehe- und Familienrecht außer Kraft zu setzen.

Die geschilderten Gesellschaften leben seit Jahrhunderten bis Jahrtausenden im matrilinearen Verband und sie stehen im Gegensatz zum „patriarchalen Irrtum", wenn davon ausgegangen wird, dass es in der Frühzeit kaum „empathisches Bewusstsein" (Rifkin 2010) gegeben habe. Das übliche Verständnis von Zivilisation nimmt an, dass der Preis für jegliche „Höherentwicklung" Zerstörung, also Kriege und Unterwerfung, sei. Und es nimmt an, dass das „Neue", die „Moderne" immer besser sei als das „Alte", „Unmoderne".

Die Kritische Patriarchatstheorie

Die Zweite Frauenbewegung benannte zwar die fundamentalen Probleme im Geschlechterverhältnis, konnte aber keinen radikalen Wandel herbeiführen. Um zu verstehen, warum die „Frauenfrage" nicht gelöst wird, sondern sich ganz im Gegenteil die Lage der Frauen verschlechtert, ist es nötig, neue analytische Hilfsmittel zu entwickeln. Die akademische Forschung trägt dazu bei, dass wissenschaftliche Fragestellungen meist unzulänglich bleiben. In Psychologie, Soziologie und Politikwissenschaft werden Studien zur Familie im Zusammenhang mit der Vereinbarkeitsfrage durchgeführt (z.B. Rille-Pfeiffer et al 2007a), aus pädagogischer und therapeutischer Sicht oder zu Fragen der Funktionalität von Familie. Diese Ansätze sind meistens deskriptiv, entstammen einer einzelnen Disziplin und sind unpolitisch.[16] Es fehlt hier nicht nur der umfassende, also interdisziplinäre Blick, sondern auch die Erkenntnis, dass die Familie unter bestimmten Zwängen steht und untersucht werden muss, welchen politischen und ökonomischen Interessen sie dient.

Die Abwesenheit adäquater Antworten in feministischer und politischer Theorie führte zur Entwicklung der Kritischen Patriarchatstheorie (KPT)

---

16 Aus meiner Sicht steht dies auch den Anfängen der Sozial- und Frauenforschung entgegen, die angetreten sind, nicht nur, um gesellschaftliche Probleme aufzuzeigen, sondern auch mit dem Anspruch, diese zu verändern.

durch die Innsbrucker Schule[17], die frühere feministische theoretische Entwicklungen der späten 1970er-Jahre weiterentwickelt und systematisiert. Ziel ist eine systemische Meta-Theorie (Werlhof 2015, Projektgruppe 2009), durch die Zivilisation in allen ihren Dimensionen begriffen werden kann. Indem man ihre analytischen Werkzeuge anwendet, zeigt sich, dass Politik und Ökonomie auf die dauerhafte Zerstörung der existierenden Natur und der Menschen selbst zugunsten einer angeblich besseren künstlichen Neuschöpfung aufbauen. Die KPT erklärt auch, woher die Wahnidee einer sogenannten „modernen und progressiven" Welt kommt, wo doch der sogenannte „Fortschritt" nur durch Schock und Zerstörung (N. Klein 2007), also durch Gewalt durchsetzbar ist.

Die Kritische Patriarchatstheorie (KPT) zeigt, wie oben bereits skizziert, etymologisch, wie der Begriff Patriarchat aus dem Lateinischen „pater" (Vater) und dem griechischen „arche" zusammengesetzt ist, das drei verschiedene Bedeutungen besitzt (Gemoll 1965). Es ist mit „Herrschaft" übersetzbar, aber auch mit „Anfang" und „Beginn". Der Vater wollte der Mutter also ihren Platz streitig machen, denn sie ist der Beginn, der Anfang, aus dem alles kommt. Dies geschah historisch früh in rechtlicher und institutioneller Form, aber durch Symbole und Mythen – wie dem vom Vatergott Zeus, der Athene „aus seinem Kopf gebiert". Was die historisch jüngere Version dieser griechischen Sage – die sich im Laufe der Jahrhunderte stark verändert hat (Ranke-Graves 1993) – unterschlägt, ist nämlich die Tatsache, dass der Vater-Gott vor seinem angeblichen Gebären die mit ihrer Tochter schwangere Göttin Metis verschlungen hatte (Mulack 2015). Das Auslöschen der Mutter gelingt also nicht wirklich. Das angebliche „Leben-Schaffen" des Patriarchats hängt vom Absorbieren mütterlicher kreativer Potenz und Materie ab.

Nach Werlhof ist die Alchemie die – fälschlich nur in der Antike und im Mittelalter verortete – Methode, um die Idee der „Verbesserung der Welt" zum „Großen Werk" materiell umzusetzen. Die Idee der alten und neuen Alchemisten ist das Auseinandernehmen und Wieder-Zusammensetzen von Natur, wobei die lebendige Welt „mortifiziert" (Werlhof) wird. Es wird also eine Leere, eine „tabula rasa" hergestellt, die dann künstlich befüllt und er-

---

17 Die neuen Theorien und Konzepte zum Patriarchat wurden am Institut für Politikwissenschaft der Universität Innsbruck entwickelt, in erster Linie durch Claudia von Werlhof (2015 u.a.), Renate Genth (2002), Simone Wörer (2011), Ursula Scheiber, Mathias Baumann (Projektgruppe 2009) und mir selbst (1992, 2004, 2013 u.a.).

setzt werden kann. Am Beispiel der Gestalt der Mutter wird dies besonders klar. Wie Paracelsus das „Elixier des Lebens" – oder den „Stein der Weisen" – finden wollte, um den „Homunculus" zu kreieren, versuchen moderne Alchemisten mithilfe der Reproduktionstechnologie die mütterliche Essenz in den Körperteilen der Mutter zu finden, um selbst daraus „Neues" zu erschaffen.

> Alle modernen alchemistischen Verfahren versprechen das Gleiche wie die antike Alchemie: Reichtum, Glanz und Gold in Ewigkeit, militärischen Erfolg, technologische Überlegenheit, Kontrolle, Beherrschung und Ersetzung von Mensch, insbesondere Frau, und Natur durch „Höheres", ewige Jugend, Schönheit, Potenz, Gesundheit, Langlebigkeit, gar Unsterblichkeit – das Gute, Wahre und Schöne für alle – den angeblich besseren, perfekten und vollkommenen, von aller Schuld befreiten, gänzlich entwickelten „neuen Menschen". (Werlhof 2010, 34)

In diesem Buch soll gezeigt werden, welche Rolle der Kleinfamilie in der patriarchalen alchemistischen Prozedur zukommt. Was bedeutet sie für die Sozialisierung des Menschen, und warum ist ihr – angebliches – Funktionieren für Ökonomie und Politik so bedeutsam? Ich werde der Frage nachgehen, wie die skizzierten patriarchalen Prinzipien von Herrschaft, Entsolidarisierung und Isolierung funktionieren und welche Folgen sie für die „Menschenproduktion" haben.

Kapitel 1
Die Mutterfalle[18]

Am Beginn meiner Recherchen war ich eine junge Mutter in den 20ern und verstand schnell, dass etwas zutiefst falsch war an der Mutterschaft. Bald war ich davon überzeugt, dass dies mit dem unangemessenen Zugang zur mütterlichen Fortpflanzungsfähigkeit zu tun habe. Die Art, wie der Nachwuchs normiert wurde – zwei Kinder pro Frau sollen es sein –, wie Schwangerschaft und Geburt abgewickelt wurden und die rabiaten Bemühungen der Reproduktionstechniker um die Ersetzung der Mutter waren zutiefst verstörend. So begann meine Arbeit daran, das herrschende Mutterbild zu hinterfragen.

In diesem Kapitel werde ich damit beginnen, den öffentlichen Diskurs zu beschreiben. Ich werde die Frage verfolgen, warum Mütter sich in der Falle befinden, und die Rolle diskutieren, die der Feminismus in dieser Debatte spielt. Die Kritische Patriarchatstheorie wird die folgenschwere Niederlage der „patriarchalen Mutter" zeigen, die ihren Nachwuchs unter extremen Bedingungen immer noch betreut. Währenddessen ist die Abschaffung ihres Körpers das Ziel technologischer Experimente, um das mutterlose Leben zu erschaffen. Die Analyse wird auch zeigen, wie sich das Denken durchsetzen konnte, dies sei zu ihrem eigenen Wohl.

Der öffentliche Diskurs

Der öffentliche Diskurs ist von zwei Themen geprägt: Das eine ist die Vereinbarkeit von Familie und Beruf, also die ökonomische Seite, und das andere sind die Fortpflanzung, die Geburtenraten und deren politische Implikationen.

In jüngster Zeit gibt es eine Reihe von Publikationen von berufstätigen Frauen, die die Propagierung der berufstätigen Mutter kritisch unter die Lupe nehmen. Dass Frauen „alles haben können" (z.B. Sandberg 2013) bestreiten mittlerweile andere (Slaughter 2016). Von liberaler feministischer Seite wird

---

18 Dieses Kapitel basiert auf zwei Vorträgen, die ich im April 2015 auf den Konferenzen „The Maternal Roots of the Gift Economy" und „Maternal Subjectivities" in Rom gehalten habe, und teilweise auf dem Artikel „The Perversion of Maternal Gift Giving" (2017), Es ist erstmals als Artikel in: Bumerang. Zeitschrift für Patriarchatskritik Vol. 1, 2015 erschienen und wurde seither überarbeitet.

wiederum der Verzicht auf die Mutterschaft vorgeschlagen: „Mutter sein. Nein danke" titelt *Emma* im Frühjahr 2016 (Emma März/April 2016). Nur Kinderlosigkeit bewahre vor Benachteiligung und Überforderung oder Zynismus: statt der „Übermutter" setzt sich *Emma* für die „Rabenmutter" ein. Allerdings wird eingeräumt, diese Haltung schütze auch nicht gegen den politischen und populären Zwang, dass jede Frau Mutter sein müsse.

In Europa wird die sozialdemokratische Ansicht, in den USA der liberale Feminismus vertreten, die annehmen, Arbeit und Karriere würden zur Frauenbefreiung beitragen. Die Gender-Mainstreaming-Programme der EU sollen dazu dienen, „Gender Equality" herzustellen; in der Praxis werden damit Frauen den Europäischen Verträgen[19] unterworfen, die einzig dem ökonomischen Wachstum der EU und ihrer „Wettbewerbsfähigkeit" – hauptsächlich gegenüber den USA und China – dienen. D.h., ein solches Verständnis von Feminismus bedeutet Gleichheit mit Männern um jeden Preis, ohne die ökonomische Agenda des Neoliberalismus, seine Regeln und Praktiken, zu hinterfragen (vgl. Kap. 3).

Die „Reproduktion", also Mutterschaft und Fortpflanzung, kommt an drei Punkten zur Sprache: Erstens haben sich die Debatten rund um den Schwangerschaftsabbruch zu Schlachtfeldern entwickelt, wo schwangere Frauen bedroht und Ärztinnen/e und Krankenschwestern ermordet werden. In den USA hat ein skrupelloser Lobbyismus Einzug gehalten, der Abtreibungen um jeden Preis verhindern will. In mehr und mehr amerikanischen Staaten und Ländern Osteuropas werden eine Vielzahl von Verordnungen zum Thema vorgeschlagen. Zum Beispiel haben die Abtreibungsgegner/innen der „Americans United for Life" 2015 innerhalb der ersten fünf Monate mehr als 300 Verordnungen in 45 US-Staaten initiiert[20]. Die neue US-Regierung plant derzeit überhaupt die Abschaffung der Straffreistellung.

Die in den 1970er-Jahren begonnene Diskussion um die Abtreibung führte zur Einführung einer liberalisierten Gesetzgebung in ganz Westeuropa (Tazi-Preve/Roloff 2002). Diese neue Gesetzeslage brachte aber keineswegs ein Ende der Diskussion, wie Frauen damals hofften; im Gegenteil erfolgte bald ein Backlash, und die Opposition durch christliche Gruppen wird seit zwei Jahrzehnten durch militante Organisationen (Human Life International

---

19 Z.B. der Vertrag von Lissabon (2007), durch den der neoliberale Kurs wesentlich verschärft wurde.
20 New York Times, 10.5.2015, 16/21.

u.a.) abgelöst. Und seit 1989 wird auch in Osteuropa die bereits in den 1950er-Jahren legalisierte Abtreibung heftig bekämpft.

Die zweite Debatte dreht sich um die niedrigen Geburtenraten in Europa seit den 1980er-Jahren. In Süd- und Osteuropa sind diese besonders niedrig und auf bis zu ein Kind pro Frau geschrumpft. Die deutschsprachigen Länder liegen seit einiger Zeit auf dem gleichbleibend niedrigen Niveau von ca. 1,4 Kindern pro Frau. Müttern wird seither nahegelegt, „ihren Pflichten" nachzukommen. Die Entwicklung führte zu einer neuen Bevölkerungspolitik, die aber nicht als solche benannt wird.[21] Politik, Medien und Ökonomie pochen auf die Norm der Zwei-Kind-Familie. Eine höhere Produktion von „Menschenmaterial" soll Staat und Wirtschaft stärken.

Zum dritten hat sich im Kontext der reproduktiven Technologien das Sprechen über den mütterlichen Körper und ihre Zeugungsfähigkeit in den letzten Jahrzehnte dramatisch verändert. Der neoliberale Zugang, der alles als Ware ansieht, wurde zum Allgemeinverständnis und führte dazu, dass Frauen auch den eigenen Körper als Ware begreifen und die Sprache der Reproduktionstechnologien auf sich selbst anwenden. Dann ist die Rede von „Rechten" (ein Kind zu haben) und „Wahlmöglichkeiten" (eines in Besitz zu nehmen):„by using the reproductive liberal language"[22] (R. Klein 2015, 163) wurde der Weg bereitet, aus Frauen „body shops" zu machen. Auch hat die Technologisierung der Mutterschaft ein komplett neues Verständnis des mütterlichen Körpers hervorgebracht, mit dem Ziel, ihn durch künstliche Zeugung (In-vitro-Fertilisation) und unabhängiges Austragen des Kindes (Leihmutterschaft etc.) zu ersetzen.

Meine These und die feministische Forschung zur Mutterschaft

Meine These ist, dass die heutige Mutterschaft, die ich „patriarchale Mutterschaft" (Tazi-Preve 2004) nenne, auf dem historischen Muttermord basiert (Tazi-Preve 1992) und ein Kunstprodukt ist, dessen Ziel die technologische Abschaffung der Mutter ist. In meinen frühen Arbeiten habe ich gezeigt, dass

---

21 Der Terminus Bevölkerungspolitik hat bis heute Anklänge an die Eugenik und die Rassenpolitik des Nationalsozialismus und wird daher kaum verwendet. Es ist eher von Familienpolitik die Rede.

22 Eigene Übersetzung: „indem sie die reproduktive liberale Sprache verwenden".

die Mutter in Mythologie, Religion und Psychologie sowie durch die Instanzen und Vertreter/innen der Medizin, Rechtsprechung und Politik abgeschafft wird und der Vater sich als angeblicher Schöpfer an ihre Stelle setzt. Wichtig zum Verständnis ist es, dass die (patriarchale) Mutter (noch) am Leben ist, da sie als Schwangere, als Betreuungsperson und als Arbeiterin weiterhin gebraucht wird. Die Bedingungen und Zwänge aber, denen sie unterliegt, sind Resultat eines historischen Verwandlungsprozesses. Die patriarchale Mutter befindet sich in der „Mutterfalle", in der sich jede Option als nur vermeintliche entpuppt.

Je länger ich mich mit der patriarchatskritischen Herangehensweise an die Mutterschaft befasste, desto klarer wurde die Erkenntnis, dass die Geschlechter-/Genderforschung nicht Teil der Lösung, sondern Teil des Problems ist. Mehrere Trends haben das heutige Bild der Mutter produziert. Der eine ist der Kurs, den der Feminismus in der Theorie genommen hat. Als das postmoderne Konzept, mit Michel Foucault an der Spitze, in die feministische Theorie Einzug hielt, wurde die feministische Sozialwissenschaft völlig ausgehebelt. Judith Butler (1990) hat die Theorie der Gender-Performativität entwickelt, die jegliche Naturhaftigkeit des weiblichen Körpers bestritten und so das kollektive Verständnis von Frau verunmöglicht. Meines Wissens gibt es keine parallele Entwicklung, die gleichermaßen die Abschaffung der Männer zum Ziel hat. In der universitären Forschung ist seither der Trend zu verzeichnen, das „Frauenproblem" zu individualisieren, die systemische Sichtweise abzublocken und keine Fragen zum Machtungleichgewicht, also zu den sozialen, politischen und ökonomischen Bedingungen mehr zu stellen. In einer geschlechtsneutralen Welt wird der politische Aktivismus gegen strukturelle Ungerechtigkeit und Gewalt verunmöglicht, die „Frauenfrage" wird zum rhetorischen Problem und der Feminismus verliert seine transformative Kraft.

Der praktische politische Diskurs wiederum, also die nationale Frauenpolitik der einzelnen Länder, wird von liberalen und sozialdemokratischen Feministinnen dominiert. In beiden Ansätzen wird die Berufstätigkeit als Garant für Freiheit propagiert und die Mutterschaft bleibt Privatsache. Dass sich die Frauen seit 40 Jahren unausgesetzt anstrengen, hat sich aber immer noch nicht gelohnt – sie verfügen weder über dieselbe Einkommenshöhe noch über dieselben Positionen wie Männer und sind daher in Sachen Finanzen, Macht und Einkommen unverändert benachteiligt. Langsam wird dies auch manchen Gleichheits-Anhängerinnen klar. In einem *Time*-Artikel schreibt Kristin van Ogtrop, Anne-Marie Slaughter (2016) zitierend: „I see that system itself as antiquated and broken"[23] und kommt zu der Einsicht, dass es doch etwas anderes geben müsse als das „Männerklüngeln am Abend und am Golfplatz"[24]. Solche Schlussfolgerungen tun den Gender-Mainstreaming-Politiken der EU aber keinen Abbruch. Im Gegenteil.

In einer unheiligen Allianz liberaler, sozialdemokratischer und gender-theoretischer Ansätze dominieren Themen zu „Intersektionalität" und „Identitätstheorie" den akademischen und politischen Diskurs. Frauenforschung wurde ersetzt durch Gender Studies und neuerdings durch „Sexuality Studies", die sich mit der sexuellen Orientierung beschäftigen. Durch diese Veränderung wird die feministische Bewegung entschärft und zersplittert. Gelder fließen nun in apolitische Forschung zur „Gender-Frage" und Themen der sexuellen Identität. Die laufenden Debatten um die Ehe für homosexuelle Paare fungieren dabei als Ablenkungsmanöver von den sich real verschärfenden Entwicklungen für Frauen im Patriarchat.

Das Mutterbild war historisch immer mit der herrschenden Wirtschaftsordnung verknüpft. Wenn eine Welt kreiert wird, in der jegliche soziale Verantwortung, Gegenseitigkeit und Solidarität verlorengeht, kommen auch die Bereiche unter Druck, wo Frauen das Zentrum eines Netzes sozialer Beziehungen sind. Diese mütterliche Kultur entsteht ab dem Tag der Geburt des Kindes, indem Zeit miteinander verbracht wird, wo gekocht und miteinander gegessen wird, durch Handarbeit und Handwerk, durch das Kreieren von Zirkeln und Räumen. All dies soll dem Verständnis einer Welt der Profitmaximierung weichen, indem die Mutter auf ihre Funktion der Menschenproduktion und -betreuung reduziert wird. Wie zu sehen sein wird, stellt die Mutter in der neoliberalen Welt den essentiellen Teil der zur Familien-Maschine transformierten privaten Welt dar.

Mütter in der Falle

Das Patriarchat als allumfassende Zivilisationstheorie zu verstehen, bedeutet, die Moderne mit neuen Augen zu sehen, nämlich als „Mordende" (Werlhof). Der gemeinhin positiv konnotierte Fortschritt entpuppt sich als mörderische Kreation einer künstlichen mutter- und naturlosen Welt. Es geht also gerade

---

23 Übersetzung: „Ich denke, das System selber ist antiquiert und seine Tage abgelaufen."
24 Time, 28.9.2015.

nicht um eine Verbesserung oder um eine Anpassung des Menschen an die bestehenden natürlichen Verhältnisse, wie zum Beispiel im Weltbild indigener Gesellschaften, sondern um die Zerstörung des Mutterkörpers und der mütterlichen Kultur. Das heißt, die „Mutter muss verschwinden" – wie es als Überschrift in einem Artikel zum Muttertag hieß[25]; sie soll buchstäblich ausgemerzt werden. Die (noch) existierende Mutter bedeutet lediglich einen Zwischenschritt bis zu ihrer kompletten „Mortifizierung".

Was geschieht mit der betreuenden Mutter?

Die Mutter wird also immer noch gebraucht, daher wird sie behandelt wie eine *Institution*. Der mütterliche Körper, ihre Arbeit und ihr kreatives Potenzial wurden in eine Art administrative Einheit verwandelt. Indem sie Nahrung, Unterkunft und Fürsorge bereitstellt, „verkörpert sie Ökonomie im wahrsten Sinne des Wortes" (Werlhof). Das ist die Schattenwirtschaft, auf der die offizielle in „parasitärer Weise" (Vaughan 2015b) beruht. Die Mutter erfährt das Programm von „Überwachen und Strafen" (Foucault 1993) in allen ihren Lebensbereichen und in ausgefeiltester Form. Seit dem Beginn der Neuzeit, also seit dem 15. bzw. 16. Jahrhundert, wird die institutionalisierte Mutter bevormundet und ihr Verhalten durch Instanzen der Rechtsprechung, der Medizin, der Psychologie und Pädagogik reglementiert. So haben sich zum Beispiel die Empfehlungen zum Stillen seit der Nachkriegszeit permanent verändert.[26]

Die *Europäische Sozialpolitik* wird in den USA, die nicht einmal über den Mutterschutz vor und nach der Geburt verfügt, dafür gepriesen, Mütter zumindest für einen Teil des verlorenen Einkommens zu entschädigen. In Österreich und Deutschland bleiben Mütter nach der Geburt dem Arbeitsplatz weit länger fern als in anderen europäischen Ländern. In der Logik der Arbeitskultur, die ausschließlich auf der Dauer der Erwerbstätigkeit aufbaut, bedeutet die lange Abwesenheit aber einen großen Verlust an Einkommen und Anrechnung für die Rente. Der Europäische Wohlfahrtsstaat fungiert als

---

25 In der Wochenzeitung „Die Zeit" (7. Mai 2015) erschienen zum Muttertag 2015 13 Artikel, ausschließlich von jungen männlichen Autoren geschrieben, fünf davon offen feindselig.

26 Vor ein paar Jahrzehnten wurde Stillen noch für gefährlich erachtet, da die Muttermilch mit Umweltgiften belastet sei. Heute wird wieder langes Stillen empfohlen.

Ersatz für den – oft abwesenden – Vater[27], indem er Familienbeihilfen, Alimentationsvorschüsse und Kinderbetreuungseinrichtungen bereitstellt.

Seit den 1990er-Jahren verändert sich der Charakter des „sorgenden" Staates. Die alle Regulierungen aushebelnde neoliberale Gesetzgebung erfasst nun auch die letzten Enklaven der Sozialpolitik. Bildung, Gesundheit und Soziales – worein alle finanziellen und institutionellen Unterstützungsleistungen für Mütter fallen – werden nun „privatisiert". D.h. sie werden Opfer angeblich notwendiger „Einsparungen" oder sie werden von Konzernen übernommen – was auch Sparpolitik genannt wird (Kailo 2015). Begleitet wird das Zurückfahren des Wohlfahrtsstaates mit Beschuldigungen derer, die angeblich Leistungen „missbrauchen", speziell Mütter und sogenannte „Arbeitsunwillige". Die eigentlichen Verursacher der Armut des Staates, also etwa Konzerne, die kaum Steuern abführen, bleiben dagegen ungeschoren (vgl. Kap. 3). Dass gerade die Lebenserwartung von Frauen entscheidend damit zusammenhängt, wie das soziale und politische Umfeld gestattet ist, zeigen Untersuchungen zur stagnierenden Lebenserwartung amerikanischer Frauen[28].

Der Rahmen, in dem das mütterliche Leben erlaubt ist, ist die *Kleinfamilie,* die am Beginn patriarchaler Zeiten ersonnen wurde, um die sexuelle Freiheit der Frauen zu beschneiden und eine vaterlose Mutterschaft zu verhindern. Innerhalb der Ehe wurde die Fortpflanzung zur überwachten Pflicht. Die nicht-verheiratete Mutter wurde zur Schande, die verheiratete ein Segen. Die Kindeswegnahme des „illegitimen" Kindes war bis in die 1970er-Jahre eine übliche Praxis.[29]

Die patriarchale Mutter muss dem Ideal der heterosexuellen Beziehung (vgl. Kap. 7) folgen, am besten in der Ehe, die angeblich für sie und ihre Kinder der sicherste Ort ist. Diese Lebensform wird als natürlich hingestellt, da Kinder von einem Mann und einer Frau gezeugt würden. Mit dem Bezug auf die „Natur" werden Frauen und Männer in die Kleinfamilie gezwungen,

---

27 Es gibt zahlreiche politische Kampagnen, die Väter miteinzuschließen. Vom feministischen Standpunkt aus gesehen, ist dies zwiespältig. Väter sollten durchaus dazu ermutigt werden, sich an der Sorge für ihre Kinder zu beteiligen. Auf der anderen Seite ist aber die rechtsgerichtete Väterbewegung im Vormarsch, die aktiv und erfolgreich Lobbyarbeit für das geteilte Sorgerecht betreibt, und das auch dann, wenn der Vater gewalttätig ist oder mit der Mutter nie eine Beziehung hatte (Fassbender 2015).

28 United States Census. American National Longitudinal Mortality Study (2016).

29 Das passierte vor allen Dingen Müttern, die zusätzlich minderjährig waren (vor 1975 unter 21 Jahren) und ohne die Unterstützung ihrer Eltern.

indem die patriarchale Frau glauben gemacht wird, eine *dauerhafte romanti-sche Beziehung* sei die Normalität. (Tazi-Preve 2012a). Die Wahrheit wider-spricht dem aber deutlich: Zum einen ist die Familie der gefährlichste Ort für Frauen und Kinder überhaupt, die dort der Gefahr des physischen und psy-chischen Missbrauchs und/oder des gewaltsamen Todes ausgesetzt sind (Kapella et al. 2011a). Zum andern ist die lebenslange Liebesbeziehung nicht die Regel, sondern sie ist ganz im Gegenteil die Ausnahme. Unglückliche Beziehungen, Scheidungen und Trennungen sind dagegen die Norm.

Und trotzdem bleibt das europäische und nordamerikanische Mutter- und Kleinfamilienideal als *Exportgut* in nicht-westliche Gesellschaften ein Dau-erbrenner. Seit der Kolonialzeit wird es verbreitet, gepredigt oder aber ge-waltsam erzwungen. Dies geschieht und geschah in allen nichtpatriarchalen Gesellschaften – in Vergangenheit und Gegenwart – durch Missionare, also religiös begründet, oder durch die Einführung des Privateigentums und der Erwerbsarbeit auf der ökonomischen Ebene und politisch, indem durch das Familienrecht der Vatername eingeführt wird. Zum Beispiel werden derzeit die matrilineare Tradition und die Weitergabe des mütterlichen Namens der Khasi in Assam, Indien, durch das Familienrecht bedroht. Und die Mosuo in Südchina sind mit dem enormen Einfluss der Han-Touristen konfrontiert, die die „sexuell freien" Mosuo Frauen prostituieren wollen.

Ein weiteres Charakteristikum der Mutter im Patriarchat ist ihre Ideali-sierung. Gerade im deutschsprachigen Raum wurde ein *Mutterideal* kreiert, das wenig mit der Realität zu tun hat. Es ist vielmehr ein Produkt männlicher Phantasie, entworfen von Kirchenmännern, Juristen, Psychologen und politi-schen Theoretikern, das mit Jacques Rousseau im 18. Jahrhundert seinen Anfang nahm. Der Nationalsozialismus führte im 20. Jahrhundert eine spezi-elle Form des Mutterideals ein (Weyrather 1993), das bis heute Spuren hin-terlassen hat. Seine Merkmale sind: eine normierte Kinderzahl und strikte Erziehungsregeln, die der Mutter vorschreiben, zumindest in den ersten drei Jahren ganz dem Kind zur Verfügung zu stehen. Auch der Umfang der Für-sorge und die Art der Bestrafung des Kindes, um es nur nicht zu „verwöh-nen", waren genau festgelegt. Die faschistische Erziehung strebte danach, Söhne für die Schlachtfelder zu produzieren und Töchter für den Kriegsdienst oder als zukünftige Mütter.[30] Heute sind wir von der Zeugung eines Kindes bis zu seinem Schulabschluss mit einem strikt regulierten Familienleben konfrontiert. Speziell die Kleinkindzeit steht unter Dauerbeobachtung. Dem intensiv debattierten Thema „Wieviel Mutter braucht ein Kind?" hat Lieselotte Ahnert (2010) ein Buch gewidmet. Sie argumentiert, dass die Vorschulzeit zwar wichtig sei, aber nichts dafür spreche, dass die Betreuung ausschließlich durch die Mutter zu erfolgen habe, sondern dass dies die (Familien-)Gruppe durchaus gemeinsam bewerkstelligen könne.

Mütter stehen unter dem Druck eines rigorosen Wirtschaftssystems mit seinen deregulierten Arbeitsgesetzen, „flexiblen" Arbeitszeiten und dramatischen Lohnsenkungen. Sie ist gekennzeichnet von einer wachsenden Zahl unterbezahlter sinnentleerter Tätigkeiten, in denen überwiegend Frauen beschäftigt sind.[31] Angesichts der ökonomischen Zwänge wurde der private Raum zur *Familienmaschine* und deren Mitglieder ihres Freiraums beraubt. Schulzeiten, Arbeitszeiten, das Zeitregime öffentlicher bürokratischer Institutionen, die Aktivitäten, die Kinder angeblich benötigen (soziale Aktivitäten, Sport etc.) und nicht zuletzt die Betreuung bei Hausaufgaben, die das Schulsystem von Müttern in Deutschland und Österreich erwartet, halten das Leben der Mutter in Wartestellung, zumindest je 15 Jahre für die demographisch erwarteten zwei Kinder. Im Prozess der Durchpatriarchalisierung von Gesellschaft wurde der private Bereich in eine feindliche pathogene Maschine verwandelt.

Ganz typisch für die doppelbelastete Mutter ist ihre *Dauererschöpfung*, nicht nur wenn sie Alleinerzieherin ist, sondern auch innerhalb einer Beziehung. Statistiken belegen, dass berufstätige Mütter einem Ungleichgewicht gegenüber dem Partner bei der Kinderbetreuung (Tazi-Preve 2003b), einem dauerhaften Lohnungleichgewicht und verminderten Aufstiegschancen ausgesetzt sind. Um den Alltag zu bewältigen, funktioniert die Mutter „wie ein Rädchen" (Stillhart 2015) in der erbarmungslosen Familienmaschine. Heute ist die „Frauenarbeit" eine finanzielle Notwendigkeit, und der linke Slogan von der Befreiung durch Arbeit war weder in der Vergangenheit noch ist er

---

30 Dem arischen eugenischen Mutterkult entsprang auch die Idee des Lebensborns, wo blauäugige blonde Kinder gezüchtet wurden. Im Deutschen Reich wurden Müttern je nach (hoher) Kinderzahl das goldene, silberne bzw. bronzene Ehrenkreuze („Mutterkreuz") verliehen.

31 Burn-out-Syndrome als Resultat des sich verschärfenden Arbeitsmarktes sind die Folge.

heute wahr. Die Arbeit der Frauen gilt zumeist als Zuverdienst, da Männer immer noch über weit höhere Verdienste verfügen. Weder die „weibliche Erfüllung" durch Berufstätigkeit entspricht der Wirklichkeit noch jene durch Mutterschaft.

Mütter haben also Optionen, von denen keine wünschenswert ist: Die erste ist die der Hausfrau, die ihr gesamtes Leben vom Ehemann abhängig bleibt. Angesichts einer europäischen und nordamerikanischen Durchschnitts-Scheidungsrate von 50 % ist dies keine realistische Lösung. Die zweite Option bedeutet Teilzeitarbeit, ohne damit je den Lebensunterhalt für sich und die Kinder bestreiten zu können. Frauen bleiben bei diesem Modell weiterhin von Ehemann oder staatlichen Leistungen abhängig. Die dritte Wahlmöglichkeit ist die, Vollzeiterwerbstätigkeit mit Mutterschaft und Haushalt zu vereinbaren, was zumeist eine völlige Überforderung darstellt. Denn nur Frauen der Oberschicht verfügen über die notwendige bezahlte Hilfe und nur wenige andere haben ein großes Familien- und/oder Sozialnetz, das ihre Verpflichtungen teilen würde. Viele versuchen dennoch die Quadratur des Kreises. Innerhalb der patriarchalen Logik erweisen sich aber alle Optionen als Falle, denn es gibt in ihnen keine menschenwürdige Lösung.

Da sie mehr oder weniger die alleinige Verantwortung – außerhalb einer Ehe oder Beziehung, aber auch häufig innerhalb einer bestehenden – überlassen wird, ist es Müttern oft unmöglich, der *neurotischen Beziehung* zu ihren Kindern zu entfliehen. Wie in einer kürzlich erschienenen israelischen Studie (Donath 2015) gezeigt wird, lieben Mütter ihre Kinder ohne jeden Zweifel, aber sie hassen die Umstände der Mutterschaft. Ständig bedürftige Kinder treiben Mütter in verzweifelte und aggressive Reaktionen und überlastete, ungeduldige Mütter erzeugen frustrierte und aggressive Kinder. Das ist eine folgenschwere Situation. Die Kleinfamilie stellt damit nicht nur die Basis der Ökonomie dar, in der die Frau als Gratisarbeitende vorausgesetzt wird, sie ist auch der Ursprung der mentalen Zurichtung des Menschen. Innerhalb der Kleinfamilie können emotionale Grundbedürfnisse gar nicht gestillt werden, wodurch in ihr die abhängige Persönlichkeit unserer Zeiten (Renggli 1992) produziert wird, der perfekte Konsument in einer Ökonomie, die Güter im Überfluss herstellt.

Das sind die Folgen, wenn das „Kinder aufziehen" zur *individualisierten Aufgabe* gerät, sich die Gesellschaft von jeglicher gemeinschaftlichen Verantwortung für die Betreuung, Verantwortung und das tägliche Management lossagt und dies an eine einzelne Person abgibt. Das ist meines Erachtens grob fahrlässig. Der Grund dieser sogenannten Individualisierung ist, dass Mütter nicht nur von ihrer Mutterlinie und anderen Frauen abgetrennt sind, sondern sie ist auch Resultat einer mentalen Manipulation, die sie glauben macht, diese Situation sei normal. Statt die Sorge mit anderen zu teilen, üben Mütter ihre täglichen Aufgaben in der „Einzelhaft" (Rich 1979) der Kleinfamilie aus und unter genauer Anleitung, wie diese zu bewerkstelligen seien (Olorenshaw 2016). Mütterliche Solidarität hat sich in einen „Mutterkrieg" verkehrt, in den Kampf um die „bessere Mutterschaft", indem Mütter gegeneinander ausgespielt werden. Wie Blaffer Hrdy (2000) zeigt, können Mutter und Kind aber nicht ohne die Fürsorge einer Gemeinschaft gedeihen. Sie vom Rest der Gesellschaft zu isolieren, ist für beide gesundheitsschädlich. Nur so kann das Phänomen des Kindsmordes in der postpartalen Depression erklärt werden (Williams 2014).

Besonders in den USA ist die Rhetorik der „Rechte" und „Wahlfreiheit" verbreitet. Wie Ladd-Taylor (2014) nachweist, gelten aber für Mütter nicht einmal die Menschenrechte. Ihr Recht auf ein Leben in Sicherheit wird z.B. dann verletzt, wenn während der Schwangerschaft unnötige medizinische Maßnahmen vorgenommen werden. Auch können Schwangere häuslicher Gewalt ausgesetzt sein und werden davor kaum adäquat geschützt.

Die Individualisierung und Isolation der Mütter macht sie besonders verletzbar und damit zum perfekten Ziel jeder Art politischer und psychologischer Intervention. Die Methode des „divide et impera", teile und herrsche, mit der Mütter voneinander und von der Gesellschaft getrennt werden, macht sie gänzlich kontrollierbar. So ist die Anschuldigung der Katholischen Kirche, der „Materialismus" und der „Individualismus" unserer Zeit sei schuld an der „Zerstörung" der Familie nicht nur irreführend, sondern wahrer Hohn.[32] Falls die Mutter zusätzlich berufstätig ist, wird sie beschuldigt, ihren „eigenen Vorteil" zu suchen. Wie ein Bumerang kommt jeder Versuch, gleichzeitig ihre Kinder aufzuziehen und ihren Lebensunterhalt zu bestreiten, als Schuldzuweisung an sie selbst zurück.

Die Methode, die Mutterkultur endgültig in Mutterelend zu verwandeln, ist das *„blame game"*. Müttern wird die Schuld für die Kriminalität und das schulische Versagen ihrer Söhne gegeben und für die Essstörungen ihrer

---

[32] Papst Franziskus sprach im US-Kongress vom „Reichtum und der Schönheit" des Familienlebens (25.9.2015).

Töchter. Die furchterregende Mutter gehört zur zentralen Gestalt der Psychoanalyse (Neumann 1989), und das Leiden an der Mutter steht im Mittelpunkt jeder Therapie. Vom Leiden der Mutter selbst ist dagegen nirgendwo die Rede (Shadmi 2007). Die Sanktionen gegen „schlechte Mütter" sind gravierend und können den Verlust des Kindes bedeuten. Wenn sie Unrecht an ihren Kindern zulässt, kann die Strafe ein extremes Ausmaß annehmen.

> TPs drei Jahre alte Tochter wurde erschlagen in ihrem Haus in Illinois gefunden und Ts Lebensgefährte gab die Schläge zu. (…) Obwohl sie gar nicht anwesend war, als das Verbrechen verübt wurde, wurde sie für Mord ersten Grades verhaftet. (Ladd-Taylor 2004, 12, eigene Übersetzung)

Mechthild Hart (2015) zeigt auf, wie schnell junge Mütter, speziell Farbige und Alleinerziehende Ziel von *Schikanen und Kriminalisierung* werden. In den USA werden alleinerziehende farbige Mütter durch ihre bestehende Isolierung und Armut und die dadurch entstehenden Gefahr von Misshandlung bzw. Vernachlässigung ihrer Kinder schnell zu Opfern des Systems. Ihr Verhalten und ihr mögliches Versagen werden permanent beobachtet und sie stehen als „single mothers on welfare" unter Dauerverdacht, das Sozialsystem zu missbrauchen[33] Sie werden rasch beschuldigt, unfähig zur Ehe zu sein oder verheiratet zu bleiben, so dass die Kinder vaterlos aufwachsen müssten. Alleingelassen und zur Erwerbsarbeit gezwungen, sind sie oft zum Scheitern verurteilt. In die Kategorie ihrer Kriminalisierung fällt auch – wie zuletzt in den USA geschehen – die Verhaftung von in der Öffentlichkeit stillenden Müttern.[34]

Frauen unternehmen daher enorme Anstrengungen, den Anschuldigungen, eine *„schlechte Mutter"* zu sein, zu entgehen. Das führt zur paradoxen Anforderung, dass die Mutter permanent anwesend sein und alle Verantwortung für ein Kind tragen soll, während sie häufig gleichzeitig für alle eigenen ökonomischen und persönlichen Bedürfnisse und die des Kindes sorgen muss. Gleichzeitig wird argumentiert, dass die Daueranwesenheit der Mutter psychologisch schädlich und die Symbiose mit der Mutter zu vermeiden sei, sodass sich das Kind zur Autonomie entwickeln könne.[35] Dies betrifft haupt-

---

33 USA Today, 22.7.2014
34 Aufruf in Change.org. 27.4.2016: In Kalifornien wurde eine Mutter verhaftet und in Gewahrsam genommen, weil sie ihr Kind an einer Bushaltestelle stillte.
35 In den USA werden Teenager oft in weit entlegene Colleges geschickt, was angeblich der richtige Schritt auf dem Weg zur Unabhängigkeit sei.

sächlich das männliche Kind: Es soll den „Muttermord" (Jung 1987) begehen, die Symbiose und gefühlsmäßige Beziehung zur Mutter für immer zurückweisen, um sich dann dem Vater als Repräsentanten der „wahren Welt" zuzuwenden. Freud war der Ansicht, die Triangulierung von Vater-Mutter-Kind sei gar ein Naturgesetz. Zahlreiche feministische Psychoanalytikerinnen (Moeller-Gambaroff 1980 u.a.) haben seither Freuds männerzentrierte Perspektive hinterfragt und die weibliche Identitätsentwicklung neu untersucht. Dennoch ist das Freud'sche Konzept der Kleinfamilie die Grundlage von Forschung und Politik geblieben.

Was geschieht mit dem Körper der Mutter? Die Reproduktionstechnologie

Nachdem ich das Leben der Mutter unter patriarchalen Bedingungen diskutiert habe, soll es nun darum gehen, was dem mütterlichen Körper widerfährt. Zu den Praktiken der Reproduktionstechnologie (RT) zählen In-vitro-Fertilisation, Leihmutterschaft, „egg harvesting" und „egg freezing" (das „Ernten" und Einfrieren von Eizellen[36]), der Versuch, einen Uterus aus Stahl und Glas zu bauen, die Einpflanzung von Eizellen in den Bauchraum eines Mannes, Klonen und vieles mehr. Einen Uterus zu transplantieren gelang 2014 erstmals in Schweden und misslang im April 2016, als die Operation in den USA versucht wurde. Ethisch sei eine solche Prozedur der Leihmutterschaft vorzuziehen, wird argumentiert, da jene arme Frauen ausbeute. In den Erfolgsberichten kommt aber kaum zur Sprache, wie invasiv all diese Eingriffe inklusive der In-vitro-Fertilisation sind. Die Frauen erhalten große Mengen an Hormonen und zusätzliche Medikamente, oft sind mehrmalige operative Eingriffe nötig. Die Transplantation eines Uterus ist überhaupt nur temporär möglich, da er nach einer eventuellen Schwangerschaft in jedem Fall entfernt werden muss.[37] Im Mai 2016 präsentierte ein Forscherteam[38] menschliche Embryonen, die „völlig ohne mütterliche Einflüsse" zwei Wochen lang im Labor heranwuchsen. Nun wird gefordert, dass diese in vielen Ländern geltende 14-Tage-Regelung fallen solle, also dass ein Embryo auf längere Dauer

---

36 Egg freezing ist in den USA zur Mode geworden, so heißt es in der New York Times vom 22.5.2016: „Is Egg Freezing only for White Women?"
37 New York Times, 9.4.2016.
38 Süddeutsche Zeitung, 6.5.2016.

außerhalb des Uterus herangezüchtet werden darf. Das Ziel verrät die wahre Absicht der Forschung; angestrebt wird nämlich die „Ektogenese", also die Schaffung eines Kindes außerhalb des Mutterleibes.

Wie sich die Mütter-Väter ihre Nachwuchsproduktion vorstellen, zeigt die folgende Schilderung eines deutsch-amerikanischen Billionärs, der im März 2016 Vater wurde. Die New York Times schreibt in seinem Porträt:

> „And last month, he became a bachelor father. Or, as he put it when asked who the mother is: „Me, I am the mother and the father." Mr Berggruen has two newborns, a boy and a girl, born three weeks apart to different surrogates and conceived using eggs from two donors. (…) He bought the apartment one floor down for the children and their nannies." (New York Times, 17.4.2016, 5)[39]

Genau so beschrieb Platon vor 2000 Jahren in „Politeia" seine Utopie der „Frauen und Kindergemeinschaft", in der der Nachwuchs für Staat und Militär produziert werden sollte, und die Kinder getrennt von der Mutter aufwachsen sollten. Wo die Hellenen nur eine geistige Utopie entwarfen, schaffen die Technokraten und ihre Nutzer heute medizinische und rechtliche Fakten.

Das einzige, was diesen „Vater-Himmel" bisweilen noch stört, ist das Beharren der Volksmeinung auf der Mutter. Als sich ein homosexuelles Paar auf die Suche nach einem Rabbi machte, der bei der Namensgebung ihrer Tochter dabei sein sollte, wurden sie hartnäckig nach der Mutter befragt, die ja entscheidend für die Zugehörigkeit zum Judentum ist.

> Most people get it, when I say, „She has two daddies." Others persist, asking, „No, but who is her mom?" (New York Times, 8.5.2016, 6)[40]

Die neuen Reproduktionstechnologien sind also darauf aus, mutterloses Leben zu kreieren. Gena Corea (1988) hat schon vor 30 Jahren beschrieben, wie die Fortpflanzung vom weiblichen Körper abgetrennt werden sollte. Damals war es die Gynäkologie, die den Weg bereitete, um Schwangerschaft und Geburt von einem angeblichen unkontrollierbaren wilden und unvorherseh-

---

39 Eigene Übersetzung: „Und letzten Monat wurde er zum ledigen Vater oder, wie er selbst sagt, als er dazu befragt wurde, wer die Mutter sei: ‚Ich, ich bin die Mutter und der Vater.' Herr Berggrün hat zwei Neugeborene, einen Jungen und ein Mädchen, im Abstand von drei Wochen geboren. Sie haben zwei verschiedene Leihmütter und entspringen zwei verschiedenen Eispenden. (…) Er hat die Wohnung ein Stockwerk tiefer für die Kinder und ihre Kindermädchen gekauft."

40 Übersetzung: Die meisten Menschen kapieren, wenn ich sage, „Sie hat zwei Papas". Andere aber fragen weiter, „Nein, aber wer ist ihre Mutter?"

baren Akt zu einem kontrollierten, überwachten und messbaren Vorgang der modernen Technik zu verwandeln. Und um die Geburt planbar zu machen, leiten Ärzte die Geburt willkürlich ein und haben damit in den USA die Kaiserschnittrate auf 40 Prozent erhöht.[41] Die Gynäkologie ist die lange Geschichte der Entfremdung der Frauen von ihrem eigenen Körper/Leib[42] und der Entmachtung der Hebammen (Martin 1989).

Wie aber konnte der Einsatz der RT zur Normalität werden? Renate Klein (2015) berichtet über die Erfindung der Rede von den „Rechten" und „Wahlmöglichkeiten" der Frauen und davon, dass dies „zu ihrem eigenen Wohle" wäre. Und entgegen aller Logik wird das „Recht jeder Frau auf ein Kind" salonfähig gemacht. Die technologische Entwicklung wird als Freiheit angepriesen: unfruchtbare Frauen können Kinder haben, Frauen können die Schwangerschaft outsourcen und schwule Paare können Eltern mutterloser Kinder werden. Die Leihmutterschaft, die nur in wenigen Ländern wie den USA, der Ukraine, Indien, Thailand und Mexiko legal ist[43], ist „the spawn of a neoliberal ideology based on the fate of women selling their bodies out of poverty"[44] (R. Klein 2015, 161). Mutterschaft wird zum Geschäft, wenn Paare riesige Summen an Agenturen, Fertilitätskliniken, Anwälte und schließlich auch an die Eispenderinnen[45] und Leihmütter bezahlen, um Eltern zu werden.

Da der radikale Widerstand seit Beginn der RT systematisch durch die RT Industrie und von „pro choice Feministinnen" (R. Klein 2015) behindert wurde, ist der Einsatz durch die Leihmutterschaft in den letzten Jahrzehnten ungehemmt von statten gegangen. Sozialdemokratische und liberale Femi-

---

41 NYT, 15.4. 2014
42 Der deutsche Ausdruck Leib leitet sich vom altdeutschen „lib" her, das Leben bedeutet und daher die Lebendigkeit des Leibes betont, während der Ausdruck „Körper" von lateinisch „corpus", das Leichnam bedeutet, abstammt.
43 In den meisten Teilen der Welt wird die Leihmutterschaft (noch) als Ausbeutung des weiblichen Körpers definiert (wie in Deutschland und Österreich).
44 Eigene Übersetzung: „(…) ist Ausdruck einer neoliberalen Ideologie, die auf dem Schicksal von Frauen beruht, die ihren Körper aufgrund ihrer Armut verkaufen."
45 Im Orlando Weekly (16.–22.9.2015) wirbt eine ganzseitige Anzeige der „My Egg Bank" um junge Frauen zwischen 21 und 30 Jahren und deren Beitrag als „the gift of live". Für den Prozess des „Aberntens ihrer Eispende" werden ihnen „valuable medical and genetic information" (wertvolle medizinische und genetische Information) und 4.500 Dollar in bar geboten. Die New York Times (17.10.2015) berichtet vom explodierenden und völlig unregulierten Markt der Eispende, der nun zu einem Gerichtsverfahren geführt habe, weil manche Eispenderinnen gemessen am Aufwand (wochenlange Hormongaben, Ultraschall, Operation) mit durchschnittlich 3.000 Dollar völlig unterbezahlt seien.

nistinnen treten für das „Auslagern" der Schwangerschaft ein, um Familie und Job zu vereinbaren. Vielen Betroffenen ist dabei kaum bewusst, was vor sich geht, so sehr hat die Rhetorik des „Helfens" und der „Wahl" den Blick verstellt. Und so beteiligen sich Frauen an der patriarchalen Ideologie, wenn sie die „Auslagerung" der Schwangerschaft für Kinderlose fordern oder für solche, die sich keine Schwangerschaft aufbürden wollen. Sie unterwerfen sich auch dann dem Techno-Projekt, wenn sie es zulassen, ihre Eizellen einfrieren zu lassen zum späteren Gebrauch oder der genetischen Auslese des „Materials" zustimmen.

Durch die Praktiken der Reproduktionstechnologie wird Mutterschaft im Namen des Wohls kinderloser Frauen, der Freiheit der Forschung und des technologischen „Fortschritts" abgeschafft zugunsten einer angeblich genetisch perfekten Fortpflanzung. „Normale" Mütter könnten dies nie bewerkstelligen, sie werden als geradezu primitiv hingestellt. Es wird auch suggeriert, dass jede Frau ein eigenes Kind haben könne, obwohl die Erfolgsraten der In-vitro-Prozeduren nachweislich niedrig sind.

Neben den möglichen psychologischen Problemen sprechen Reproduktionstechniker auch niemals von den möglichen körperlichen Schäden, die durch Reproduktionstechnologie entstehen können. So kann die Gabe der zahlreichen für die Eingriffe notwendigen Hormoncocktails zu schweren Krankheiten wie Krebs führen (R. Klein 2015). Die Praktik, die eispendende Mutter von der austragenden zu trennen, soll sicherstellen, dass es kein biologisches Band zwischen Mutter und Kind gibt. Und trotzdem gewärtigen die Reproduktionstechniker immer wieder „Schwierigkeiten", wenn die gebärende Mutter das Kind nicht herausgeben will.

Die alchemistischen Prozeduren der RT folgen dem Prinzip des „divide et impera": der mütterliche Körper wird zuerst in seine Funktionen – Zeugung, Schwangerschaft, Geburt und Stillen – aufgeteilt. Im zweiten Schritt wird mit Hilfe der neuen medizinischen Technologie die „bessere Essenz bzw. Idee" der Erfinder dieser Methode hinzugefügt. Der dritte Schritt ist die Neuzusammensetzung zu einer angeblich perfekten Kreation, dem Ziel des Patriarchats. Hier sehen wir eine Mutterschaft entstehen, die ihren Namen nicht mehr verdient. Denn sie wurde in zahlreiche Teile aufgegliedert: die genetische Mutter, die das Ei zur Verfügung stellt; die Leihmutter, die es austrägt; und die soziale Mutter, die es aufzieht. So gibt es die Mutter nicht mehr bzw. sie wird so unsicher, wie es Vaterschaft immer gewesen ist. Bisher ist es noch nicht gelungen, die künstliche Gebärmutter zu erschaffen, allerdings laufen die zahlreichen und finanziell gut ausgestatteten Forschungsprojekte auf Hochtouren. Seit langem werden Versuche zum Klonen von Tieren durchgeführt und Wissenschaftler befinden sich im Wettlauf um das Klonen des ersten Menschen.

Wo stehen wir?

In den USA wurde die Benennung der „Mutter" als solche erstmals in die Kategorie des „hate crime" gerechnet, weil damit Männer und Transsexuelle ausgeschlossen würden. Die Anschuldigung klingt absurd, entspricht aber einer „konsequenten" Umsetzung von „intersectionality", die an amerikanischen Universitäten[46] dazu geführt hat, die Anerkennung von Verschiedenheit ad absurdum zu führen. Niemand dürfe aufgrund des Geschlechts davon ausgeschlossen werden, auch „Mutter" zu werden. Eine mögliche Einklagbarkeit gegen jede, die sich Mutter nennt, wird somit salonfähig und spielt der Reproduktionstechnologie und ihren Bestrebungen zur leiblichen Abschaffung der Mutter perfekt in die Hände. Nicht nur das. Der neue Totalitarismus kann nichts mehr neben sich dulden (Werlhof 2015) und verbietet, dass noch ausgesprochen werden dürfe, dass es weiterhin zu 99% Frauen sind, die die Kinder gebären.

Wir stehen einer Welt der „Stepford Wives"[47] gegenüber, einer Welt, in der Frauen durch Roboter ersetzt werden, um ihre Pflichten als Frauen und Mütter so zu erfüllen, wie es (Vater) Staat für sie vorsieht.[48] Zu diesem Zweck muss man sie vorher „alchemistisch mortifizieren" und sie durch eine materialisierte männliche Phantasie ersetzen. Aus Sicht der patriarchatskritischen Theorie ergibt das Resultat Sinn: Wir sind weit über die Beherrschung und Herabwürdigung der Mutter hinaus und haben eine Stufe erreicht, auf der der symbolische Muttermord längst akzeptiert ist und Mütter nach ihrer eigenen künstlichen Ersetzung rufen.

Das Patriarchat als Denk- und Gewaltform gibt die Umstände vor, unter denen Mutterschaft gelebt werden darf. Eine Mutterschaft unter Zwang resultiert aber in eine Fürsorge, die in Hass und Gewalt gegen die Kinder um-

---

46 The New Yorker, May 30, 2016.
47 Ein Film aus den 1980er-Jahren, in dem Ehefrauen durch gefügige Roboter ersetzt werden.
48 So wie die Mütter ersetzt werden, gibt es die Produktion von „weiblichen" Robotern, die ausschließlich zur sexuellen Bedürfnisbefriedung eingesetzt werden können.

schlagen kann. D.h. das Patriarchat pervertiert das „Sich-kümmern" und „Muttern", das sich nur in Freiheit entfalten kann, in ihr Gegenteil. Und die Abhängigkeit vom Ehemann hat sich in eine vom – prekären – Arbeitsmarkt verlagert.

Wir müssen verstehen, dass Müttern im Patriarchat nie etwas anderes als die Option zwischen unakzeptablen Möglichkeiten offeriert werden wird – politisch als „Wahlmöglichkeiten" angepriesen. Das ist, was ich die Mutterfalle nenne. Die Analyse der Umstände, in denen patriarchale Mütter leben, zeigt, dass „Gleichheit" für Frauen ohnehin nur für kinderlose Frauen intendiert war, als Motto gilt, die Mutterschaft selbst sei das Problem. Die Ironie daran ist, dass auch für Frauen ohne Kinder die „Gleichstellung" gar nicht erreichbar ist.

Kapitel 2
Politik und Familie. Die kleinste Zelle des Staates und das Tabu der Gewalt

Politik und Familie stehen einander gegenüber wie Abstraktion und Konkretheit. Das Verhältnis zwischen beiden kann auch mit dem Mann-Frau- oder dem Experten-Laien-Verhältnis verglichen werden. Ein Beispiel dafür lieferte ein ehemaliger hochrangiger österreichischer EU-Agrarpolitiker, der im Radio zum Gespräch und zu Publikumsfragen eingeladen war.[49] Eine Frau rief an und vermerkte, dass man doch auch als Laie sehen könne, dass innerhalb der rigiden EU-Wirtschaft die „Überproduktion" der Landwirte („Butterberge" etc.) ein Problem sei. Der Politiker wies sie gönnerhaft zurecht, um die Anruferin dann aufzuklären, dass man hier mehrere Ebenen unterscheiden müsse, die er ausführlich erläuterte. Rhetorisch wurde suggeriert, die Frau sei unwissend, er dagegen verfüge über das Wissen und könne es strukturiert und in der Fachsprache vorbringen. Die Frau wurde im seriösen Diskurs nicht ernst genommen und damit ausgeschlossen aus dem, „worum es wirklich geht", obwohl sie ein zentrales Problem und einen der Widersprüche der EU-Agrarpolitik vorgebracht hatte. Sie benutzte aber eine Sprache, in der die „wichtige globale Politik" nicht verhandelt wird. Der Eindruck wird erweckt, als habe Politik nichts mit dem zu tun, wie Frauen gesellschaftliche Belange benennen und lösen würden. Das ist nur logisch. Waren sie doch historisch von dem, wie Politik begründet wurde, ausgeschlossen.

Auch bei der Rede zu Familie dreht es sich um das Geschlechterverhältnis und um Dominanz. Die politische Rhetorik der Familie kreist in normierender Weise um die Kleinfamilie. Trotz aller angeblichen Freiheit, die Lebensform selbst zu bestimmen, sind die eheliche Beziehung und das Zusammenleben von Paaren mit Kindern die dominante Familienform geblieben. Das Recht privilegiert nämlich die Ehe in den Kernbereichen Erbe, steuerliche Berücksichtigung, Mitversicherung und Rente.

Während die Familienforschung nicht über einen einheitlichen Familienbegriff verfügt (Kern u.a. 2000), bezieht sich Familienpolitik häufig auf eine enge Auffassung der Kleinfamilie. Dabei kommt es zu Wechselwirkungen. Leitideen, die sich aus gesellschaftlichen Rollenbildern und ideologischen

---

49   Österreichischer Radiorundfunk Ö1, 30.6.2010.

Vorstellungen speisen, bedingen wiederum strukturelle Vorgaben. Die Vorstellung von der Kleinfamilie geht in die Familienpolitik, die Gesundheitspolitik, die Sozial- und Wirtschaftspolitik ein. Ein Kreislauf entsteht insofern, als diese Strukturen wiederum bestimmte Rollenbilder unterstützen und bestimmte Familienformen begünstigen.

Die Privatheit gibt es also nicht, sie entpuppt sich bei näherer Betrachtung ganz im Gegenteil als Raum permanenten politischen, ökonomischen, wissenschaftlichen und medialen Zugriffs. Der Staat hat sich nie aus dem Privaten herausgehalten, im Gegenteil garantieren Gesetze seine Durchregulierung. Der politische Einfluss aufs Private findet auch auf medizinischer und pädagogischer Ebene statt. Ab dem Zeitpunkt der Zeugung werden Schwangerschaft, Geburt und die potentielle Erziehungsfähigkeit der Eltern überprüft und dokumentiert.[50] Die werdenden Eltern besuchen in Mutterberatungsstellen und Familienbildungsstätten Erziehungsseminare. Die Vorstellung, dass die „Familie" eine Insel der Privatheit sei, ist daher als Scheinargumentation zu verstehen, also als Ideologie.

Das Tabu der Gewalt und Zwang

Wenn Familie systematisch als Kleinfamilie verstanden wird, ist dies historisch und gegenwärtig als Versuch zu verstehen, das Leben von Frauen und Kindern den individuellen Interessen des „Hausherren" zu unterwerfen. „Vater Staat" kreiert ein ähnliches Szenario auf politischer Ebene. Der gesamte Bereich der Emotionen innerhalb verwandtschaftlicher Beziehungen, Liebe, Eros, das Gebären und Aufziehen der Kinder, wird aus dem Bereich des Politischen – und damit dessen, was angeblich wirklich zählt – willkürlich herausgenommen. Die Politik erscheint so als frei von Gefühlswelten, Verwandtschaftsbeziehungen, Liebe, Abhängigkeiten und ökonomischen Wertigkeiten. Diese institutionelle Trennung von Vernunft und Liebe, Familie und Politik setzte sich im Verlauf des 19. Jahrhunderts mit der Herausbildung der Staats-, Verwaltungs- und Wirtschaftsformen der Moderne durch und ist bis heute bestimmend geblieben (Schaeffer-Hegel 1990). Sie ist Produkt einer Idee, also Fiktion und entsprach nie der Wirklichkeit, ist doch

---

50   In Österreich durch den Mutter-Kind-Pass.

gerade die Familienarbeit die Basis für das Funktionieren von Wirtschaft und dient der Reproduktion von StaatsbürgerInnen.

Dem patriarchalen Verständnis folgend, bedeutet Politik die Kunst des Regierens in von Emotionen befreiter Sachlichkeit. Das erklärt, warum politisch Interessierte beim Thema Familie unmittelbar Desinteresse zeigen. An ihr sei nichts Großartiges, nichts Gestalterisches, kein strategisches Denken sicht- und fühlbar, Fadesse macht sich breit. „Familie" gilt als „Frauenthema" und sei damit ohne „wirkliche" politische Relevanz. Die Haushaltstätigkeit sei etwas „Primitives", „Naturhaftes" und damit ausgenommen von „Modernisierung" und „Fortschritt" (Harding 2008).

Klassische Geschichtsschreibung und Politikwissenschaft sind dagegen „fasziniert von Gewalt und Krieg, von ‚großen Eroberern', ‚Siegern', ‚Führern' und ‚Helden'" (Wolf 2009). „The Clash of Civilisations" (Huntington 2002), Publikationen und Filme über Kriege um Religionen und Territorien werden gehypet und in den Medien breit rezipiert. Die Verteidigung der als bedroht erachteten nationalen Grenzen steht in Europa an der Tagesordnung. Im Schulunterricht werden Jugendliche jahrelang mit Dokumenten von Krieg, Tod und Vergewaltigung konfrontiert.[51] Es gilt, dass

> die Leiden der Menschen, (…) überwiegend mit erschütternder Gleichgültigkeit und Empfindungslosigkeit hingenommen (werden). (Wolf 2009, 25 ff.)

Globale Politik ist also als Kriegssystem (Werlhof 2009a) zu verstehen, das sich dem Grundsetting nach nur durch Gewalt und Zwang nach innen und außen etablieren kann. Da die Trennung von Politik und Familie nur eine künstliche ist, bedeutet das, dass auch sie mit Gewalt aufrechterhalten wird. Ich folge in meiner Analyse Johan Galtungs Konzept (1996), der verschiedene Formen von Gewalt unterscheidet: die strukturelle, die kulturelle und die direkte physische. Im Verständnis von Patriarchat als kriegerischem System, das auf systematischer Gewalt und Ausbeutung beruht, ist die Familie als Baustein zu verstehen, in der der Zwang unterschiedliche Gestalt annimmt:

- Historisch wurden die Mutterlinie und die Mutter-Tochter-Verbindung zugunsten der Vater-Sohn-Vorherrschaft zerstört. In der Neuzeit kam es zu einem entscheidenden Bruch. Die Etablierung der europäischen Natio-

---

51 Im Lateinunterricht sind Texte über Kriege, insbesondere den „Gallischen Krieg", Grundbestandteil der Literatur der Klassik.

nalstaaten setzte sich gewaltsam durch und ist untrennbar verbunden mit jahrhundertelanger Hexenverfolgung, lückenlosem Überwachen und Strafen (potentieller) Mütter durch die neu entstandene „Bevölkerungspolizei" und der Systematisierung eines Frauen konsequent ausschließenden Rechtssystems.

- Auf der kulturellen bzw. symbolischen Ebene produziert die gesellschaftliche und politische Idealisierung eine bestimmte Familienform. Durch deren Vorherrschaft werden andere Formen des Zusammenlebens stigmatisiert und ausgegrenzt, besonders solche, die sich nicht an der Paarform orientieren – Kommunen, Leben in Matrilinearität u.ä. Gleichgeschlechtliche Paare mit oder ohne Kinder werden hingegen ins Familienideal assimiliert.

- Gewaltberichte zeigen nicht nur, dass die familiale Idylle nicht der Wirklichkeit entspricht; die Familie ist vielmehr nach wie vor der gefährlichste Ort für Frauen und Kinder. „Gewalt in der Familie" bedeutet direkte physische und sexuelle Gewalt vorwiegend durch väterliche Bezugspersonen im Nahverhältnis (Väter, Großväter, Stiefväter, Onkel) an Frauen und Kindern.

- Als kulturelle Gewalt ist die dogmatische Haltung der katholischen Kirche zu verstehen, die als moralische Instanz den normativen Anspruch auf die Lebenslänglichkeit und Unauflöslichkeit der Ehe vertritt. Unehelichkeit und Scheidung sind nicht nur verpönt, sie sind ein Verstoß gegen Dogmen, gelten also als Verbrechen. Auch die dem Paar auferlegte Verpflichtung, Kinder zu bekommen und aufzuziehen, entspringt dieser Haltung, mit der die Kirche sich als moralische Autorität über das sexuelle und reproduktive Verhalten eines Paares geriert.

- Als rechtliche Verfügungsgewalt und damit als strukturelle Gewalt ist die Machtausübung des „pater familias" über alle dem Haushalt Angehörigen zu verstehen. Bis in die 1970er-Jahre waren überall in Europa Gesetze in Kraft, die Frauen und „illegitimen" Kinder diskriminierten.[52] Im väterlichen Familiennamen ist die männliche Dominanz weiter vorhanden. Die Namensgesetzgebung sieht aktuell vor, dass Frauen den eigenen Namen behalten oder Doppelnamen annehmen dürfen. Für Kinder gilt in vielen

---

52 Im Alltagsverständnis wurde mit den europäischen Familienrechtsreformen die „Geschlechtergleichheit" durchgesetzt und das Patriarchat abgeschafft.

europäischen Ländern nach wie vor, dass sie automatisch den Vaterna-men erhalten.[53]

- Auf der sozial-strukturellen Ebene ist eine Familienpolitik, die sich mehr und mehr als Bevölkerungspolitik geriert, als Projekt des Zwangs zu be-greifen. Sie propagiert ideologisch die 2-Kind-Familie, ohne Berücksich-tigung der Verschiedenheit der Menschen und deren Neigung und Mög-lichkeit, Kinder zu bekommen und zu erziehen. Es handelt sich um Zwang, wenn die Zahl der Nachkommen willkürlich normiert wird und bei Nichterfüllung soziale oder ökonomische Konsequenzen angedroht werden.[54]

- Christliche Missionare in Afrika und Asien exportieren das Ideal der Kleinfamilie bis heute. Sie tragen diese Idee auch in bisher matrilinear le-bende Gesellschaften (z.B. die Khasi in Indien) und zerstören den inneren Zusammenhalt, indem sie Männer lehren, Matrilinearität sei minderwer-tig, und nahelegen, die Weitergabe des Vaternamens zu erzwingen.

- Im globalen Kontext werden an die Kreditvergabe durch den Internationa-len Währungsfonds und die Weltbank Entwicklungsprogramme geknüpft, die eine normierte Familiengröße und -zusammensetzung vorgeben. Die Familienplanung zielt auf jene Länder des Südens ab, die angeblich „zu hohe" Geburtenraten aufweisen. Ländern, die festgelegte Normen über-schreiten, drohen Strafen. Frauen werden genötigt, an den Programmen teilzunehmen; bisweilen werden ihnen ohne ihr Wissen Maßnahmen der „Familienplanung" aufgezwungen – z.B. Zwangssterilisationen in Brasi-lien (Lerner/Vilquin 2005).

All diese Fakten werden tabuisiert, sie dürfen nicht als gewalttätig benannt werden. Im Gegenteil wird weiterhin damit argumentiert, an der Familie sei alles „naturhaft". Zu bezweifeln, dass Gewalt zur Aufrechterhaltung der Familien-Ideologie notwendig sei, ist also das große Tabu. Tatsächlich beruht der Rechtsstaat auf nicht eingestandenen, an männlichen Interessen orientier-ten Prämissen. Verbrecherische Akte, die sich gegen Frauen oder die Natur richten, werden im Rechtssystem selten als Delikte beschrieben und noch

---

53 Sollten Kinder den Namen der Mutter erhalten, bedarf es beispielsweise in Österreich eines schriftlichen Ansuchens, in Deutschland dagegen wird eine gemeinsame elterliche Eini-gung auf einen Namen bei der Eheschließung bevorzugt.

54 Es gab in Österreich z.B. den Vorschlag, Kinderlosen weniger Pensionsleistungen zukom-men zu lassen.

seltener rechtlich verfolgt und sanktioniert. Sie sind vielmehr Vorbedingung dafür, dass Männer sich im Konkurrenzkampf bereichern und Macht an sich reißen können (Werlhof 1996). Die Verletzung und Zerstörung von Frauenleben – sexuelle Belästigung, Vergewaltigung, Bereicherung durch Zuhälterei u.v.m. – führt nur in Ausnahmefällen zu Verurteilungen. Nach Werlhof lässt sich die Abwesenheit der rechtsstaatlichen Sanktionierung bei Ausbeutung von Frauen damit erklären, dass diese vielmehr als „allgemeine, verallgemeinerte Grundlage" des Systems selbst, des Patriarchats, anzusehen ist.

Krieg und Gewalt aber sind keine Naturnotwendigkeit, wie uns Glauben gemacht wird. Ignoriert werden alle Belege nicht-kriegerischer Gesellschaften in Geschichte und Gegenwart (Swanson 2016, Fry 2007 u.a.). Es waren und sind egalitäre bzw. matrilineare, in Subsistenzwirtschaft[55] lebende Zivilisationen, die ausnahmslos aggressivem Verhalten aktiv entgegenwirken.

Politik und Familie und Familienpolitik

Im griechischen Wörterbuch (Gemoll 1965, 616) wird „politike" als Staatskunst definiert und „politeia" als Bürgerschaft und das politische Leben eines Mannes. Die Definitionsmacht dessen, was ursprünglich als Politik galt, war in der Antike dem freien besitzenden männlichen Bürger vorbehalten. Politik entspringt somit einem exklusiven Konzept, das auf ihrer Abspaltung von der Familie, den Frauen, den Recht- und Besitzlosen beruht. Diese griechische Vorstellung wurde in der römischen Welt übernommen, deren Gesetzgebung das gesamte Europa bis heute beeinflusst. Nach der Maxime „divide et impera" propagierten die Römer in ihrer Kunst des Regierens die Spaltung von Völkern, von Klassen, und nicht zuletzt die Spaltung der Frauen von ihren Müttern, um als Ehegattin und Mutter über sie verfügen zu können.

Diese Spaltung aufzuheben, versuchte die zweite Frauenbewegung mit dem Slogan „das Private ist politisch". Sie sah sich aber mit einer weiteren quasi unantastbaren Denknorm konfrontiert. Die menschliche Evolution sei eine lineare Entwicklung nach oben, die als positiver „Fortschritt" zu verstehen sei. Hierarchie und Herrschaft seien daher unvermeidbar und es habe sie immer gegeben, als gäbe es keine anderen Möglichkeiten, Gesellschaften zu organisieren. Der Glaube, dass die Gewalt ursprünglich sei, bestimmt das

---

55 Subsistenzwirtschaft: Wirtschaft verstanden als Eigenversorgung.

herrschende Denken. Am Anfang stehe „die Gewalt", fasst es der Philosoph Liessmann[56] im Gespräch zum Thema Herrschaft zusammen.

Von daher wirken die Aufstände der Mütter, die ihre Kinder gewaltsam verloren haben, irritierend und archaisch. Die Mütter der Plaza de Mayo marschieren seit 30 Jahren auf den Straßen Argentiniens und fordern von den Herrschenden Auskunft über den Verbleib ihrer Kinder. Keine Drohung kann sie dazu bringen, den – wahrscheinlichen – Mord an ihren Kindern als „politisch notwendig" hinzunehmen, auch dann nicht, wenn einzelne Mütter entführt, gefoltert und ermordet werden (Edmonds 2010). Die Kraft, sich den Machthabern zu stellen, beziehen sie aus der Weigerung, sich weiter isolieren zu lassen.

Herrschaft tauchte als System, nämlich als patriarchaler Staat, vor vier- bis fünftausend Jahren erstmals auf (DeMeo 2003 u.a.). Nachweislich hat sich das Staatswesen seit Anbeginn nur mit Gewalt am Leben erhalten können – durch Bewaffnung und Kriege – und war stets in Gefahr, auseinanderzufallen, wie das Ende der Despotien von Griechenland, Rom und Persien zeigt. Das Geschlechterverhältnis ist mit dieser herrschaftlichen Verfasstheit der politischen Ordnung aufs engste verknüpft. Die politischen Revolutionen seit 1800 läuteten eine neue Ära ein, als der moderne Staat entstand. Damit änderte sich die Struktur der Gesellschaft nachhaltig. Werlhof (1991) hatte dieses Phänomen die „Staatsmaschine" genannt, die ihrem Wesen nach Unvereinbarkeit und Spaltung anstrebt, die Teilung in Klassen und Geschlechter und die Macht über diese. Gemeinhin wird es als die „Geburt der Moderne" gefeiert.

Der Spaltungs-Logik verhaftet, bleibt der familiäre Bereich auch heute aus politischen Analysen und Studien ausgeklammert, kommt nur im Bereich der „Policy"-Forschung[57] vor und in Bezug auf die Politikberatung für Familienpolitiker/innen. Ein eigenständiges Familien-Ressort ist in vielen europäischen Staaten vorhanden, gehört aber nicht zum politischen Kernbereich. Es bleibt bei „echten Politikern" notorisch unbeliebt und wird vorwiegend von Frauen und da von christlich-sozialen Politikerinnen besetzt.

Als Erklärung dafür, dass Politiken, die Familie betreffen, als politikwissenschaftlich nicht relevant erscheinen, wird im Lexikon der Politikwissen-

---

56 Konrad Paul Liessmann anlässlich des „Forum Alpbach", Sommer 2010.
57 Forschung zu bestimmten Politikbereichen, z.B. die Gesundheitspolitik.

schaft (Ebbecke-Nohlen/Nohlen 2005) festgestellt, dass die Politik als hand-lungsorientierte Wissenschaft zumeist eben auf die Akteure blickt, die über-wiegend männlich sind. Werden z.B. die Familienpolitiken in Europa vergli-chen, so handelt es sich um den Vergleich „patriarchalischer Gesellschaften" und die Erforschung von Unterschieden innerhalb des patriarchalen Grund-settings, wo naturgemäß nicht nach dem Faktor gefragt wird, der das „Grund-setting selbst bestimmt" (Ebbecke-Nohlen/Nohlen 2005, 246).

Aus feministischer politikwissenschaftlicher Sicht werden Studien zur Effektivität familienpolitischer Maßnahmen erstellt, die sich im Wesentlichen auf die Bereiche Elternzeit/Karenz, Arbeitszeitregelungen und Kinderbetreu-ung beziehen. Effektivität bedeutet dabei die Herstellung von Geschlechter-gerechtigkeit im Glauben daran, dass man/frau sich an den Staat wenden müsse, der wie eine Übermutter agierend ausgleichend wirke. Oder aber er fungiert als Ersatzvater, der die Mutter bei der Kinderbetreuung unterstützt. Als Beispiele für eine progressive Familienolitik werden Belgien und Frank-reich sowie der stark ausgebaute Wohlfahrtsstaat in den skandinavischen Ländern angeführt. Solche und ähnliche Beispiele sind Thema umfangreicher Forschungsarbeiten, die stets von einem pragmatischen Politikverständnis ausgehen, am Bestehenden orientiert sind und Modifikationen innerhalb des Systems anstreben.

Da die Debatte um die Vereinbarkeit von Familie und Beruf[58] so stark in den Vordergrund politischer Debatten getreten ist, wird von feministischer Seite die Befürchtung laut, dass Frauenpolitik durch Familienpolitik abgelöst werden könnte (Böllert/Ölkers 2010). Es sei eine Frauenpolitik, die sich nur peripher auf feministische Theoriekonzepte stütze und Frauen allein in ihrer Mutterschaft wahrnehme.

Wie gestaltet sich also die Frauenpolitik zur Familie? Die österreichische Frauenministerin[59] schlägt regelmäßig Verbesserungen vor, die insbesondere Müttern helfen sollen.[60] Immer sind die Schwerpunkte den Forderungen nach dem Ausbau von Kindergartenplätzen, der Förderung von Väterkarenz/ Vätern in Teilzeit und der Erweiterung der Teilzeitmöglichkeiten für Eltern gewidmet. Je nach ideologischer Ausrichtung des Staates werden die Frauen

---

58 Vgl. Kap. 3.
59 Die derzeit wie in Deutschland über kein eigenes Ministerium verfügt, sondern Teil eines anderen Ressorts ist, zumeist Jugend, Familie, Senioren bzw. Gesundheit.
60 Diese werden im Rahmen regelmäßiger Meetings zur Gleichstellungspolitik vorgestellt.

entweder in einem bestimmten Umfang entlastet, damit sie ganz- oder halbtägig dem Arbeitsmarkt zur Verfügung stehen können. Hier tritt der Staat angeblich in Gestalt des „frauenfreundlichen (sozialdemokratischen) Teils des Staates" als Förderer der Frauenberufstätigkeit auf (Gubitzer 2008). Der christlich-konservative Wohlfahrtsstaat hingegen stellt die Kinderbetreuung nur in kleinen Zeitsegmenten zur Verfügung, um Müttern eine Zuarbeit oder ungestörte Familienarbeit zu ermöglichen. Der „patriarchale Wohlfahrtsstaat" (Sauer 2004) ist also Beispiel für die „paradoxe Integration von Frauen in den modernen Staat".

Damit beteiligen sich feministische Wissenschaft und Realpolitik an der Restaurierung der Verhältnisse. Einen Hinweis darauf, dass all diese Überlegungen und Aktivitäten zu kurz greifen, könnte sein, dass bei aller Reformbereitschaft kaum umfassende Geschlechtergerechtigkeit hergestellt werden konnte. Dies ruft seit zwei Dekaden Verwunderung hervor. Familien- und Frauenpolitik, wie sie in den meisten europäischen Staaten gemacht wird, kann also als institutionalisierte Verwaltung von Familie bezeichnet werden (Tazi-Preve 2014).

Analysen zeigen, dass der Hauptgrund für das Entstehen des Wohlfahrtsstaates der Beginn der Industrialisierung war (Cousins 2008, Greve 2015). Der Sozialstaat sollte die Arbeiterschaft für ihre Land- und Besitzlosigkeit entschädigen. Im wilhelminischen Deutschland wurden erstmals Kompensationen für den Ausfall der Arbeitskraft eingeführt. Die Arbeiterschaft war durch das tägliche Arbeiten in den Fabriken in nie dagewesenem Maße vereinzelt und aus den familiären Bezügen herausgelöst. Primär lag daher die Einführung von Krankenversicherung, Pension und Arbeitslosengeld im Interesse der Arbeitgeber, die das Risiko eines Arbeitsausfalls auf den Staat abzuwälzen suchten. Außerdem wollten die Arbeitgeber nicht auf die gut qualifizierten Arbeitskräfte verzichten, in die sie investiert hatten (Palier 2010). Der Sozialstaat wurde zum Vermittler von Eigentümern und Eigentumslosen. Der Wohlfahrtsstaat ist also weniger als „versorgende" Mutter zu sehen, sondern diente dem Ausgleich zwischen den Klassen und zur Vereinnahmung der damals entstehenden linken Bewegungen.

Was ist also das grundlegende Problem des Sozialstaates? Der Wohlfahrtsstaat war von Anbeginn geschlechtsblind, da er im Hinblick auf das Ideal der männlichen Arbeiterschaft und der Kleinfamilie errichtet wurde. Die von Frauen in der Familie geleistete Arbeit wurde ignoriert. Die weibliche Arbeiterschaft wurde gering bezahlt, weil sie als Ehefrauen und Mütter nur als „Zuverdienende" angesehen wurden. Sozial-, familien- und arbeits-marktpolitische Regelungen unterliegen seither der „Familienerhalter"-Ideo-logie (Dackweiler 2008). Und daran hat sich bis heute wenig geändert.

Cui bono?

Trotz der Probleme, die sich aufgrund der Kleinfamilienstruktur auftun und die in diesem Buch ausführlich dargestellt werden, bleibt die Mehrheit auf sie fixiert. Wir müssen daher fragen, warum das so ist und wer davon profitiert.

Da ist einmal das emotionale Dilemma, also die Qualität der Fürsorge für Kinder und unter Erwachsenen, das gelöst werden muss. Und da ist das Ausmaß und die Verteilung der Sorgearbeit im Familienverband. Wie wir im vorigen Kapitel gesehen haben, dient die Mutter-Arbeit als Kitt und Puffer; es ist die Liebe zu den Kindern und den Eltern, es ist die emotionale Arbeit, die alles zusammenhält, und die die Beziehungen unter Verwandten, aber auch Nichtverwandten, in Ausgleich und Balance hält. Von diesem Arran-gement profitieren Partner, Kinder, kranke und ältere Menschen. Und in Umkehrung matrilinearer Verhältnisse stellen Frauen in der Partnerschaft überdies die emotionale und fürsorgliche Basis von Männern bereit.

Je besser die Fürsorge ausfällt, desto mehr psychisch stabile Arbeits-kräfte stehen der Wirtschaft und der Politik als Steuerzahler zur Verfügung. Wie Genevieve Vaughan (2015a) zeigt, ist das „mothering", das – zumeist – Mütter leisten, als ökonomische Kategorie zu begreifen, es ist tatsächlich ein Versorgen im besten Sinne des Wortes „Ökonomie" (vgl. Kap. 4). Ohne diese Basis der Fürsorge kann der Staat nicht funktionieren. Zudem spart die Familien- und Altenpolitik hohe Summen ein, da die Pflegearbeit nicht staat-lich bereitgestellt werden muss.

Frauen tragen also Sorge für den „affektiven Beziehungswert", ohne den eine Gesellschaft nicht existenzfähig ist. Die Beziehungsgeflechte sind aber zum Teil in sich widersprüchlich und setzen die sogenannte Normalfamilie unablässig der Zerreißprobe aus. Zu den Problemen innerhalb der Kleinfami-lie treten jene zwischen Herkunfts- und „Gründungsfamilie"[61]. Sie „scheitert" zumeist, sobald Frauen diese Spannung nicht mehr tragen wollen oder kön-nen und die Kleinfamilie verlassen.

---

61 Die Gründungsfamilie wird durch Paare mit Kind(ern) wiederum neu etabliert.

Der Narrativ der „perfekten Beziehung" trägt dazu bei, den Glauben junger Menschen an sie aufrechtzuerhalten. Und nur ungern hinterfragen sie diesen später aufgrund eigener Erfahrungen. Die Vorstellung von der „heilen Familie" bindet die Energien junger Frauen und Männer, hält Menschen innerhalb dieser Strukturen gefangen und über Jahrzehnte beschäftigt. Und der isolierte Status von Müttern ermöglicht ihnen nur noch eingeschränkte Teilhabe am öffentlichen Leben. Sie werden gerade in jenen Jahren marginalisiert, in denen der Kuchen – hochqualifizierte und sichere Arbeitsplätze sowie Führungspositionen – verteilt wird. So bleiben Männer weitgehend unter sich und die finanzielle Benachteiligung der Frauen ist Teil des Arrangements.

Das herrschende Familienbild nützt auch direkt dem Staat, der an einer kolonisierten, institutionalisierten Form des familialen Zusammenlebens interessiert ist. Er strebt danach, die Bedingungen des Gebärens, der Sexualität und des Aufziehens der Kinder weitestgehend zu kontrollieren. Gleichzeitig wird propagiert, dass sich der Staat nicht in die intimen Belange der Familie einmischen dürfe. Dies ist aber nur scheinbar ein Widerspruch. Bei aller Rhetorik der Berücksichtigung der Interessen der Familien und damit ihrer einzelnen Mitglieder wird gleichzeitig jede Entwicklung, die vom Grundkonzept differieren könnte, politisch und gesellschaftlich mit Argwohn beobachtet. Bei Abweichungen, z.B. in der demographischen Entwicklung und der sinkenden Kinderzahl, greift der Staat mit fiskalischen Maßnahmen und Erziehungsprogrammen ein.

Parteipolitisch gesehen verfügen Linke und Konservative über Familienkonzepte, die sich in den letzten Jahrzehnten nur graduell verändert haben, nicht jedoch in ihrer grundsätzlichen Ausrichtung. Christlich-Soziale halten fest an der Kernfamilie, SozialdemokratInnen pochen auf die Berufstätigkeit der Frau, ohne die institutionalisierte Familie als solche in Frage zu stellen. Alternative Parteien betonen die Toleranz der Vielfältigkeit. Alle aber übersehen die Zwänge, die sich aus der Konstellation der Kleinfamilie ergeben, ungeachtet davon, ob sie in einer bestehenden Ehe, als Getrennte, Singles oder in Patchworkfamilien leben.

Politik nicht-patriarchal verstanden

Zumeist wird argumentiert, dass die Ausbeutung der Natur und Gewalt gegen andere ein notwendiger Schritt gewesen sei, um politisch agieren zu können, um Reiche mit „Waffengewalt und Eroberung" errichten zu können. Gegen ein solches Verständnis von Gesellschaftsordnung wendet sich meine Arbeit und stellt die Frage nach der Definition von Macht: Der Begriff Macht, der sich von „(Ver)Mögen" herleitet, bedeutet im ursprünglichen Sinn das Eigentümliche. Es ist das, was der Mensch vermöge seiner Fähigkeiten selbst schafft, das Schöpferische. Im Gegensatz dazu stellt patriarchale Macht ein äußeres Herrschaftsinstrument, „Macht haben" über andere, dar. Es impliziert immer Hierarchien und setzt Gewalt als Notwendigkeit zur Etablierung von Herrschaft voraus.

Das skizzierte Verständnis von Politik kann kaum befriedigende Lösungen bieten, denn es ist einem Politikbegriff hierarchischer Strukturen und Institutionen verpflichtet. Benötigt wird vielmehr ein davon abweichender, dissidenter Politikbegriff. Göttner-Abendroth (2008) schlägt eine Politik vor, die das mechanistische und hierarchische Denken überwindet und anstelle der Ausbeutung der Mütter sie selbst ins Zentrum setzt. Politik wird hier verstanden als Prinzip der Verantwortung füreinander, als „mütterliche Ordnung", wie Muraro (2010) sie nennt, die zum Maßstab des Funktionierens einer jeglichen sozialen Gemeinschaft wird.

Männlichkeit definiert sich laut Freud als nicht-weiblich und muss sich daher andauernd gegen die mit Frauen assoziierte Gefühlswelt zur Wehr setzen. Der Drang zur ständigen äußeren Bestärkung einer unabhängigen Individualität macht Solidarität und Mitgefühl zunichte. Patriarchale Politik wird damit zur Selbstbehauptung und Herrschaft über andere, Verantwortung für die Mitmenschen wird nicht übernommen. Matriarchale Gesellschaften richten dagegen keine Männer für eine kriegerische Außenwelt ab, sondern praktizieren ein integratives Denken der Verbundenheit von politischem, ökonomischen und sozialem Gestalten. In solchen Gesellschaften haben die patriarchalen Werte der exzessiven Erwerbszentrierung, der Selbstdefinition über Berufstätigkeit und sozialen Status keine Gültigkeit.[62]

Das Verständnis von Politik und jenes von Männlichkeit sind untrennbar miteinander verknüpft. Das neuzeitliche Konzept des Staatsbürgers, das alle Frauen per se ausschloss, war nicht nur konstitutiv für die Idee und Realisierung moderner Nationalstaaten, sondern steht auch synonym für politisch

---

62 Obwohl diese Werte Männern und Frauen offeriert werden, erhalten letztlich nur Männer einen exklusiven Zugang zu Spitzeneinkommen und höchsten Führungspositionen (vgl. Österreichischer Frauenbericht 2010).

definierte Männlichkeit. Das Ich-Ideal, das dem modernen Staatswesen zugrunde liegt, beinhaltet die Abwehr der möglichen Wiederkehr einer an der Mutter orientierten Ordnung. Aus diesem Grund muss ständige Kontrolle aufrechterhalten werden. Als Mittel dazu dienen seit der Neuzeit Rechtsprechung (v.a. Straf- und Familienrecht), Verwaltung, Militär, Technologie und Medizin.

Es gibt eine Reihe von Untersuchungen in der Sozial- und Geisteswissenschaft, die sich mit dem Machtbegriff auseinandersetzen. PolitologInnen gehen vorwiegend von einem Konzept der „Macht über jemanden" aus, wobei Macht als eine Art von Besitz verstanden wird, als etwas, das beobacht- und messbar ist. Feministische Theorien zu Macht unterscheiden zwischen dem Herrschaftsbegriff „potestas" und der „potentia", die nach Hannah Arendt die Fähigkeit und „Macht zu" bedeutet (Squires 1999).

Mit „matriarchaler Macht" verbindet sich nicht das Verfügen und die Herrschaft über andere, sondern natürliche Autorität, Stärke und Kompetenz. Etymologisch gesehen, leitet sich „Macht" aus dem altgermanischen „maht" her und bedeutet „können, mögen und vermögen" (Der Duden 1989). So gesehen, verweist der Begriff also auf die Eigenmächtigkeit und das eigene „Ver-Mögen". Im Gegensatz dazu stehen die von Eisler (2006) dargelegten Merkmale patriarchaler Herrschaft, die nur durch Befehlen und Gehorchen mittels Zwang durchzusetzen ist.

Repräsentative Demokratien sind anfällig für Missbrauch und Korruption. In einer neoliberalen Wirtschaft besteht die Gefahr, dass PolitikerInnen die Interessen der Konzerne vertreten und gegen den Willen von Menschen durchsetzen.[63] Den Unterschied zwischen „Macht haben" und „die Macht sein" führt eine norwegische Politikerin vor:

Politik verstehe sie als Sorge oder Besorgtsein um andere, so die ehemalige norwegische Ministerpräsidentin Gro Harlem Brundtland. Als ehemalige WHO-Direktorin forderte sie, es gäbe eine „Verpflichtung besorgt zu sein" (Mulack 2006).

Auf symbolischer Ebene stellt die Mutter nichts weniger als die Vermittlerin von Welt dar (Muraro 1993). „Die Mutter lieben zu können, schafft eine symbolische Ordnung", sagt Luisa Muraro, „sie (diese Aussage) ist Sinn und

---

63 Das führen die USA vor, die z.B. die Waffenlobby nicht bekämpfen können, weil der Wahlkampf der PolitikerInnen selbst durch waffenproduzierende Konzerne finanziert wird.

Maß der Politik der Frauen" (Muraro 1993, 28). Mutterschaft ist daher als politische Kategorie zu begreifen, in dem Sinne, dass die unmittelbare soziale Umgebung, die der Mutter anvertraut ist, von ihr in verantwortungsvoller Weise gestaltet wird. Deshalb stellt das „Muttern" das oberste Prinzip von Politik in matrilinearen Gesellschaften dar.

Matriarchale Politik verstehe sich nicht als losgelöst von anderen Bezügen und erfolgte immer mit und durch die Gesellschaft und Familie, sagt Heide Göttner-Abendroth,

> ist ihrerseits eingebettet in dieses Gefüge von Spiritualität, Kunst und Wissenschaft, sie hätte – obwohl sie ihre eigenen Regeln besitzt – außerhalb von diesen gar keinen Ort. Sie ist allgemein und öffentlich, denn sie ist gemäß dem Konsensprinzip die Politik aller Mitglieder der Gesellschaft (Göttner-Abendroth 2006, 253).

Seit Entstehen der Nationalstaaten ist das Denken in kleineren Räumen nur noch in Regionen, politischen Bezirken und Gemeinden möglich. Es ist daher umso bemerkenswerter, wie z.B. die Mosuo innerhalb des chinesischen Staates ihre kulturellen Eigenarten, auch in ökonomischer Hinsicht bewahren können, obwohl sie inmitten eines zentralistischen Staates angesiedelt sind (Gatusa 2006). Paradigmatisch steht einem Von-oben-nach-unten-Denken das Von-unten-nach-oben-Denken gegenüber.

Politisches Eingreifen von oben wird in westlichen Demokratien nach wiederkehrenden langen Intervallen durch Wahlen legitimiert. Konsensfindung von unten nach oben wirkt kleinräumiger, agiert bedürfnisorientiert und in kurzen Zeitintervallen. Das politische Gestalten matrilinearer Gesellschaften folgt den Prinzipien der Kleinräumigkeit und der Konsensbildung. Alle anzuhören ist das Gebot, es wird also basisdemokratisch agiert. Nicht Durchsetzungsvermögen ist gefragt, sondern es werden auch die berücksichtigt, die kaum eine Sprache für ihre Belange finden. Im Unterschied zum patriarchalen Verständnis von Politik gelten der Schutz der Natur und die Kooperation mit ihr als Teil des Entscheidungsprozesses. Politisches Handeln spielt sich in kleinen Gruppen ab, die wiederum mit allen benachbarten kleinräumigen Gruppen in Kontakt stehen.

Politik im matrilinearen Kontext bedeutet einen Entscheidungsfindungsprozess in Rückbindung an die Familie, die Sippe und den Stamm. Das Modell, das aus dem Vergleich matrilinearer Gesellschaften gewonnen wurde (Meier-Seethaler, Reeves Sunday u.a.), sei hier kurz skizziert: Basisdemokratisch beginnen politische Entscheidungsprozesse im Clanrat als der Versammlung aller Mitglieder, die von der Clanmutter geleitet wird. Wenn ein Konsens gefunden wurde, wird die Matriarchin selbst oder ihr Bruder als Vertreter in den Dorfrat geschickt. Verhandlungen finden auch auf dieser Ebene nur in Rückbindung mit dem Clan statt. Auf der nächsten Ebene, der des Stammes, wird weiter so verfahren, bis der Konsens aller Clandörfer gefunden ist. Dabei wird stets mit dem Dorf und der Familie, Rücksprache gehalten, um deren Zustimmung zu den Kompromissen einzuholen. Matriarchale Politik ist Konsenspolitik, in der Konsensfindung nicht durch mehrheitlichen Beschluss entsteht.

Gesellschaftliche Ordnung vereinigt in diesem Verständnis Politik und Familie; der öffentliche und private Raum sind nicht voneinander zu trennen. Das festzustellen, ist umso wichtiger, als patriarchales Wirken im sozialen Raum auf genau dieser Spaltung beruht und die Mutter als gestalterische Kraft völlig verschwindet. Im Gegensatz dazu stehen die natürliche Autorität der matriarchalen Sippenmutter und die freiwillige Akzeptanz ihrer Ratschläge durch die Sippenmitglieder. Das große Vertrauen in die ultimativen Entscheidungen der Sippenmütter ist ein entscheidendes Merkmal. Ihre Herkunft und die familiären Bindungen sind die Voraussetzung dafür, dass sie verantwortlich für die Sippe agieren können. Die Stellung der erfahrenen älteren Frau beruht auf ihrer Lebenserfahrung, die im Gegensatz zu westlichen Gesellschaften als großer Wert gilt. Auch die Fähigkeit, Probleme zu lösen und einen Konsens zwischen den Menschen herzustellen, also die Fähigkeit des Integrierens, erfordert natürliche Autorität, die man der sippenältesten Frau am ehesten zuspricht. Matriarchale Macht entsteht also durch Erfahrung, Einsicht und Kompetenz.

Ein Beispiel gibt die matriarchale Gesellschaft der Minangkabau auf Sumatra: Eine Sippenälteste erzählt, wie die Entscheidung in ihrem Sippenhaus zustande kommt. Zuerst besprechen sich die Frauen und Männer in getrennten Gruppen zu dem bestimmten Problem, und sie hören erst auf miteinander zu reden, bis sie untereinander einig sind, also einen Konsens gefunden haben. Dann begegnen sich die beiden Gruppen und diskutieren miteinander weiter, und zwar solange, bis sie wiederum Einigkeit erreicht haben. Sollten sie nicht zu einer Einigung kommen, dann – sagte die Sippenälteste – fälle sie selbst die letztliche Entscheidung als Zünglein an der Waage. Auf dem Boden ihrer natürlichen Autorität wird das akzeptiert, aber nicht als ihre einsame Entscheidung, sondern als Abschluss eines Entscheidungsprozesses, an dem alle Sippenmitglieder teilgenommen haben (Göttner-Abendroth 1991, 148.)

Falls sich keine Lösung finden lässt und sich eine Krise extrem zuspitzen sollte, kann es zu einer Sezession kommen, wobei ein Teil der Gemeinschaft den Herkunftsort verlässt. Im Gegensatz dazu steht die Praxis der nach dem Herrschaftsprinzip organisierten Staaten, die eine rebellierende Gruppe fast immer zu unterwerfen trachtet. In matriarchalen Gesellschaften ist der Konfliktlösung breiter Raum gewidmet, Duelle werden rituell ausgetragen, anstatt ganze Kriege anzuzetteln. Es gibt unterschiedliche Rituale, Konflikte zu lösen, so gibt es Plätze, an denen der Unmut ausgedrückt werden kann oder aber, jemand aus dem Familienclan verlässt die Sippe.

Ein historisches nicht-patriarchales Modell des politischen und rechtlichen Agierens ist das der Indigenen Amerikas, insbesondere der Irokesen östlich des Mississippi (Mann 2009). Deren politische Konzepte sind weitaus älter, als es der Globale Norden wahrhaben will. Gewöhnlich werden Lebensweisen in Kooperation mit der Natur als solche der „Naturvölker" apostrophiert und damit aus dem Kanon akzeptierter Praktiken und Theorien ausgeklammert – auch weil die oralen Traditionen nie Eingang in das herrschende Denken fanden.

> The „Gantowisas", or woman of the sisterhood of the lineage, boldly led her nation in politics, economics, social life, and spirituality (Mann 2009, 57).[64]

Die politischen Rechte der Irokesen wurden formal im 12. Jahrhundert als „Haudenosaunee Constitution" niedergelegt, und zwar lange vor der amerikanischen Magna Carta oder der Entwicklung der Menschenrechte. Sie waren traditionell als „Ongwe Howeh" bekannt, als verbindliche Vereinbarung zur Sicherstellung eines nachhaltigen Friedens. Die Verfassung, der lange Verhandlungsphasen und traumatische Erfahrungen mit männlicher Führerschaft vorausgegangen waren, entwickelte einen Standard, der die Erhaltung des Lebens und die Fürsorge für die Gemeinschaft – also mütterliches Denken – zum Paradigma politischen Handelns erhob. Die Konstitution wurde durch die amerikanische Regierung zunehmend geschwächt und im 19. Jahrhundert stark verändert, als 1848 Frauen die Teilnahme an den Versammlungen und der Entscheidungsfindung verboten wurde.

In der Tradition dieser Kulturen gab es nicht die Ansicht, Recht gehöre in den Bereich von politischen Systemen. Auch dass allein Spezialisten gesetz-

---

64 Eigene Übersetzung: „Die ‚Gantowisas' oder Frauen derselben Schwesternschaft, führten stolz ihr Volk in Politik, Ökonomie, sozialem Leben und Spiritualität."

liche Regelungen interpretieren dürfen, war ihren Vorstellungen fremd. Statt Strafe als Mittel sozialer Kontrolle einzusetzen, setzte man primär auf die Wiedergutmachung von Unrecht. Die Verbundenheit von Recht und Natur, „die das Mutterrecht kennzeichnete" (Lauderdale 1996), drückte sich in konkreten Vorstellungen des individuellen und kollektiven Guten aus und nicht in einem System abstrakter Normen.[65]

Als grundlegendes Friedensprinzip galt damals, dass Frauen die Agenda zu bestimmen und die Agierenden einzusetzen haben und dass sie es sind, die Missbrauch sanktionieren und die Verteilung von lebenswichtigen Gütern und Dienstleistungen übernehmen. Denn die Frauen würden ihre Kinder nie einem Krieg opfern, hieß es, wie die folgende Begebenheit zeigt:

> The Lenape and Iroquois Grandmothers sat down and consulted together, saying, „Look at the strong and beautiful children we've both raised. Did we go through childbirth and devote decades to the nuture and care of these magnificent youths just to watch them die in senseless quarrels, fights not even of our own making?" (Mann 2009, 66)[66]

Das ehemalige indigene Recht orientierte sich am Aspekt der Wiedergutmachung am Opfer, während das „moderne" Strafrecht nur noch an der Bestrafung, die der Staat regelt, interessiert ist. Michel Foucault verstand in seiner Analyse der Staatsformen des 17. und 18. Jahrhunderts das Zeremoniell der Bestrafung als Ausübung von Terror. Tatsächlich dient die Strafe der Demonstration der uneingeschränkten Herrschaft des Staates und gleicht dem An-den-Pranger-Stellen im Mittelalter. Bei den indigenen Völkern hingegen lag der Rechtsprechung ein anderer Gedanke zugrunde.

> Die Jurisprudenz der Ureinwohner verkörperte Ideen und Methoden zur Ausübung sozialer Vielfalt und Verantwortlichkeit. Eckstein des Rechtes war die so-

---

65 Als „Indian Law" ist das Rechtsverständnis der Indigenen in den USA anerkannt (Duthu 2008) und existiert neben der amerikanischen Rechtsprechung. Im Laufe der Jahrzehnte sind auch hier patriarchale Einflüsse bestimmend geworden. Was es aber weiterhin gravierend von der Gesetzgebung europäischen Ursprungs unterscheidet, ist die Priorität des Gemeinwohls vor dem des Individuums. Dies erklärt den eminenten Widerstand indigener Gemeinschaften, wenn es um die Verteidigung ihres Landes geht, das als Naturressource ausgebeutet werden soll. Z.B. Kampf gegen die North Dakota Pipeline.

66 Eigene Übersetzung: „Die Großmütter der Lenape und Irokesen setzten sich zusammen, diskutierten und sagten, ‚Schau, welch starke und schöne Kinder wir großgezogen haben. Sind wir durch Geburt und das jahrzehntelange Ernähren und Aufziehen dieser wunderbaren Jugendlichen gegangen, nur um sie sterben zu sehen in sinnlosen und nicht einmal von uns selbst verursachten Kämpfen und Kriegen?'"

ziale Verantwortlichkeit und nicht die moderne Vorstellung von individuellen Rechten, die vom Staat auferlegt werden. (Lauderdale 1996, 136)

Kapitel 3
Die Vereinbarkeitslüge[67]

Seit einiger Zeit steht die Debatte um die Möglichkeiten, Arbeitswelt und Familie miteinander zu vereinbaren, im Mittelpunkt familienpolitischer Argumentationen und Maßnahmen. Die Notwendigkeit dieser Diskussion wird mit den veränderten Gesellschaftsbildern begründet, aber eigentlich ist der steigende Anteil berufstätiger Frauen gemeint. Die Diskussion wurde dringlich, seit familiale Systeme fundamentalen Veränderungen der Arbeitswelt gegenüberstehen. Das betrifft die Prekarisierung am Arbeitsmarkt, die Arbeitsverträge, -zeiten und -einkommen unsicher machen. Auch die starke Beschleunigung von Informationsflüssen durch die Computertechnologie stellt Menschen in ein neues, belastendes Zeitregime.

Die Frage ist danach, wie die optimale Versorgung und Betreuung von Kindern, die Pflege kranker und alter Familienangehöriger und PartnerInnen sowie ein menschenwürdiges Dasein für Frauen und Männer mit der ökonomischen Existenzsicherung in Einklang zu bringen sind. Sie wird zumeist aus praktisch-politischer und familienwissenschaftlicher Sicht gestellt. Mir geht es darum, die Debatte um die Vereinbarkeit von Familie und Beruf kritisch zu reflektieren und ihre in den medialen und politischen Debatten ungenügend oder kaum deklarierten Prämissen sichtbar zu machen. Diese betreffen sowohl das Geschlechterverhältnis als auch die Ökonomie. Dies erscheint umso dringlicher, da aus ideologischen Gründen auf politischer Ebene die wirklich relevanten Fragen beharrlich umschifft werden. Statt die Bedürfnisse von Menschen nach Sicherheit in familialen Beziehungen und in materieller Hinsicht zu berücksichtigen, kreisen die Argumente wiederholt um ideologisch motivierte Allgemeinplätze, durch die die neue politische Familien-Rhetorik gekennzeichnet ist.

Es ist an der Zeit, die Denkschemen aufzubrechen, um weder die christlich-soziale noch die liberale oder sozialdemokratische Position zu bedienen. Im letzten Jahrzehnt hat sich neben der Ideologie des traditionellen Mutterbildes und der „Karriere-Mutter" jene der in Teilzeit berufstätigen Frau, die

---

67 Der Titel „Vereinbarkeitslüge" geht zurück auf den gemeinsamen Text: Rille-Pfeiffer, Christiane; Tazi-Preve, Irene Mariam; Kapella, Olaf (2007b): Die Vereinbarkeitslüge; sowie dem „Kommentar der anderen" in: Der Standard, 28.3.2007. Der vorliegende Text wurde erstmals veröffentlicht in: Tazi-Preve (2009a) und seither überarbeitet.

Beruf und Familie zu vereinbaren hat, also der „Vereinbarerin" als gesellschaftliche Norm etabliert. Sie stellt quasi einen Kompromiss zwischen rechts und links dar.

In vorliegenden Kapitel werden in einem ersten Schritt Begriffsdefinitionen zu Produktion/Reproduktion eingeführt und darauf aufbauend, von der individuellen Situation des Paares, also der Männer und Frauen mit Betreuungspflichten ausgehend, jene Faktoren beschrieben, die sie belasten. Auf den Ebenen der Arbeitswelt und der Politik werden Vorannahmen der Vereinbarkeitsdebatte reflektiert, Spannungsfelder aufgezeigt und durch eine resümierende Analyse abgerundet. Vertiefend dargelegt wird der Zusammenhang zwischen Familie und neoliberaler Ökonomie in Kapitel 4.

Die Trennung von Produktion und Reproduktion

Ein großer Teil der Bevölkerung bewegt sich permanent im Spannungsfeld zweier Systeme, die einander durch die historisch gewachsene Dichotomie, also die Aufspaltung, von Privatheit und Öffentlichkeit ausschließen. Das ökonomische und familiale Gemeinwesen galt in der Antike noch als Einheit. Im hellenischen Griechenland wurde der familiale Bereich vom öffentlichen abgetrennt und der Politik untergeordnet.

Die strikte Trennung zwischen „Polis" und „Oikos", also Öffentlichkeit und Haushalt, aber auch Politik und Privatleben wurde zum für das Abendland bestimmenden Muster. Der Bereich der „Ökonomie", der das Überleben der Menschen mittels Warentausch sicherte, galt dem freien athenischen Staatsbürger als unter-, dem „eigentlichen" politischen Leben vorgeordnet und als seiner Vernunft unwürdig. Aristoteles (1994) formulierte eine Staatstheorie, die die Staatsbürger – ausschließlich über Eigentum verfügende Männer – dazu berechtigte, das Leben der „Oiken" im Interesse der Politik einzusetzen.

Das in antiken Theorien entwickelte Verhältnis von „Polis" und „Oikos" wurde mit dem Verhältnis von Geist – die Politik – und Materie – die Menschen in der Familie und die Produkte und Waren des Haushalts – gleichgesetzt. In der Neuzeit wurde das Gegensatzpaar „Öffentlich" und „Privat" formuliert (Schweighofer 1996). Seither galt im staatstheoretischen, wissenschaftlichen und wirtschaftlichen Denken, dass Frauen von „Natur" aus im als „Ressource" verfügbaren Privaten zu Hause seien, während Männer von

76

„Natur" aus das Öffentliche bestimmten. Die systematische Festschreibung und Wertung der Geschlechterrollen wurde damit theoretisch begründet.

Die politischen Denker der Neuzeit von Bodin (1580/1973) über Machiavelli (1530/1987) bis Rousseau (1854/1998) befassten sich ausführlich mit der Rolle des männlichen Bürgers im Staat und der des „Mutter-Bürgers" in der Familie. Die individuellen Vorgaben für die Mutter verbargen kaum die staatspolitischen Ambitionen. Die Theoretiker vertraten nämlich die Ansicht, dass das Anwachsen der Bevölkerung ein sicheres Zeichen für das Gedeihen des Staates selbst sei. Damit wurde das fertile Verhalten von Frauen zum Ziel der staatlich inszenierten Bevölkerungspolitik. Im 18. Jahrhundert wurde die staatliche Regulierung des Bevölkerungszuwachses systematisch eingesetzt (Heinsohn et al. 1979) und mit Hilfe der „Personal-Polizey" überwacht.

Seit Beginn der Industrialisierung wird die Arbeitswelt als Bereich der „eigentlichen" Produktion wahrgenommen. Die „Re-Produktion" soll ab nun in der Sphäre der Privatheit stattfinden. Neben dem Gebären von Kindern, also der Fortpflanzung, umfassen die sogenannten reproduktiven Aktivitäten die Herstellung, Sicherung und Versorgung des gesamten menschlichen Lebens: die Erziehung und Versorgung von Kindern und Jugendlichen, die pflegerische und emotionale Unterstützung aller im Haushalt lebenden Erwachsenen und die Betreuung von alten Menschen, von Kranken und Nachbarn. Diese Tätigkeiten erfordern ein hohes Maß an emotionaler und materieller Energie; sie bedeuten sehr viel Arbeit. Seit diese Arbeit von dem, was als politisch und öffentlich bedeutsam gilt, abgespalten wurde, ist sie unsichtbar, obwohl sie den Großteil der gesamten menschlichen Tätigkeiten ausmacht.

Die Problematik – Erwerbssystem und Familie

Kern der Bemühungen um die Vereinbarkeit, die von Seiten der Familienpolitik angestoßen und von der Wirtschaft aufgegriffen im Zentrum medialer Debatten steht, ist die Frage, wie Familien mit Kindern zur selben Zeit sowohl die ökonomische Existenzsicherung als auch die notwendige Regeneration und Sicherstellung der reproduktiven Tätigkeiten bewerkstelligen können.

Das Problem ist nämlich, dass Erwerbssystem und Kleinfamilie nach gänzlich konträren Logiken funktionieren. Der Arbeitsmarkt ist charakterisiert durch Kosten-Nutzen-Kalkül und Konkurrenzdenken als Grundprinzipien der Wirtschaft. Die Menschen der neoliberalen Ökonomie müssen folgendermaßen sein:

> (...) flexibel und individualisiert, kommunikativ und international, genoptimiert und zukunftsgläubig, unternehmerisch und konkurrenzorientiert, aktiv und maximierend (Michalitsch 2006, 14).

Im Gegensatz dazu benötigt das Familienleben Stabilität und ist Ort der emotionalen Zuwendung und Empathie der Familienmitglieder untereinander. Die Werte beider Sphären widersprechen einander nicht nur, sondern machen augenscheinlich, dass all das, was hier das System trägt, es dort zum Scheitern bringt.

Kennzeichen der Diskussion ist jedoch, vorauszusetzen, dass die Unterwerfung von Müttern, Vätern und Kindern unter die Logik des Erwerbssystems unabänderlich sei. Nicht die Welt der Ökonomie habe sich den Bedürfnissen nach Empathie, emotionaler Zuwendung und Sicherheit unterzuordnen, sondern umgekehrt habe sich das System Familie den sich rapide ändernden Bedingungen am Arbeitsmarkt anzupassen.

Die Veränderungen der Arbeitswelt bringen weitere Widersprüchlichkeiten in den Blick, wenn Arbeitswelt in neuartiger Weise in die Familiensphäre vordringt. Hochschild (1997) zeigte, wie das private Heim den Charakter einer Arbeitsstätte annimmt, der aber die Annehmlichkeiten der Berufsarbeit wie sozialer Status und Anerkennung sowie Einkommen und soziale Kontakte fehlen. Hinzu kommt, dass der private Raum in neuartiger Weise genutzt werden soll. Durch die Sharing Economy mit Angeboten wie Uber und Airbnb werden das eigene Auto oder die eigene Wohnung zur Vermarktung eingesetzt.

Häufig wird auch suggeriert, dass die Vereinbarkeit beider Systeme ohne Abstriche an Lebensqualität von Kindern und Müttern, aber auch von Vätern, möglich sei. Daher wird im Folgenden darauf eingegangen, welchen Preis Frauen und Männer zu zahlen haben, um den beschriebenen Normativen zu entsprechen.

Betroffenheit von Frauen

Eine entscheidende Voraussetzung zum Funktionieren von Ökonomie und Staat ist, dass die Sozial- und Familienpolitik die geschlechtsspezifische Form der arbeitsteiligen Gesellschaft stützt. D.h., dass Frauen Haushalt und

Kinderbetreuung und -erziehung weitgehend unentgeltlich übernehmen, während Männer in ihrer Erwerbszentriertheit gestärkt werden.

Die politisch propagierte Strategie, „das Wohl des Kindes" in den Mittelpunkt zu rücken, erweist sich spätestens dann als Rhetorik, wenn klar wird, dass es bei solchen Appellen weniger um die Kinder geht, sondern sie sich vielmehr an deren Eltern richten, zuvorderst die Mütter. Empirische Daten belegen die Ungleichverteilung von Familienarbeit. Studien[68] zeigen, dass zwei Drittel aller Frauen – mit oder ohne zu Hause lebende Kinder – angeben, den Haushalt alleine zu bewältigen. Dies hat erhebliche Auswirkungen darauf, dass Frauen in ihren Erwerbschancen eingeschränkt sind und geringe Rentenansprüche erwerben.

Der Grund dafür, dass Menschen, die Kinder erziehen, wenn sie ins Rentenalter kommen, kaum eine nennenswerte Pension/Rente beziehen, ist, dass die großen Leistungen, die sie gegenüber ihren Kindern erbracht haben, sich nur als kleine Beiträge beim Erwerb der Ansprüche auswirken. Der ökonomische Wert aller familienpolitischen Maßnahmen macht nur einen Bruchteil dessen aus, was Frauen mit Kindern tatsächlich leisten. Sie werden im diskriminierenden Renten- und Steuerrecht systematisch vernachlässigt. Frauen zahlen also einen hohen Preis dafür, dass sie dafür gesorgt haben, dass der Gesellschaft künftige RentenbeitragzahlerInnen zur Verfügung stehen. Mehr noch: Sie stellen darüber hinaus sicher, dass vor allem diejenigen hohe Altersbezüge erhalten, die in ihrem Erwerbsleben hohe Rentenanwartschaften zumeist deswegen erwerben konnten, weil sie keine Kinder großgezogen haben (Rummel 1993).

Das Rentenrecht übernimmt sein Selbstverständnis aus der Marktwirtschaft und der ihr innewohnenden Logik der allzeitigen Verfügbarkeit der Ware Arbeitskraft am Arbeitsmarkt. Als Modell dafür dient die männliche Lohnarbeit. Die Haus- und Mutterarbeit soll nicht nur der Familie und dem Staat kostenlos zur Verfügung stehen, sie stützt auch den Arbeitsmarkt, dem durch sie psychisch und physisch versorgte Arbeitskräfte zur Verfügung stehen. Gleichzeitig beinhaltet der Begriff „Reproduktion" eine Abwertung des privaten Bereichs. Seine Geringschätzung spiegelt sich in der Sozialpoli-

---

68 Z.B. eine österreichische repräsentative Befragung zu Fakten und Einstellungen zu Familie und bevölkerungspolitischen Fragen (Tazi-Preve 2008)

tik wider, wenn die langjährige Betreuung und Erziehung von Kindern mit wenigen Jahren[69] an anrechenbarer Ersatzzeit für die Rente „belohnt" wird. Der geringen Honorierung für viele Betreuungsjahre folgt nicht etwa die Debatte zu einer substantiellen Entschädigung. Ganz im Gegenteil. In der bevölkerungswissenschaftlichen und -politischen Debatte wird argumentiert, dass Frauen eine Mitschuld an der mangelnden Finanzierbarkeit der Pensionszahlungen tragen, weil sie zu wenige Kinder gebären würden (Van de Kaa 1987, Laesthaeghe/Moors 2000). Sanktionen für kinderlose Frauen sind in Österreich bereits in Erwägung gezogen worden.

Die zunehmende Verlagerung der Berufswelt in die Familie ist keine geschlechtsneutrale Entwicklung, die beide Geschlechter betrifft; sie vermehrt die Belastung für Frauen, die in beiden Bereichen hochkomplexe Tätigkeiten zu jonglieren haben. Frauen müssen nun aufgrund der „Verzahnung von beruflichen und familiären Anforderungen" (Goldberg 2002) in höherem Maße die verschiedensten Ansprüche erfüllen. Tatsächlich erhöht die Flexibilisierung der Arbeitszeiten zumeist das Pensum an täglicher Arbeitszeit. Auch durch Heimarbeit wird das Zuhause als Ort nie enden wollender Belastung erlebt.

Während die Karrierechancen und das Einkommen von Männern mit Kindern überproportional steigen, sinken beide proportional bei Frauen (Bauer 2000 u.a.). Mütter sind in großer Zahl teilzeitbeschäftigt. Das bedeutet, sie „sind schlechter in den Betrieb integriert. Sie werden bei Beförderungen häufiger vergessen, über Weiterbildungsmöglichkeiten weniger gut informiert und sind die Ersten, die abgebaut werden" gibt die Frauen- und Familienexpertin der Arbeiterkammer Ingrid Moritz an[70].

Studien zur Einkommensungleichheit der Geschlechter zeigen, dass nur ein Bruchteil davon mit Einkommenseinbußen während des Bezugs von Elterngeld bzw. Karenzgeld und Teilzeit zu erklären ist (Böheim et al 2007). Frauen, so das Ergebnis der Studien, sind deswegen in Hierarchie und Einkommen schlechter gestellt, weil sie Frauen sind. Dieser Befund wird durch die Forschung zur Lohnschere untermauert (Hönig/Kreimer 2003), die auf die ungleiche Bewertung von Lohnarbeit aufgrund des Geschlechts hinweist.

---

69 Anrechenbare Ersatzzeiten für die Rente/Pension: 2–3 Jahre in Deutschland und 4 Jahre in Österreich.
70 Kurier 22.5.2007.

Es gilt also der vielfach konstatierte Widerspruch (Blossfeld/Drobnic 2001), dass trotz gesetzlich postulierter Gleichheit die individuelle Freiheit nur für die kinderlose Frau gilt. Frauen wird im „System" keine annehmbare Lösung der „Mutterfrage" angeboten. Die langen – und zumeist unbefriedigenden – Kämpfe um die Gleichstellung der Frau in politisch-rechtlicher Hinsicht sind nur vor dem Hintergrund folgender Vorstellungen zu verstehen (Mulack 1990): Es wird suggeriert, Frauen hätten heute die gleichen Chancen wie Männer, was jedoch nur für wenige, von Männern zugestandene Bereiche gilt. Gleichheit bedeutet formelle, staatsbürgerliche Gleichheit – im Sinne einer liberal-bürgerlichen Gleichheit vor dem Gesetz – die bei ihrer Einführung gegen bestimmte Gruppenprivilegien gerichtet war. Sie ermöglicht den Zugang zur traditionell männlichen Sphären der Öffentlichkeit. Formelle Gleichheit beinhaltet also rechtliche Zugangsgleichheit, sie bedeutet aber nicht die Herstellung von sozialer oder wirtschaftlicher Gleichheit, wie die anhaltende Lohnschere beweist (EU Kommission 2008). Wenn Frauen als „Gleiche" Zugang zur öffentlichen Sphäre haben, ist damit der Ausschluss zumeist Frauen betreffender Lebensbedingungen und Patchworkbiographien impliziert. Auf faktische Unterschiede wird keine Rücksicht genommen. Formelle Gleichheit ignoriert körperliche Unterschiede ebenso wie ethnisch-kulturelle Differenzen. Andersheit wird in diesem Denken immer als Unterordnung des/der anderen wahrgenommen.

Betroffenheit von Männern

Männern werden am Arbeitsmarkt Anreize in Form von Prestige und Einfluss sowie monetär in Form von höheren Einkommen, besseren Karrierechancen und höheren Pensionseinkommen in Aussicht gestellt. Andererseits stellt Familie für Männer den Ort des Rückhalts und der Regeneration dar. Für sie ist Familie nicht in erster Linie Ort (reproduktiver) Arbeit.

Ihnen wird suggeriert, sie seien die Gewinner des Systems, obwohl auch sie gleichermaßen in die Vorgaben des Systems eingespannt sind. Die Norm männlicher Erwerbszentriertheit und Karriereorientierung stellt die Grundlage sowohl der herrschenden Ökonomie als auch der Sozialpolitik dar. Männern wird somit erschwert zu erkennen, welchen Preis sie für ihr persönliches Leben zahlen müssen. Die gefährdete Gesundheit, die niedrigere Lebenserwartung sowie der mangelnde Anteil am Leben ihrer Kinder sind Folgen der Unterordnung der Familie unter die Berufstätigkeit. Da Frauen in der Regel über ein geringeres Einkommen verfügen, haben Väter kaum die Wahl, ob sie für eine längere Zeit Kinder betreuen möchten oder berufstätig bleiben, weil ersteres die finanzielle Absicherung der Familie gefährden würde (Pühl/Wöhl 2002).

Männer bewegen sich daher im Widerspruch zwischen der politisch vorausgesetzten und vom Arbeitsmarkt geforderten männlichen Erwerbszentriertheit und einer – zunehmend von der Partnerin geforderten – Teilhabe am Familienleben. Bewusst gegen die Regeln Agierende werden mehrfach sanktioniert, denn sie widersprechen dem Männlichkeitscliché und verstoßen gegen die Prämisse, dass Familie nachrangig sei. Aktive Väter[71] verzichten meist bewusst auf die am Arbeitsmarkt offerierten Werte des höheren Verdienstes oder/und sozialem Prestige.

Tatsächlich besitzt die Integration von Vätern in die Familie keine nennenswerte historische Tradition (Tazi-Preve 2009b). In der Moderne, also mit Beginn der arbeitsteiligen Industriegesellschaft, wurden die Geschlechtergrenzen neu abgesteckt. Nicht nur entlang von Kompetenzzuschreibungen, sondern auch über den Wert von Arbeit. Weibliche Tätigkeiten wurden weit geringer entlohnt als männliche, da diese zum einen als weniger wert galten, zum anderen waren diese Ergebnis von Rollenzuschreibungen – Männer wurden als Ernährer, Frauen primär als Mütter, die eine Familie nicht erhalten müssen, angesehen. In der Nachkriegszeit waren Väter nicht vorhanden, wie Mitscherlich (2003) in der „vaterlosen Gesellschaft" kritisierte. Erst seit der Studenten-, und Frauenbewegung wird die Beteiligung von Vätern am Leben ihrer Kinder nicht mehr nur in Begriffen von Recht, Herrschaft und Kontrolle diskutiert.

Auf nationaler Ebene existieren unterschiedliche Modelle (Bewusstseinskampagnen, Väterkarenz/Väter in Elternzeit u.a.) als Anreiz, die Familialisierung von Vätern voranzutreiben. Untersuchungen zur Väterpolitik in Österreich zeigen allerdings die Erfolglosigkeit der auf Väter gerichteten Politik auf. Weder modernisierte gesellschaftliche Rahmenbedingungen noch innovative politische Maßnahmen zur Väterförderung zeigen nachhaltige Wirkung.[72]

---

71 Männer, die früher Sitzungen verlassen, am Abend pünktlich Schlussmachen, wenig berufliche Reisen antreten wollen etc.
72 In Kapitel 5 werde ich ausführlich zu den Vätern Stellung nehmen.

Die moderne Arbeitskraft

Arbeitszeitstudien weisen die Auflösung der „Normalarbeitszeit" nach: Zugenommen haben in den letzten Jahren vor allem Sonntagsarbeit, Teilzeit- und Gleitzeitarbeit, Überstunden sowie Arbeitszeitkonten. Die von Kaufmann (1995) konstatierte „strukturelle Rücksichtslosigkeit" wird vorangetrieben, wenn z.b. „Teilzeit" nicht mehr eine Halbtagsbeschäftigung bedeutet, sondern zunehmend fragmentierte auf den Tag verteilte Stunden, die mit der Organisation von Familienarbeit unvereinbar sind. Die Forderungen der Wirtschaft nach einer Liberalisierung der Arbeitszeitregelungen erhöhen den Druck auf ArbeitnehmerInnen, sich an von Betriebe vorgegebene Rhythmen anzupassen, was das Problem der Kinderbetreuung weiter verschärft.

Die Prozesse am Arbeitsmarkt machen sichtbar, dass die von Seiten der Wirtschaft als familienfreundlich offerierten Teilzeitlösungen weder geschlechtsneutral wirken noch mit den Bedürfnissen des Familienlebens kompatibler sind als die – nun verlorengegangenen – Vollzeitarbeitsplätze.

Individualisierung, Mobilität und Flexibilisierung sind die Schlagworte der globalisierten Arbeitsgesellschaft, die neuartige Ansprüche an die Nutzung von Arbeitskraft stellt (Goldberg 2002). Diese Arbeitskräfte müssen sich betrieblich verfügbar machen, aktive Eigenleistung wird eingefordert, unternehmerisches Denken in Form von Selbständigkeit, Weiterbildung und Selbstmanagement vorausgesetzt. Die Nutzbarmachung der neuen Arbeitskraft wird dadurch maximiert. Die Arbeitswelt der Zukunft strebt nach Minimierung gesetzlicher Regelungen für Unternehmen sowie nach maximaler Flexibilität der ArbeitnehmerInnen.

Auch der Charakter der Unternehmen, mittlerweile zu riesigen Konzernen zusammengeschlossen, hat sich dramatisch verändert. Das Prinzip der Verantwortung gegenüber der Belegschaft wurde aufgegeben zugunsten der gegenüber den Investoren und Aktionären. Rationalisierung und „Modernisierung" laufen auf die Einsparung der „Ressource Mensch" hinaus. Arbeitsplätze werden reduziert, Vollzeitarbeitsplätze zugunsten von Teilzeit abgebaut. Dies führt dazu, dass auch die Höherqualifizierung der ArbeitnehmerInnen nicht mehr vor dem sich verringernden Maß an Sicherheit oder reduzierten Aufstiegschancen schützt. Pühl und Wöhl (2002) weisen darauf hin, dass der permanente Verweis auf die „Eigenverantwortung" der ArbeitnehmerInnen ideologisch motiviert sei. Sie sei Teil einer Strategie des „neuen

Regierens", die durch Zuschreibung individueller Verantwortung den/die Einzelne/n haftbar macht.

Obwohl Frauen heute bessere Zugangschancen zu Karrieremöglichkeiten und Einkommen haben, bleiben die Ungleichheiten am Arbeitsmarkt bestehen. Aus Sicht der Arbeitsmarktforschung ist diese Geschlechtersegregation ein Rätsel, da sie davon ausgeht, dass erhöhte Bildungschancen zur Veränderung beitragen müssten. Zudem hat sich die Beteiligung verheirateter Frauen am Arbeitsmarkt massiv erhöht und die Rückkehr auf den Arbeitsmarkt nach der Geburt eines Kindes ist nahezu selbstverständlich geworden. Auch gibt es in vielen westlichen Gesellschaften Standards für Unternehmen, die Diskriminierungen unterbinden sollen, und auf politischer Ebene wurden zahlreiche Interventionen zur Gleichstellung der Geschlechter gemacht.

Dass der Widerspruch der anhaltenden Geschlechtersegregation nicht aufgelöst wird, hat aber mit den Prämissen der Ökonomie zu tun. Das Wirtschaftssystem baut nicht nur auf dem ökonomischen Grundsatz der Ausblendung der reproduktiven Arbeit aus der Sphäre der Produktion auf, sondern führt die Strategie der „Hausfrauisierung" (Werlhof) konsequent fort. Die geschlechtliche Arbeitsteilung in der Marktwirtschaft bedeutet nach Mies und Werlhof (Werlhof 1991, Mies/Werlhof 2003) stets Hierarchisierung und strukturelle Ungleichheit. Die Entstehung kapitalistischer Strukturen hatte demnach von Anbeginn einen geschlechtlichen Charakter. Dass Frauen weder beim Eigentum noch bezüglich Beruf und Einkommen über die gleichen Ressourcen verfügen wie Männer, resultiert aus ihrer umfassenden historischen Enteignung. Im Wesentlichen ist ihnen die weitgehend alleinige Verantwortung für die Kinder geblieben. Die Familienpolitik setzt mit ihren Bemühungen um „familienfreundliche" Maßnahmen die Strategie der „Hausfrauisierung", die Frauen als kostenlose „Ressource an der Heimatfront" betrachtet, weiter fort. Und heute ist die umsonst arbeitende Hausfrau nicht nur zum Paradigma weiblicher Lohnarbeit, sondern zum generellen Modell von – zunehmend niedrig entlohnter und prekärer – Lohnarbeit geworden.

Paradigmen der Sozial- und Parteipolitik

Politik, verstanden als Prinzip der Steuerung gesellschaftlicher Ordnung in einem Nationalstaat, gestaltet bestimmte sozialpolitische Bereiche normativen Vorstellungen entsprechend. Familienpolitik gestaltet sich unterschiedlich, je nachdem, ob die Familienmitglieder als Gruppe oder als einzelne

Individuen – PartnerInnen, Männer, Frauen, Kinder – behandelt werden. Die Frage ist auch, mit welchem Begriff von Familie (Kleinfamilie, erweiterte Lebensformen etc.) politisch operiert wird. Die Antworten auf diese Fragen sind ideologisch motiviert und liegen je nach politischer Partei relativ weit auseinander. Die Grundsatzprogramme der österreichischen Parteien ÖVP und SPÖ (Schipfer 2009) haben zwar beim Familienverständnis als Ehe und Kleinfamilie starke Übereinstimmung. Die SozialdemokratInnen fokussieren allerdings bereits vor dem zweiten Weltkrieg das Paar und das Ungleichgewicht in seiner Beziehung. Die Österreichische Volkspartei dagegen hält an einem Begriff der Familie als Kollektiv fest, und am Sonderstatus der Ehe.

Auch das Staatsverständnis spielt in diesem Zusammenhang eine entscheidende Rolle. Die „Durchstaatlichung" (Hirsch 2005) der Gesellschaft normiert die Individuen und erzeugt damit Arbeitsmotivation und die Anpassung an vorgegebene Arbeits- und Konsumstandards und bürgerliche Verhaltensmuster. Historisch ist der steigende Zugriff des Staates auf die Familie durch institutionalisierte „Sozialisationsagenturen" zu beobachten. Dazu gehören pädagogische und psychotherapeutische Einrichtungen, die Eltern und Kinder an die vorherrschenden Normen anpassen. Daneben ist die Aktivität des Staates in den letzten Jahrzehnten durch Privatisierungen und Auslagerungen ehemals staatlicher Aufgaben (Universitäten, Post etc.) und von sozialer „Desintegration" und der Individualisierung aller Menschen, die nun vor allem als KonsumentInnen wahrgenommen werden, gekennzeichnet. Nach Werlhof sind in diesem Prozess „Staat, Kapital und Patriarchat zusammengefallen" (Werlhof 1991).

In Form des Wohlfahrtsstaates hat sich die staatliche Tätigkeit mittlerweile auf die gesamte Gesellschaft bis in den privaten Bereich ausgedehnt. Da die Menschen ihre materielle Versorgung an Unternehmen abgegeben haben, also nicht mehr über Produktionsmittel (Marx), d.h. Arbeitsmittel und Arbeitsgegenstände, also Land und Kapital, verfügen, soll der Staat ihre Absicherung bewerkstelligen. In Form des Wohlfahrtsstaates tritt er nun als „Übermutter" auf, als ein Konstrukt, das Selbstversorgung gegen Abhängigkeit eintauscht.

Was die Vereinbarkeitsdebatte betrifft, lösen sich auf der Ebene der Parteipolitik historisch sichtbare ideologische Gegensätze durch unerwartete Allianzen auf. So treffen sich bei Eintreten für eine höhere Frauenerwerbsbeteiligung sozialdemokratische mit wirtschaftsliberalen Interessen, die wiederum die christlich-soziale Position der Betonung der Hausfrauenrolle unter Druck setzen, ihre Position zu revidieren.

Die generelle Erhöhung der Erwerbsbeteiligung von Frauen und der Wunsch nach vermehrter Teilzeitarbeit entsprechen den Forderungen der in der *sozialdemokratischen Tradition* verankerten Vertreterinnen eines Gleichheitskonzepts. Auch die Gewerkschaften und ArbeitnehmervertreterInnen setzen ihre Hoffnungen weiter auf die Modifizierung des Arbeitsmarktes, obwohl ihre Klientel – die traditionelle Arbeiterschaft mit einer 40-Stunden-Festanstellung, also die Normalarbeitsplätze, seit längerem am Verschwinden sind.

Das *liberale Wirtschaftssystem* hat Interesse an möglichst segmentierten, jederzeit verfügbaren Teilzeitstellen, die vorzugsweise von Frauen besetzt werden, die ihre Interessen den Bedürfnissen ihrer Kinder nachordnen. In der Personalwirtschaft ist die Rede von einem „Maximum an Flexibilität", das für die Wettbewerbsfähigkeit erforderlich sei (Scholz 2007). Dies kann auf der anderen Seite aber dazu führen, dass Frauen zunehmend aus dem Arbeitsprozess ausgesondert werden, da sie aufgrund ihrer (potentiellen) Schwanger- und Elternschaft nicht allzeit verfügbar sind.

Auch die *christlich-soziale Position* mit ihren Argumenten, dass Kinder unter drei Jahren am besten von der Mutter betreut werden sollten, die daher maximal einer Teilzeitbeschäftigung nachgehen darf, gerät durch die Vorgaben der Europäischen Union unter Druck. Diese strebt die Erhöhung der Frauenerwerbstätigkeit an und fordert dafür mehr Teilzeitbeschäftigung und den Ausbau der institutionellen Kinderbetreuungseinrichtungen als Ziele aller EU-Staaten.

Voraussetzungen der Debatte um die Vereinbarkeit

Vielfach wird argumentiert, dass das Problem der Vereinbarkeit von Beruf und Familie durch genügend Kinderbetreuungsplätze gelöst werden kann. Diese Argumentation wird von der EU und von einigen nationalen Familienpolitiken in Europa verfolgt (EU 2003). Obwohl die flächendeckende Institutionalisierung der Kinderbetreuung in einem so stark getrennten System von Arbeits- und Familienwelt notwendig erscheint, löst sie nicht das grundsätzliche Dilemma, dass die Verantwortung für die Familienarbeit trotz der geschlechtsneutralen Rhetorik von „Elternschaft" und „Familie" weiterhin bei den Frauen liegt.

Die Vereinbarkeitsdebatte hat noch eine weitere Voraussetzung. Das Denken des „modernen Menschen, der zu vereinbaren hat" liegt die Vorstellung einer geradlinigen Lebens- und Erwerbsbiographie von Frauen und Männern zugrunde, in der die Systeme Familie und Arbeitswelt problemlos ineinandergreifen. Tatsächlich ist aber die Lebensrealität durch unausgesetzte Brüche gekennzeichnet: das Kind, man selbst oder der Partner erkrankt, die ältere Generation bedarf der Betreuung, es ereignen sich persönliche und familiäre Krisen (Tod der Eltern, Scheidung u.a.). Das Modell für das problemlose Funktionieren ist unschwer zu erkennen, es ist die Analogie von Mensch und Maschine, die seit der arbeitsteiligen Gesellschaft Eingang in die Moderne gefunden hat. Im sich seit Beginn der Industriegesellschaft beschleunigenden „Prozess der Zivilisation" (Elias 1992) erfuhr der Mensch nämlich die „Zurichtung" seiner Gefühlswelt, um dem Arbeitsmarkt ohne emotionale Beeinträchtigungen ganztägig zur Verfügung stehen zu können. Um Menschen zu veranlassen, den Großteil ihrer Lebenszeit dem Arbeitsplatz zur Verfügung zu stellen, mussten ihre Gefühlsregungen und Bedürfnisse unterdrückt werden. Es bedurfte eines langjährigen schmerzlichen Prozesses, den anhaltenden Widerstand zu bekämpfen.[73]

Die *christlich-soziale* Parteilinie propagiert, dass Mütter „zu Hause bleiben können" und die „Wahl" haben sollten, ob sie berufstätig sein möchten oder nicht. Dieser Kurs wurde unter dem Druck der Europäischen Union zur Steigerung der Frauenerwerbstätigkeit zugunsten der weiblichen „Vereinbarerin" und eines Drei-Phasen-Modells – zeitweiser Berufsausstieg gefolgt von Teilzeitarbeit – modifiziert. Der Umstand, dass beide Varianten nicht existenzsichernd sind, wird nicht explizit gemacht, vorausgesetzt wird vielmehr die Abhängigkeit vom Erwerbseinkommen eines Partners oder von den Sozialleistungen des Staates.

In der Tradition *sozialdemokratischer* Frauenpolitik wiederum wird davon ausgegangen, dass Frauen statt der Familie verstärkt dem Arbeitsmarkt zur Verfügung stehen müssten. Die anhaltende horizontale und vertikale geschlechtsspezifische Segregierung[74] des Arbeitsmarktes mit geringeren Einkommens- und Karrierechancen für Frauen offeriert Müttern aber kaum

---

73   So wie dieser Prozess bis heute in den Ländern des Südens auf anhaltenden Widerstand stößt.
74   Der Arbeitsmarkt benachteiligt Frauen vertikal, also in den Hierarchien und Aufstiegschancen, und horizontal, weil der Großteil der Frauen in den Niedriglohnsektoren tätig sind.

„Befreiung" durch die Erwerbstätigkeit. Die Hoffnung, auf diese Weise „Gleichheit" zu erlangen, hat sich als trügerisch erwiesen. Daten zur anhaltenden Ungleichheit liefern die Genderberichte der EU-Kommission. Gerade die Entwicklung in den ehemaligen sozialistischen Staaten hat gezeigt, dass Frauen keineswegs durch Arbeit „befreit" werden. Sie werden vielmehr neben der Dienstbarmachung im Haushalt auch auf dem Arbeitsmarkt als zusätzliche Ressource genutzt, wofür sie in der Regel nur gering entlohnt werden. Es sind die „hausfrauisierten", gering entlohnten, mit wenig Prestige versehenen Tätigkeiten, zumeist „assistierende" Dienstleistungsberufe mit „flexiblen" Arbeitszeiten, die berufstätige Mütter heute ausüben (Assistentinnen, Sekretärinnen, Krankenschwestern, etc.). Die „Karrierefrau" mit Kind(ern) stellt in der Praxis lediglich die Ausnahme dar.

Das Schlagwort „Vereinbarkeit"

Dass die Vereinbarkeit von Familie und Beruf gelingen muss, wird politisch damit begründet, dass

> „die Leistungen (der Familie) für die gesamte Gesellschaft unverzichtbar sind". Die Politik investiert in Familie, weil wir ohne die funktionierenden Strukturen in einen (…) unfinanzierbaren Polizei- und Therapiestaat schlittern würden" (Bartenstein 1998).

Das Zitat des ehemaligen österreichischen Familienministers verdeutlicht, wie unersetzlich die Leistungen im reproduktiven Bereich sind und wie bedeutsam für das Funktionieren des Staates. In immer neuen Variationen wird die Debatte aufgerollt – „Vereinbarkeit NEU" hieß zuletzt eine Broschüre des deutschen Familienministeriums (2015a).

Die Argumente der Diskussion gehen von bestehenden Strukturen aus, hinterfragen diese aber nicht. Das führt zu immer wiederkehrenden Rezepten der Politik, die der Realität nur bedingt gerecht werden. Als eine der politischen Strategien werden Audits eingesetzt. Durch Zertifizierungen werden Unternehmen zu einer familienfreundlichen Personalpolitik angehalten. Des Weiteren bestehen die Strategien im Wesentlichen aus drei Eckpfeilern. Da sind zum ersten monetäre Ersatzleistungen bei der Geburt eines Kindes, zum zweiten die Angebote der institutionellen und familienähnlichen Kinderbetreuung und zum dritten die Gestaltung der Arbeitszeit, u.a. die Forderung nach mehr Teilzeitarbeitsplätzen. Diese Rezepte unterschieden sich nur in der Bandbreite der Vorschläge von der politisch „Linken" zur politischen

„Mitte". Konkret variieren die Vorschläge bei der Anzahl (z.B. der Kinderbetreuungseinrichtungen), der Entgelthöhe (z.B. für Elterngeld/Karenzleistungen) oder dem Zeitausmaß (kürzere oder längere Varianten des Elterngeldes). Sie unterscheiden sich hingegen nicht in ihrem grundlegenden Ansatz.

Um nicht weiter fahrlässig zu suggerieren, dass Vereinbarkeit ohne Abstriche an der Lebensqualität von Kindern, Müttern und Vätern möglich ist, bedarf es allerdings einer umfassenderen Auseinandersetzung mit den Paradigmen von Politik und Arbeitswelt. Das Grundproblem besteht nämlich im angestrebten Zusammenspiel zweier per se divergierender sozialer Systeme, dem der Familie und dem des Arbeitsmarktes, die nach gänzlich unterschiedlichen Prinzipien funktionieren. Der kontinuierlichen Fürsorge, emotionalen Zuwendung und Betreuung von Familienangehörigen steht eine auf Flexibilität, Leistung und Effizienz abgestellte Arbeitswelt gegenüber.

Zu diesem systemimmanenten Widerspruch tritt die Frage nach der „vergeschlechtlichten" Gesellschaft. Die Arbeitsteilung zwischen Frauen und Männern spiegelt sich in Rahmenbedingungen wider, die selbst auf eben diese geschlechtsspezifische Verteilung Einfluss nehmen. Zu ihnen zählen der Arbeitsmarkt und politische Instrumente. Den Spagat zwischen Familie und Arbeit zu schaffen, soll durch familienpolitische Maßnahmen, durch die infrastrukturellen Einrichtungen und durch regionale Gegebenheiten ermöglicht werden. Tenor politischer Strategien zur Vereinbarkeitproblematik scheint zu sein: Wie ist es zu bewerkstelligen, dass die Erwerbsneigung von Frauen so aufgenommen und zugleich kanalisiert wird, dass Frauen ihre „eigentliche" Bestimmung als Hausfrau und Mutter nicht vernachlässigen.

Eine Studie auf europäischer und globalökonomischer Ebene zeigt auf, wie die differierenden Ansprüche von Politik und Marktwirtschaft zu gegensätzlichen Ergebnissen führen (Crompton 2001). Zum einen wird die Flexibilisierung eines liberalen Wirtschafts- und Arbeitsmarktes propagiert, zum anderen werden Unternehmen zur Familienfreundlichkeit ermutigt. Auf der individuellen Seite bewirkt der Druck auf die Erwerbstätigen, dass Betreuungsaufgaben noch schlechter vereinbart werden können. In Bezug auf die Väter konstatiert Crompton, dass die geringe Partizipation von Männern an der Familienarbeit nicht nur Maßnahmen speziell für Männer erfordere, sondern darüber hinaus eine kollektive marktregulierende Einflussnahme von Seiten des Staates (z.B. allgemeine Arbeitsstundenreduktion) notwendig sei.

Die Analyse der Vereinbarkeitsfrage zeigt also die Überforderung und das Leiden am System, die sich in Gesundheitssymptomen wie Stress und

Burnout äußern (BMF 2005). Selbst diese physischen Belastungen werden nicht als Demonstration der „Unvereinbarkeit" anerkannt, im Gegenteil. Statt einer grundsätzlichen Systemkritik Raum zu geben, gibt es von Arbeitnehmer- und Arbeitgebervertretungen beworbene Tipps zur praktischen Realisierung von „Work-Life-Balance"[75] und Burnout-Kliniken coachen zum (Wieder)Funktionieren im System.

Sieht man das Kalkül der „Work-Life-Balance" als Strategie der „Gouvernementalität"[76] (Foucault 2004), so ergibt sich ein neuer Blickwinkel. Nach Binder (2007) ist sie ein Symptom dafür, dass die Ökonomisierung des Privaten von neuer Seite einsetzt. „Work-Life-Balance" stellt die Eröffnung eines neuen Forschungsfeldes dar und biete weitere Möglichkeiten der Kommerzialisierung durch Beratung u.ä. Die Ungleichheit in den Geschlechterarrangements wird zur besseren Verwertung am Arbeitsplatz instrumentalisiert, z.B. die als weiblich geltenden „soft skills". Die Schulung zu verbessertem Management von Beruf und Familie verlagert das Risiko in den privaten Bereich und führt zu neuen bzw. in ihrer Struktur der geschlechtlichen Arbeitsteilung im Prinzip alten Alltagspraktiken.

Verbrämt werden solche Absichten durch das Instrumentarium der „neuen politischen Familienrhetorik", wie ich es nenne, die suggeriert, das gleichzeitige Tätigsein beider Geschlechter am Arbeitsmarkt und in der Familie sei ohne Abstriche an Lebensqualität machbar. Die neue Sprache verbirgt eine Strategie, die als „Ökonomisierung des Sozialen" (Pühl/Wöhl 2002) oder marktwirtschaftliche Durchdringung des Privaten bezeichnet werden kann. Es wird also das neoliberale Prinzip der Profitmaximierung auf die individuellen und familialen Verhältnisse übertragen und eventuelle negative Folgen individualisiert.

Das Schlagwort „Wahlfreiheit"

Ein weiteres Schlagwort der neuen Familienrhetorik ist die Rede von der Wahlfreiheit. Gemeint ist zumeist, dass Frauen die Wahl haben sollen zwischen Berufstätigkeit oder Familienarbeit oder einer Kombination beider Bereiche. Männer stellen nur am Rande die Adressaten der Wahlmöglich-

---

75 Z.B. Gymnastikübungen am Arbeitsplatz.
76 Gouvernementalität ist dabei als Konzept zum Begreifen impliziter Regierungsorientierung zu verstehen.

keiten dar. Dies wird durch eine Politik belegt, die nicht die Umverteilung reproduktiver und produktiver Tätigkeiten auf beide Geschlechter im gleichen Umfang einfordert, sondern bestehende Verhältnisse wiederholt und verstärkt.

Wahlfreiheit setzt eine Reihe struktureller Bedingungen voraus, die überhaupt erst eine Auswahl aus verschiedenen Möglichkeiten erlauben (Rille-Pfeiffer et al 2007a). Zum einen betrifft dies den Grad der Informiertheit. Wahlfreiheit bedingt, dass Menschen über mögliche Optionen Bescheid wissen und diese reflektieren. Zudem setzt Wahlfreiheit mehrere annähernd gleichwertige Alternativen voraus. Von Wahlfreiheit kann also nur dann gesprochen werden, wenn in der individuellen Situation die jeweiligen Möglichkeiten bestehen, aus denen ausgewählt werden kann. Diese umfassen das Vorhandensein eines Partners und seine Bereitschaft zur Teilhabe, die jeweiligen regionalen Gegebenheiten (öffentlicher Verkehr, Vorhandensein von Arbeitsplätzen), arbeitsmarktabhängige Faktoren wie das Ausmaß und die Verteilung der Arbeitszeit sowie die Nutzbarkeit institutioneller Kinderbetreuung (Erreichbarkeit, Öffnungszeiten).

Mangelt es an einer oder mehreren dieser wesentlichen Voraussetzungen, dann stehen auch nicht verschiedene Handlungsoptionen zur Verfügung und Betroffene, zumeist Frauen, finden sich in einer Zwangslage, die kaum Spielräume ermöglicht und in der von Wahlfreiheit nicht gesprochen werden kann.

Das „Wohl der Kinder" und die Kinderbetreuung

In der politischen Familienrhetorik wird vielfach vorgegeben, dass es keinen Widerspruch zwischen den Bedürfnissen von Frauen und Kindern geben dürfe. Da daran festgehalten wird, dass Kinder eigentlich drei Jahre zu Hause betreut werden sollen, wird parteipolitisch eine „qualitätvolle Kinderbetreuung" gefordert. Das propagierte Drei-Phasen-Modell sieht vor, dass die Frau nach der Geburt des Kindes zu Hause bleibt, im Kindergartenalter eine Berufstätigkeit in Teilzeit aufnimmt, um bei Schuleintritt des Kindes das Ausmaß der Berufstätigkeit wieder zu erhöhen.

In der politischen Debatte wird nur selten der Umstand in Frage gestellt, dass die Bedürfnisse der Kinder an die der Arbeitswelt angepasst werden. Eine solche Diskussion findet von sozialdemokratischer Seite vor allen Dingen deshalb nicht statt, weil sie wiederum konservative Mutterbilder bedienen würde, die davon ausgehen, dass die Mutter primär für das Wohl der

Kinder zuständig sei. Durch den Vertrag von Lissabon kamen alle europäischen Länder unter Druck, die Kinderbetreuungsplätze für unter dreijährige Kinder auszubauen (EU 2003). Nicht das primäre Interesse am Wohl der Kinder oder der Mütter und Väter steht dabei im Vordergrund, sondern die Unterordnung unter die Ziele der Produktivitätssteigerung. Statt also eine Struktur der unvereinbaren Systeme und der starren Geschlechterbilder zu hinterfragen, werden Mütter als Schuldige identifiziert, die durch Überforderung bei der Erziehung ihrer Kinder versagen oder ihre Kinderzahl niedrig halten.

Die Organisation der Nachwuchsbetreuung wird zwischen Müttern und dem Staat ausgehandelt. Die Rede von „Elternschaft" oder „Familie" blendet das Geschlechterverhältnis aus und lässt Väter außen vor, die damit nicht systematisch in die Pflicht genommen werden. Aus der Geschlechterperspektive gesehen, fällt noch ein weiterer Umstand auf: Insbesondere in christlich-konservativ regierten Bundesländern führt die Norm der halbtägigen institutionellen Betreuung dazu, dass Frauen am Vormittag ihrer Tätigkeit als Hausfrauen oder maximal einer Teilzeitbeschäftigung nachgehen können.

Der „Geburtenrückgang" und die Bevölkerungspolitik

Den Hintergrund aller Debatten um die Vereinbarkeit bildet die anhaltend (relativ) niedrige Geburtenzahl.[77] Bevölkerungsfragen befinden sich stets an der Schnittstelle zwischen Individuum und Staat und dessen Interesse an der Reproduktion seiner BürgerInnen. Bevölkerungspolitik hat sich als Reaktion auf – zumeist unerwünschte – Bevölkerungsentwicklungen etabliert. Während im englischen Sprachraum der Terminus „population policy" durchaus üblich ist, hat sich im Deutschen die Begrifflichkeit aufgrund der Anklänge an die Rassenhygiene des Nationalsozialismus nicht etabliert. Wie andere Staaten Europas bekennt sich auch Österreich nicht zu einer expliziten Bevölkerungspolitik. Vielmehr verbergen sich hinter der Sozial-, Familien-, Frauen- und Gesundheitspolitik Aspekte und Maßnahmen, die auf die Steuerung des generativen Verhaltens abzielen.

Die Politik wird von DemographInnen beraten, die regelmäßig ihre Ergebnisse zu Geburten- und Migrationszahlen sowie Alterung erläutern. In der

---

77 In Deutschland und Österreich bekommen Frauen durchschnittlich 1,4 Kinder.

deutschen Bundespolitik wird mittlerweile explizit eine „bevölkerungsorientierte Familienpolitik" eingefordert (z.b. BMFSFJ 2006) und pronatalistische Interventionen empfohlen. Es wird davon ausgegangen, dass eine Steigerung der Fertilität den Anteil der erwerbstätigen Bevölkerung anheben und damit ein stärkeres Wirtschaftswachstum bewirken würde.

Auch Bevölkerungs- und FamilienwissenschafterInnen fokussieren Bevölkerungspolitik vielfach in einer bestimmten Weise, nämlich als pronatalistische Politik (z.b. Thevenon 2006). Ausgangspunkt solcher Überlegungen ist die Rede vom „Geburtenrückgang in Europa". Tatsächlich sind die Geburtenraten Kontinentaleuropas national unterschiedlich schnell unter das „replacement niveau" von zwei Kindern pro Frau[78] gefallen. Vor diesem Hintergrund werden „family friendly policies" diskutiert. Auch die Vereinbarkeitsfrage wird in Politik und Bevölkerungswissenschaft unter der Prämisse gestellt, dass verbesserte Bedingungen für Familien vor allem deswegen hergestellt werden sollten, damit die Geburtenzahl steigt (z.b. Feichtinger et al 2013).

Mittlerweile hat sich die statistische Größe der Zwei-Kind-Familie zu einer verinnerlichten Norm entwickelt. Abweichende Kinderzahlen unterliegen Sanktionierungen und Ausgrenzungen. Kein Kind zu haben, gilt als selbstsüchtig und unsozial, da kein Beitrag zum Generationenvertrag geleistet würde. Bei einem Kind wird vorwiegend damit argumentiert, dass das Kind verwöhnt werde und sich in Zukunft nicht ausreichend in die Gesellschaft integrieren könne. Eltern von drei und mehr Kindern gelten dagegen geradezu als „zügellos" und „exotisch" und geraten – nicht nur finanziell – „ins Abseits".

Zu den Auswirkungen gegenwärtiger familienpolitischer Maßnahmen auf Zeitpunkt und Anzahl der Kinder, die eine Frau zur Welt bringt, gibt es für Europa, dem angelsächsischen Raum und Japan zahlreiche wissenschaftliche Publikationen (Neyer 2003, Sobotka 2015). Die Wirkung familienpolitischer Maßnahmen auf den Kinderwunsch und die angestrebte Familiengröße gilt allerdings innerhalb der demographischen Forschung als umstritten. Gemeinhin zeigen die Studien, dass politische Maßnahmen zur Familienförderung kaum Effekt auf die Geburtenraten haben.

---

78 Demographisch gesprochen: 2,1 Kinder pro Frau.

Auf der internationalen Konferenz „Can policies enhance fertility in Europe"[79] waren sich DemographInnen und in der EU-Politik tätige ExpertInnen weitgehend einig, dass eine einzelne Maßnahme kaum Effekte zeitigt, dagegen die sozialpolitische Struktur des „policy package" hinsichtlich der Geschlechterfrage entscheidend sei. Auch ein „Werteverfall", also der vielfach behauptete Verlust der „Familienzentriertheit" von Frauen, ist in europäischen Vergleichsstudien empirisch nicht nachzuweisen. Niedrige Geburtenraten und ein sinkender Kinderwunsch (Goldstein et al. 2003) sind nämlich in Ländern mit unterschiedlichstem „Familientraditionalismus" zu finden.

Die Lüge der Vereinbarkeitsdebatte

In Politik und Arbeitsmarkt suggeriert die neue politische Familienrhetorik von der „Vereinbarkeit von Familie und Beruf" einen neuen geschlechtergerechten Stil, der beide Bereiche von Arbeit harmonisch integrieren soll. Die Lüge besteht darin, dass die Kombatibilität zweier divergierende Systeme propagiert wird, die einander per se ausschließen. Menschen, die ihren Lebensunterhalt durch Erwerbstätigkeit auf dem Arbeitsmarkt sichern müssen und gleichzeitig Betreuungspflichten für Kinder, PartnerInnen oder Eltern haben, leiden an der Vielfalt der an sie gerichteten Ansprüche. Die Reaktion des miteinander verquickten politischen und ökonomischen Systems besteht aber darin, das Leiden nicht anzuerkennen bzw. auf Anpassung abzuzielen.

Notwendig wäre aber eine fundamentale Kritik am System einschließlich seiner Vorannahmen und vorausgesetzten Begrifflichkeiten: an der Unterwerfung des Menschen unter die wirtschaftsliberalen Zielsetzungen eines ungebremsten Wachstums, der Prekarisierung am Arbeitsmarkt, am Menschenbild der Ökonomie. Zu hinterfragen ist auch das institutionalisierte Ideal von Familie, die die emotionale Bürde für die psychische und physische Wiederherstellung der überlasteten Arbeitskraft allein tragen soll.

---

79 Dezember 2007 in Wien.

Kapitel 4
Die Wirtschaft mit der Familie

Die Familie und das globale Wirtschaftssystem bedingen einander in mehrfacher Weise. Zum einen baut die Marx'sche „Mehrwertproduktion auf der in der Familie geleisteten Gratisarbeit auf. Zum andern produziert die Kleinfamilie aufgrund ihrer Enge und Isoliertheit den für die Wirtschaft notwendigen Menschentypus: emotional bedürftig und daher süchtig nach äußerer Bestätigung durch Anerkennung und Erfolg, prädestiniert für Konsumbefriedigung und eine hierarchische Arbeitswelt. Und damit sich die Arbeitskraft überhaupt am Markt verdingen und als KonsumentIn beteiligen kann, benötigt sie wiederum den vielgerühmten „Rückhalt durch die Familie".

Ohne die Isoliertheit der Kleinfamilie, ihrer Abhängigkeit vom Arbeitsmarkt und die Abwesenheit von Subsistenzwirtschaft[80] gäbe es gar keinen Konsum am Markt. Eigener Grund und Boden, der landwirtschaftlich genutzt werden kann, würde nämlich teilweise ökonomische Unabhängigkeit garantieren. Die Einzelhaushalte verhindern zudem eine Solidarisierung von Menschen untereinander. Die Versorgung im Kleinfamilienhaushalt ist im Vergleich mit einer Gemeinschaft, in der die Kosten geteilt werden, weitaus teurer. Kleinfamilie ohne Marktwirtschaft ist also nicht denkbar. Daher lassen sich ohne eine Diskussion des neoliberalen Wirtschaftssystems, die in diesem Kapitel erfolgen soll, die Entwicklungen in der Kleinfamilie nicht erklären.

In der ehelichen Beziehung zeigt sich, dass Geld eine der primären Ursachen für die Belastung einer Partnerschaft ist; es gilt als häufigster Scheidungsgrund. Ökonomische Abhängigkeit, zumeist der Frau vom Ehemann/ Partner aufgrund der ungleichen Einkommenschancen, stellt die unausgewogene Basis der Beziehung dar. Die Situation verschärft sich, sobald Kinder geboren werden, denn das Einkommen der Mutter stagniert ab diesem Zeitpunkt oder nimmt sogar ab. In den deutschsprachigen Ländern führen das populäre Modell des einstweiligen Berufsausstiegs aufgrund von Karenzierung/ Elternzeit und die anschließende Teilzeitarbeit zu erheblichen Lohneinbußen.

---

80 Subsistenzwirtschaft bedeutet ein Auskommen durch die Bewirschaftung auf dem eigenen Land, eine Form der Ökonomie, die durch die Landlosigkeit der Mehrheit der Bevölkerung weitgehend verschwunden ist.

Das Paradoxe an der Situation ist, dass beides, eine „funktionierende Familie" und eine „erfüllende, gutbezahlte und prestigeträchtige Erwerbstätigkeit", die einzigen Heilsversprechen sind, die uns die Moderne zu bieten hat. Beide, Familie und Erwerbstätigkeit, erodieren aber. Und hier beschleicht einen der Verdacht, dass die Kleinfamilie vielleicht sowieso verunmöglicht, ganz und gar aufgelöst werden soll, aber nicht zugunsten alternativer Lebensformen.

Das Zerbrechen familialer Zusammenhänge mündet dann vielmehr in die Verzweiflung der Alleinerziehenden. Es zeichnet sich ein Szenario ab, dass Frauen daraufhin die Nachwuchsproduktion zur Gänze einstellen werden, um sie den Reproduktionstechnikern zu überlassen. Die Liberalisierung des Arbeitsmarktes trägt zur Verarmung des Mittelstandes bei und das Zurückfahren von Sozialleistungen verunmöglicht den bisherigen – relativen – Kinderreichtum der Unterschicht. In diesem Szenario wird es in Zukunft nur noch der besitzenden Schicht möglich sein, Kinder in die Welt zu setzen und menschenwürdig aufzuziehen.

Das Private ist Ökonomie – Familie und Haushalt

Die kontinuierliche, keine Unterbrechung duldende Fürsorge, Betreuung und Pflege von Kindern, alten und kranken Angehörigen, die Familienarbeit, wird aus dem Bruttoinlandsprodukt, also dem Maß der Wertschöpfung des Landes, ausgeklammert. SoziologInnen und ÖkonomInnen (Beham et al. 1999, Kuiper 2004, Mies 2015 u.a.) weisen seit Jahrzehnten darauf hin, dass die Betreuung von Kindern sowie die häusliche Kranken- oder Behindertenpflege nicht als produktive Leistungen der Volkswirtschaften gelten und daher für die Wirtschaft „unsichtbar" sind. Diese „Reproduktion" stellt aber die Basis für das Funktionieren der Ökonomie dar. In Analysen zur Berechnung des monetären Werts von Familien- und Haushaltstätigkeiten werden diese im „erweiterten Bruttoinlandsprodukt" miteinbezogen und mit rund der Hälfte des gesamten volkswirtschaftlichen Arbeitsvolumens veranschlagt.

Christel Neusüß und andere feministische Forscherinnen haben in den 1980er-Jahren aufgezeigt, dass zu den natürlichen Ressourcen nicht nur das gezählt wird, was die Natur hervorbringt oder die Erde an Bodenschätzen birgt, sondern auch das, was die Mutter durch Familienarbeit erzeugt, nämlich die Produktion von erwachsenen Menschen. Neusüß (1985) rechnete eindrucksvoll vor, wie ihre Mutter, die keinerlei eigenständige Pension erhielt, ihre vier Kinder großgezogen hatte, indem sie viel Arbeit und Zuwendung in das Heranwachsen neuer Arbeitskräfte investierte. Nach der Marktlogik müsste es ihr doch nun möglich sein, eben diese Leistung – die erwachsenen Arbeitskräfte – am Arbeitsmarkt zu verkaufen. Das kann sie aber nicht, sie bekommt im Gegenteil für ihr gesamtes Engagement keinerlei finanzielle Vergütung. Sie arbeitet daher der Marktwirtschaft gratis zu. Eben da hinkt die kapitalistische Logik und erweisen sich die Marx'schen Analysen als „patriarchale Kopfgeburten" (Neusüß 1985).

Zur Problematik der geschlechtsspezifischen Verteilung der Familienarbeit existiert eine Reihe von theoretischen Ansätzen, die dies zu erklären suchen.

Vielfach greifen sie auf das ökonomische Erklärungsmodell zurück, das von einer Nutzenmaximierung des Individuums ausgeht. Die Arbeitsteilung zwischen den Geschlechtern sei demnach Teil einer Optimierungsstrategie. Klassische Ökonomen wie Becker (1981) mit seinem Konzept des „Homo oeconomicus" betrachten die Familie als Produktions- (von Kindern, Gesundheit) und Verbrauchereinheit, in der die Individuen immer ihren Eigeninteressen folgen. Diesen Theorien unterliegt die Annahme, dass die Kleinfamilie die einzig vorstellbare familiale Form sei, dass sie als statische Einheit funktioniere und dass Frauen nicht nur unentgeltlich arbeiten, sondern sämtliche eigenen Interessen zugunsten der Kinder und des Ehemannes zurückstellen. An diesen Ansätzen wurde rasch Kritik nicht nur von feministischer Seite laut (Kuiper 2004 u.a.). Denn klar wird hier, dass das Menschenbild der klassischen Ökonomie zugleich ein männliches ist und Frauen ausschließt. Dennoch prägen gerade solche theoretischen Annahmen nicht nur das Funktionieren der kapitalistischen Marktwirtschaft, sondern auch das Allgemeinverständnis.

Im klassischen Verständnis dominieren mathematische Modelle die Ökonomie, wodurch sie zu einer „hard science" wird. Messbarkeit suggeriert dabei Objektivität. Die Wirtschaftswissenschaften rücken so in die Nähe der Naturwissenschaften und entfernen sich von den Sozialwissenschaften. Es werden ökonomische „Gesetze" postuliert, die in den Rang von Naturgesetzen gehoben werden (Michalitsch 2000). Patriarchale Machtverhältnisse, wie sie in der Kleinfamilie vorherrschen, werden dadurch naturalisiert.

Rationales Wahlverhalten unter dem Dogma der Nutzenmaximierung als zentrales Axiom der Ökonomik entzieht Macht, Normen, Werte, Interessen oder Interdependenzen der Reflexion und legitimiert bestehende Herrschaftsverhältnisse, nicht zuletzt die Hierarchie der Geschlechter. (Michalitsch 2000, 95)

Systemtheoretische Ansätze gehen wiederum davon aus, dass die unterschiedliche Menge an Zeit, die Mütter und Väter mit ihren Kindern verbringen, nicht notwendigerweise mit einem geringeren Einfluss der Väter einhergehen müsse (Bäcker 2005). Die Sozialstruktur-Theorie wiederum konzentriert sich auf den ungleichen Zugang zu Marktressourcen (Beck 1983). Frauen würden aufgrund der tendenziellen Unterbewertung weiblicher Arbeit eher in das „Breadwinner-homemaker-Arrangement" gedrängt.

Im Unterschied zur Sozialstruktur-Theorie und Beckers Humankapitaltheorie gehen Ansätze der Geschlechterforschung davon aus, dass die Zuständigkeit für den reproduktiven Bereich entscheidend für die Verortung der Frau im öffentlichen Terrain ist. Politisch wird die Anerkennung der Hausfrau und Mutter in Form des Eltern-Kinderbetreuungsgeldes zum Ausdruck gebracht; gleichzeitig erfolgt damit ein Einschnitt in der Lebensbiographie von Frauen. Sie treten für eine gewisse Zeitspanne aus dem Arbeitsmarkt aus und haben damit in der Folge wiederum verringerte Einkommens- und Karrierechancen zu gewärtigen. Tatsächlich erwiesen sich die reproduktiven Jahre – auf die gesamte Lebensspanne gerechnet – als entscheidend für die soziale und finanzielle Schlechterstellung von Frauen.

PolitologInnen halten den dauerhaften Widerstand patriarchal geprägter Institutionen und Strukturen, der sich an der Einkommensschere und den Karrierehindernissen von Frauen zeigt, für systemimmanent. Sie haben wiederholt gezeigt, dass dem „Geschlechtervertrag" (Pateman 1988), auf dem unser Verständnis von Staatsbürgerschaft beruht, die geschlechtsspezifische Arbeitsteilung und der staatlich sanktionierte Ausschluss von Frauen aus der Öffentlichkeit zugrunde liegen. Diese Analysen standen am Anfang der zweiten Frauenbewegung, haben aber nichts von ihrer Aktualität eingebüßt.

Historisch nachweisbar (Hausen 1993) hing die (geringe) Bezahlung oder Nicht-Bezahlung von Frauen seit Erfindung der Lohnarbeit in der industriellen Revolution von deren ehelichem Status ab. Ihre Arbeit erhielt den Wert nicht über den Markt. Häusliche Arbeit von Bediensteten wurde als Lohnarbeit bezahlt, Prestige aber hatte nur die (unbezahlte) Hausarbeit als Ehefrau. Entgegen der Vorstellung, dass Frauen vor dem 20. Jahrhundert kaum erwerbstätig gewesen seien, zeigt sich z.B. für das Kaiserreich Österreich-Ungarn, dass fast die Hälfte der unselbständig Erwerbstätigen Frauen waren. Das Ideal der ausschließlichen Mutterrolle galt nur für die besitzenden bürgerlichen Schichten. Die Kinder mittelloser berufstätiger Frauen wurden in Findelhäuser geschickt oder bei Kostfamilien untergebracht.

Was bedeutet neoliberales Wirtschaften?

Um zu verstehen, was es mit der Rede von den wirtschaftlichen „Transformationsprozessen" auf sich hat, die den Charakter von Erwerbsarbeit so grundlegend verändern, müssen wir darauf eingehen, wo das „neo" der „liberalen" kapitalistischen Wirtschaft herkommt. Es entstammt der Theorie Milton Friedmans und seiner Anhänger. In Chile wurde in den 1970ern begonnen, was sich seither über die Welt zieht und die einst privilegierten Arbeitskräfte des Nordens den immer schon rechtlosen des Südens gleichstellt.

Naomi Klein (2007) nennt den Neoliberalismus „Katastrophen-Kapitalismus", weil er zumeist damit beginnt, eine Katastrophe herbeizuführen oder eine eintretende Katastrophe (z.B. Hurrikan Katrina in New Orleans) dafür zu nutzen, überfallartig ein altes System (z.B. öffentliche Schulen und Universitäten) abzuschaffen und schnellstens zu „privatisieren". Friedmans Doktrin wurde erstmals in Chile erprobt, als ein ganzes Land in Terror versank. Um die erwünschte „Tabula rasa" zur Errichtung eines neuen Wirtschaftssystems herzustellen, wurde jeder Widerstand gewaltsam niedergeschlagen. Dieses Rezept wird seither weltweit erprobt. Staatlicher Besitz wird verkauft, staatliche Funktionen werden ausgelagert und von Privatunternehmen übernommen. Deren Einsatz wird mit öffentlichen Geldern bezahlt. Die Prinzipien sind:

- strikte Hierarchien;
- Profitmaximierung;
- Konkurrenz, Eigennutz und Vereinzelung;
- es wird bestritten, dass es ein Gemeinwohl gäbe;
- „Privatisierung" bisheriger Kernfunktionen des Staates und seines Eigentums; und
- Ausschaltung der Kontrolle durch die Politik.

Im Vergleich zum alten „Postfordismus" ist am Neoliberalismus neu, dass die bisherige Verantwortung des Staates lückenlos ausgeschaltet und alle seine Bereiche, nicht nur der Sozialstaat, privatisiert werden sollen (Ritzer/Stepnisky 2017). Schulen, Gesundheit etc. wird nun in eine „commodity" (Handelsware) verwandelt, also ein Produkt, mit dem Profit erwirtschaftet werden kann. Derzeit (Dezember 2016) in Vorbereitung ist die Verwandlung aller USamerikanischer Schulen in „For-profit" Einrichtungen. In den USA sind auch extrem sensible Dienste „privatisiert" worden, z.B. Kriegs- und Katastropheneinsätze. In Europa müssen die Begehrlichkeiten der „Privatisierer", d.h. der Konzerne, noch mit Widerstand rechnen; zuletzt gegen das von US-Konzernen vorbereitete Transatlantische Freihandelsabkommen (TTIP)[81]. Ein weiteres Abkommens mit Kanada (CETA) wurde von der EU allerdings 2016 unterzeichnet.

Die Grundprinzipien der in Chicago gelehrten ökonomischen Theorie sind die Beseitigung der öffentlichen Sphäre, Deregulierung der Arbeitsmärkte und Bereitstellung nur dürftigster Sozialausgaben (z.B. Essensmarken für Arbeitslose). Klein (2007) konstatiert, dass sich in allen Ländern, in denen die Berater der Chicagoer Schule ihre Strategien etabliert haben, die Herrschaft einiger weniger Großunternehmer und eine Schicht reich gewordener Politiker durchgesetzt habe.

1969 war Friedman noch als „Giftzwerg" bezeichnet worden (Klein 2007) und er konnte nur einige „Drittweltländer" für seine Ziele begeistern. Für die Marktwirtschaften der USA und Westeuropas kam seine Zeit in den 1980er-Jahren, als Margaret Thatcher und Ronald Reagan die „Freiheit der Märkte" ausriefen. 1989 wurde der sogenannte „Washington Consensus" formuliert, der durch „Deregulierung, Liberalisierung und Privatisierung" weltweit zu „Freiheit, allgemein steigendem Wohlstand und Wachstum" führen sollte. Seither hat die neoliberale Sprachregelung überall Eingang gefunden. Statt einer Freiheit der Märkte und vollständiger Konkurrenz unter vielen „Playern" setzten sich bald wenige riesige Konzerne durch, die nun die Spielregeln bestimmen. Von vielen neuen privaten EigentümerInnen kann also bei „Privatisierung" nicht die Rede sein.

Von Anfang an wurden alle Abkommen geheim verhandelt und die Öffentlichkeit erfuhr von den konkreten Inhalten erst im Nachhinein. 1995 trat das Freihandelsabkommen NAFTA[82] zwischen den USA, Mexiko und Kanada in Kraft und mit ihm die Öffnung aller Märkte (Banken, Energie, Transport). Im selben Jahr wurde weltweit das General Agreement on Trade

---

81 Das TTIP wurde seit 2013 zwischen den USA und der EU verhandelt und kam durch Präsident Trump 2017 zum Erliegen.

82 Im amerikanischen Volksmund wird das NAFTA-Abkommen aufgrund des seither explodierenden Drogenhandels „North American Drug Agreement" genannt.

in Services (GATS) eingeführt, das seit 2000 neu verhandelt wird, da die Widerstände vor allem aus den Ländern des Südens groß sind (Ziegler 2012). Beide läuteten eine neue Phase der „Liberalisierung" ein. Das GATS öffnete alle Dienstleistungen der Kommerzialisierung, wobei auch Gesundheit, Bildung, Pensionen etc. schrittweise freigegeben werden. Ziel ist, alle staatlichen Monopole zu Fall zu bringen.

Noch gibt es innerhalb der EU Widerstände, die den demokratischen Gestaltungsraum bedroht sehen. Die einzelnen Länder haben als Mitglieder des Wirtschaftsblocks EU nur noch geringen Spielraum, sich den Privatisierungsprozessen seit den 1990ern zu widersetzen. Der öffentliche Sektor wird seither in „sich lohnende Bereiche" aufgeteilt, die der Privatisierung zugeführt werden sollen. In den einzelnen europäischen Ländern ist dieser Prozess unterschiedlich schnell vor sich gegangen. In Österreich begann die Umsetzung mit den „Sparpaketen" zu Beginn der konservativ-freiheitlichen Koalition im Jahr 2000, als ein „Reformstau" konstatiert wurde. Überfallartig wurden tausende Bundeswohnungen veräußert, die Post privatisiert, die Universitäten und andere staatlich verwaltete Institutionen „ausgelagert" (Statistik Austria u.a.). Mit dem Privatisierungswahn ging die neoliberale Rhetorik einher, die die Fakten verschleiern sollte: der Staat solle „verschlankt" werden, die notwendigen „Reformen" durchgeführt und allerorts sollten „Berater" die Prozesse „optimieren". Damit wurde das Bild eines gefräßigen, unnötigen Staates suggeriert.[83] Ins Stocken gerieten die Privatisierung der Pensionen und der Bahn, hauptsächlich durch den Zusammenbruch der Aktienmärkte im Jahr 2008, und das bis dahin geltende Verbot einer Kritik am Neoliberalismus fand ein Ende.

In Planung ist auch der Ausverkauf auch jener Naturressourcen, die bisher nicht als Ware verstanden wurden, d.h. Bildung, Energie, Gesundheit und – zumindest in den USA – Wasserversorgung. Sie sollen von nun an als Dienstleistungen durch Konzerne angeboten werden, die den Preis diktieren und Qualitätskontrollen umgehen können. Auch die „Commons", d.h. noch nicht ökonomisch genutzte Gebiete wie z.B. Meere, Regenwälder und Gegenden, die Bodenschätze oder genetische Vielfalt bergen oder von geopolitischem Interesse sind, werden nun „durch mehr oder weniger räuberische Formen der Aneignung" (Werlhof 2009b) privatisiert.

---

83 Die Presse. 18.7.2015.

Die Logik des Neoliberalismus als einer Art totalem Neo-Merkantilismus heißt also: Alle Ressourcen, alle Märkte, alles Geld, alle Profite, alle Produktionsmittel, alle „Investitions"-Möglichkeiten, alle Rechte und alle Macht auf der Welt den Konzernen! „Die Konzerne kriegen alles!" (frei nach Sennett 2005), und zwar sofort. Sie können damit sogar machen, was sie wollen. Niemand hat ihnen dreinzureden. Und sie dürfen den ganzen Globus buchstäblich aufs Spiel setzen, denn man muss ihnen gestatten, einen Weg aus ihrer Krise zu finden. Eine Verantwortung tragen sie nicht. Der bisherige Gesellschaftsvertrag ist aufgekündigt. (Werlhof 2009b, 15)

Was Europa noch bevorsteht, machen die USA seit langem vor: Die Privatisierungswelle der 1970er- und 1980er-Jahre hatte die großen Staatsunternehmen in allen Sektoren, von der Wasser- und Stromversorgung bis zum Betrieb von Autobahnen und zur Müllabfuhr, entweder verkauft oder ausgelagert. In den 1990er-Jahren waren dem Staat nur noch die „Kernaufgaben" geblieben. Funktionen, von denen es unvorstellbar war, dass sie nicht in staatlicher Hand liegen könnten: Militär, Polizei, Gefängnisse, Geheimdienste, Grenzsicherung, Seuchenbekämpfung, das Schulsystem und die staatliche Verwaltung. Es galt damals das Tabu zu brechen, auch sie in eine schnelle Quelle von Reichtum zu verwandeln und all diese Einrichtungen und Dienste in „commodities", also in profitable Waren zu transformieren. Darüber hinaus hatte die Privatisierung von Polizei, Militär, Geheimdienst und Katastrophendiensten den Vorteil, dass nun die Konzerne selbst über die Infrastruktur zur Erzeugung von Krisen verfügten. Zur Zeit der Vorbereitung der Drucklegung dieses Manuskriptes[84] bereiteten die Konzerne und die Finanzmärkte durch ihre Vertreter (Exxon, Goldman Sachs u.a.) ihren direkten Einzug ins Weiße Haus vor und die Ausschaltung aller Regelungen, die sie noch am „totalen Profit" hindern könnten.

Wer glaubt, die Krise von 2008 und der Zusammenbruch der Finanzmärkte sei singulär gewesen, wird desillusioniert. Vielmehr wurden alle Finanzkrisen der letzten 30 Jahre dazu benutzt, gegen die Bevölkerungsmehrheit gerichtete Politiken durchzusetzen (WIDE 2010). Wo in Europa bisher die neoliberale Doktrin noch nicht etabliert werden konnte, sollen nun durch Transatlantische Freihandelsabkommen alle Hemmnisse beseitigt werden. Wiewohl angeblich die Wirtschaft an all diesen Entwicklungen Schuld ist, sind es die (europäischen) Regierungen selbst, die sie durchgesetzt haben. Werlhof schreibt:

---

84 Jänner 2017.

Die PolitikerInnen, die uns weismachen, dass die „Reformpolitik" keineswegs ein Problem, sondern die Lösung aller Probleme sei, und uns ansonsten mitteilen, dass gegen die Globalisierung kein Kraut gewachsen sei, haben den global ausgerichteten Neoliberalismus, von dem sie nicht sprechen, eigenhändig eingeführt und durchgesetzt. (Werlhof 2009b, 16)

Die Regierungen taten das sowohl im nationalen Rahmen, wie auch durch ihre Beteiligung in den Gremien der EU und Welthandelsorganisation (World Trade Organisation, WTO), Weltbank und des Internationalen Währungsfonds (IWF). Neoliberale Regierungen werden in Inkassostellen der Banken und Konzerne verwandelt.

Mies und Werlhof zitierend schreibt Attac zu den weltweiten „Freihandelsabkommen", sie seien der Versuch,

die gesamte Natur, Tiere und Pflanzen, Stoffe und Landschaften, den gesamten Menschen mit Haut und Haar und alles, was Menschen ausmacht, Arbeit und Freizeit, Sexualität und Schwangerschaft, Geborenwerden und Leben, Sterben, Töten und Tod, Frieden und Krieg, Wünsche und Wille, Geist und Seele (…) in „Waren" bzw. kommerzielle „Dienstleistungen" zu verwandeln, um daraus Profit zu schlagen. (Frauennetz Attac 2003)

Spätestens seit Maria Mies' Buch zu Kapital und Patriarchat – 2015 wiederaufgelegt – kann der patriarchale Charakter von Kapitalismus nicht mehr geleugnet werden: er wird ermöglicht durch die Unsichtbarmachung der Frauenarbeit, die Gewalt gegen Frauen, gegen die Natur und die an Bodenschätzen reichen Länder des Südens im Verein mit den Prinzipien der strikten Hierarchien, Dominanz und Profitmaximierung.

Der Profit entsteht hauptsächlich an der Börse, die darum bemüht ist, alle Menschen in Aktionäre zu verwandeln und sie dadurch zu Mitschuldigen an der Ausbeutung von Ressourcen (z.B. Bodenschätze in Afrika) und Menschen zu machen. Fast alle Produktion ist abgewandert in Sweatshops und Fabriken in Südostasien, China, Südamerika und auch Europa (Türkei), wo kein nennenswerter Arbeitnehmerschutz existiert. Die Verlierer des Systems werden im Wettbewerb um das Wenige – Arbeitsstellen, staatliche Leistungen etc. – aufeinandergehetzt. Und genau hier setzt alle populistische Aufwiegelung gegen ausländische Arbeitskräfte und „Sozialschmarotzer" an.

Auch in kritischen Analysen wird oft übersehen, dass es keine kapitalistische Wirtschaft gibt, ob neoliberal oder klassisch kapitalistisch, die nicht patriarchalen Prinzipien folgen würde. Denn Wirtschaft hat nicht mehr mit der Ursprungsbedeutung von „Oikos", dem „Versorgen mit dem Lebensnotwendigen" zu tun, sondern im Gegenteil wird Lebendiges in Totes – die

Ware – transformiert. Ihr zerstörerisches Konzept geht mit der „Maschinisierung" der Menschen selbst und der ganzen lebendigen Welt (Genth 2002) einher, die in eine Geldmaschine transformiert wird. Insofern kann moderne Arbeit als Beihilfe zur Vernichtung der lebendigen Welt verstanden werden.

Was passiert mit der Arbeit?

Als Marx den Kapitalismus analysierte, zeigte er, dass die Nutzung sogenannter „natürlicher Ressourcen" wie Land und Arbeitskraft notwendig ist, um Kapital zu generieren. Aber was bedeutet das für den Faktor Arbeit, für ihren Charakter, ihre Qualität und ihre Sicherheit, wenn die obersten Ziele der globalen Wirtschaft Konzernkonzentration und Profitmaximierung sind?

Durch die Ausbreitung des neoliberalen Wirtschaftsverständnisses gehen immer mehr der „Normalarbeitsverhältnisse" im öffentlichen und im bisherigen privaten Sektor der Klein- und Mittelbetriebe verloren. Letztere stellten lange Zeit immerhin rund 80 % der Arbeitsplätze dar. Der angebliche Zusammenhang von Wirtschaftswachstum und steigender Zahl von Arbeitsplätzen, der z.B. im TTIP-Abkommen beschworen wird, ist nachweislich nicht vorhanden. Da Wachstum nur mehr in der Fusion von Unternehmen besteht, gehen sogar immer mehr von ihnen verloren (Mies/Werlhof 2003, 7ff).

„Where have all the Workers Gone" fragt das Wall Street Journal[85], selbst Stimme der neoliberalen Ökonomie. Nach deren Logik müssten „freigesetzte" Arbeitskräfte woanders zu einem niedrigeren Lohn wiedereingestellt werden. Stattdessen hat sich insgesamt die Arbeitsmarktbeteiligung verringert, was bedeutet, dass viele potentielle Arbeitskräfte überhaupt aus der offiziellen Statistik gefallen sind. Und es gilt die Regel, dass gut bezahlte Arbeit verschwindet und durch Robotertechnik und Mindestlohnarbeitsplätze ersetzt werden. Die Wirtschaft benötigt also insgesamt nicht mehr so viele Arbeitskräfte.

Die meisten neuen Arbeitsverhältnisse, wo es sie überhaupt gibt, sind „prekär", also nur Teilzeitarbeitsplätze bzw. niedrig entlohnt und arbeitsrechtlich immer weniger geschützt. Der eigene Unterhalt, und schon gar der eines ganzen Haushaltes, kann mit ihnen nicht bestritten werden. Damit werden die Arbeitsbedingungen im Norden denen im Süden und die der Männer

---

85   Wall Street Journal, 5.–6.4.2014

denen der Frauen tendenziell angeglichen, anstatt umgekehrt, wie man und frau bisher annahmen (Werlhof 2009b). Auch können Konzerne nun damit drohen, noch mehr in den Süden – bzw. in den Osten – abzuwandern und die Arbeitsplätze im Norden abzubauen. Viele Arbeitsplätze verschwinden auch, weil die Computerisierung dafür sorgt, dass auch im Verwaltungs- und Bürobereich die Maschinisierung Einzug gehalten hat. Durch Automatisierung und Digitalisierung soll der Mensch neuerdings „gar keine Rolle mehr spielen" (WirtschaftsNachrichten Spezial 2015, 7). Die „vierte industrielle Revolution" schaffe zwar neue hochqualifizierte Arbeitsplätze – doch diese werden alle im Bereich der MINTSs – Mathematik, Ingenieurwesen Naturwissenschaften und Technik – sein.

Die Drohung, dass die „Wettbewerbsfähigkeit der „Hochlohn-Standorte" Deutschland, Österreich und der Schweiz aufrechterhalten werden müsse, sorgt für sinkende Löhne. Die von Fortschrittsbegeisterten nicht vorgesehene Kombination von „Hightech" und „Low" oder gar „No Wage" zeigt, dass sich die für den Außenhandel so zentralen „komparativen Kostenvorteile" hauptsächlich auf die Arbeitskosten beziehen. Die Null-Entlohnung trifft in den USA auf bestimmte Sparten bereits zu, etwa auf das Dienstpersonal in der Gastronomie, deren Bezahlung als „tip" vollständig auf die GästInnen abgewälzt wird. Die Senkung der Lohnkosten wird solange andauern, bis auch in Europa „chinesische Löhne" Einzug halten (Werlhof 2009b).

Als eine Variante der Freihandelsideologie kann die 2006 in Kraft getretene, nach dem ehemaligen EU-Kommissar benannte „Bolkestein-Richtlinie" angesehen werden, die eine Art Privatisierung der Entlohnung innerhalb der EU vorsieht. Demnach können Arbeitskräfte, die in der EU mobil sind, zu den Löhnen ihrer jeweiligen Herkunftsländer bezahlt werden, unabhängig davon, ob in dem Land, wo die Arbeit erbracht wird, im entsprechenden Bereich höhere Löhne gelten. Das führt zu Lohndumping, wenn beispielsweise westeuropäische Arbeitskräfte gegen osteuropäische ausgetauscht werden, wie im Pflegebereich schon üblich.

Zur Versorgungsarbeit im Haus kommt für die Frauen also die schlecht bezahlte, „hausfrauisierte" Arbeit außerhalb des Hauses, denn nur eine kleine Schicht von Frauen verfügt über einen qualitativ hochwertigen Arbeitsplatz und erhält überdurchschnittliche Entlohnung. Die Arbeitsbelastung und Unterbezahlung von Frauen nimmt dabei unerträgliche Ausmaße an. In den USA hat sich das Arbeitsaufkommen für Frauen im mittleren Alter enorm erhöht und gleichzeitig stieg erstmals die Todesrate von Frauen gegenüber Männern stark an.[86]

Die Kommerzialisierung macht auch vor der Haustür nicht halt: Die unsichere Ich-AG als Arbeitsplatz zu Hause betrifft in hohem Maße Frauen. Das zeigt nicht nur, wie wenig die sogenannte „Emanzipation" dazu führt, dass Frauen Männern „gleichgestellt" werden, sondern auch, dass die kapitalistische Entwicklung keineswegs in einer Zunahme „freier" Lohnarbeitsverhältnisse bestehen muss.

Gesellschaftspolitische Analysen gehen trotzdem von einer Norm von Erwerbsarbeit aus, als ob es diese noch gäbe. Die Vereinbarkeit von Familie und Beruf wird auf dem Hintergrund der neoliberalen Entwicklungen zum unmöglichen Spagat.

Was wir heute unter Arbeit verstehen, ist eine Erfindung der Moderne (Gorz 1994). Sie ist das, was von anderen nachgefragt, für nützlich befunden und deswegen entlohnt wird. Eine Arbeit zu haben, verspricht Freiheit und Anerkennung. Die Höhe des Lohns wurde seit der Industrialisierung völlig willkürlich festgelegt. Arbeiten in Subsistenzproduktion, also für den Eigenbedarf, mit Nutzung der Allmende[87] sowie nachbarschaftliche Gegenseitigkeit (Bennhold-Thomsen 2010), gelten dagegen als vormodern und werden dem Reich der Natur zugeordnet.

In der Antike verrichteten nur Sklaven und Frauen Arbeit, niemals männliche besitzende Bürger. Bis ins 18. Jahrhundert wurde als Arbeit die Mühsal der Knechte, Mägde und Taglöhner bezeichnet. Handel und Handwerk waren dagegen durch eine bestimmte Lebensweise gekennzeichnet, die ebenfalls nicht als Arbeit bezeichnet wurde. Da ging es wenig um Konkurrenz und (Zeit-)Knappheit, sondern um ein langsames, interaktives „Werktätigsein". Erst der Industriekapitalismus erfand die ganztägige Arbeit, die nur gegen großen Widerstand der Arbeiterschaft durchgesetzt werden konnte.

> Der Widerwillen der Arbeiter, Tag für Tag einen ganzen Arbeitstag zu bestreiten, war die Hauptursache für den Bankrott der ersten Fabriken. Die Bourgeoisie führte diesen Wiederwillen auf „Faulheit" und „Trägheit" zurück. Sie sah keine andere Möglichkeit, damit fertigzuwerden, als derart niedrige Löhne zu zahlen, dass man sich tagtäglich mindestens 10 Stunden plagen musste, um seinen Lebensunterhalt zu verdienen. (Gorz 1994, 39)

---

86 New York Times 5.6.2016.
87 Der Allgemeinheit gehörendes Land.

Die Geringbezahlung der Frauen, die sich bis heute hält, geht auf den Feuda-
lismus und die agrarische und gewerbliche Warenherstellung zurück
(Wunder 1993). Grundsätzlich teilten sich Tätigkeiten in Männer- und Frauenarbeit, wobei Frauenlohnarbeit immer als minderwertig galt, weil Frauen
sie ausführten. Heute werden von Frauen dominierte Berufe durch den Ein-
tritt von Männern teurer (z.B. Pflegeberufe) bzw. sinken Anerkennung und
Bezahlung „verweiblichter" Berufssparten (z.B. LehrerInnen). Diese Strategie setzte historisch früh ein, als Männer in Frauenarbeitsbereiche wechselten
und

> ihr aber dann den Charakter qualifizierter Lohnarbeit (verliehen), indem sie diese
> Arbeiten nicht wie Mägde neben vielen anderen Arbeiten verrichteten, sondern
> sich auf wenige Arbeitsgänge spezialisierten (…) und mit besserer Entlohnung
> als ausschließliche Tätigkeit ausübten. (Wunder 1993, 32)

Arbeit ist heute zum „gesellschaftlichen Zwangsprinzip" geworden (Krisis
1999), ohne sie droht der gesellschaftliche Ausschluss. Die „Arbeitsscheuen"
mussten und müssen aufs äußerste bekämpft werden. Und das ist unabhängig
von der ideologischen Ausrichtung einer Regierung, ob Christlich-konservative, SozialdemokratInnen oder KommunistInnen. Arbeit wurde zum Le-
benszweck und zu einer Art Naturgesetz erhoben, wobei weder Existenzsicherung noch Sinnhaftigkeit als Begründung dienen müssen.

> Humankapital (…) bedeutet die menschliche Denkfähigkeit massenhaft und glo-
> bal auf den Kommerz, die Konkurrenz, den Gehorsam und die entsprechende
> Eindimensionalität sowie die damit einhergehende Fremdbestimmung zu reduzie-
> ren. (Werlhof 2010, 43)

Als die Französin Corinne Maier (2006) die sinnentleerte Arbeitswelt in
einem französischen Energiekonzern beschrieb, ging ein Aufschrei durchs
Land. Sie rief nämlich ArbeitnehmerInnen dazu auf, ihren Arbeitgebern das
Engagement aufzukündigen und ihrerseits alle Verantwortung abzulehnen.
Unternehmen, monierte sie, geraten zu hohlen Gebäuden, in denen Scheintä-
tigkeiten ausgeübt würden. Adäquate Berufsbezeichnungen und konkrete
Tätigkeiten verschwänden und die aus den USA übernommenen Sprachre-
gelungen verschleierten die hohlen Phrasen. Das „Nutzlose soll unverzichtbar
gemacht werden", schrieb sie.

Verantwortlichkeit, Fachlichkeit und Zuständigkeit werden in der neuen
Arbeits-Maschine gestrichen und wegrationalisiert. Persönliche Wertschätzung, Anstand und Respekt sind nicht gewünscht in einer Logik, die Profit
über alles stellt. Die „Liberalisierung der Arbeitszeiten" garantiert Konzernen

die totale Verfügbarkeit der „human resource", selbst dann, wenn nicht einmal mehr Nachtruhezeiten garantiert sind.[88] Das allerorts steigende Burnout-Syndrom geht auf die neue Arbeitsethik zurück. Ein Ausbrennen geschieht dann, wenn nicht mehr Sinnhaftigkeit und die Fähigkeiten der Einzelnen Teil des Arbeitsprofils sind. „Ausbeutung" der Arbeitskräfte sei immer schon Ziel der Arbeitgeber gewesen, moniert ein Leserbrief zu diesem Thema in der New York Times[89], neu sei aber, dass nicht einmal mehr vorgegeben wird, eine Ethik zu vertreten. Selbst die Banker an der Wallstreet, die eben dieses Wirtschaftsmodell vorantreiben, werden Opfer einer „culture of overwork". Junge (Investment) Banker erliegen einer männlichkeitszentrierten Kultur von 60 bis 80 Arbeitsstunden, nächtlichem Alkohol- und Drogenkonsum und Bordellbesuchen. Eine steigende Selbstmordrate und mancher Tod durch Herzstillstand sind die Folgen.[90]

Die am Arbeitsmarkt funktionierenden Regeln stehen allem entgegen, was das emotionale und familiale Leben ausmachen soll. Wo Marx noch die Gewalt darin sah, dass der Sklave zur Arbeit gezwungen werde, also die Arbeitskraft mittels „ökonomischer Gewalt" hergestellt wurde, wird heute die freiwillige Selbstunterwerfung erwartet.

Wer glaubt, die Arbeitsangebote besserten sich, wird eines anderen belehrt. Europa stehen amerikanische Zeiten bevor. Die Strukturen der Arbeitswelt in den USA zeigen die Aufspaltung in eine Managerschicht, die die Konzerngesetze durchsetzt, und eine verarmende Unterschicht, die die notwendigen Arbeiten ausführt. Da deren Löhne den Lebensunterhalt nicht decken, müssen sie eine Zweit- bzw. Drittbeschäftigung annehmen. Nicht nur sind die Löhne gesunken, auch ehemals staatliche Leistungen wurden privatisiert. Schulen, Colleges und Gesundheit verursachen neue, enorm hohe Kosten. Freie Wochenenden gibt es nicht, eventuelle Urlaubsansprüche werden nur tageweise in Anspruch genommen.

Die Lohnentwicklung zeigt uns, dass nicht nur die Lohnschere zwischen Männern und Frauen in ganz Europa unverändert besteht, sondern dass das Lohnniveau insgesamt in den letzten 20 Jahren kontinuierlich gesunken ist, und zwar zugunsten einer Anhäufung von Vermögen für einige wenige. Das Sinken des Lohnniveaus hat seinen Grund im rigorosen Wegrationalisieren

---

88   New York Times, 22.2.2016.
89   Leserbrief New York Times, 17.4.2016.
90   New York Times. 4.10.2016.

der „alten" Arbeitskraft zugunsten des billigen Einsatzes der „jungen", die keinerlei Sicherheiten und Verantwortlichkeiten des Unternehmens mehr kennt. Dafür haben die Aufweichung des Arbeitsrechts, auch Deregulierung genannt, und die Entmachtung der Gewerkschaften gesorgt. Die Selbst-Vermarktung und Ich-AG wird propagiert, um sich selbst als Ware zu optimieren. Ältere Arbeitnehmerinnen werden nicht zuletzt deswegen vom Arbeitsmarkt verdrängt, um den möglichen Widerstand der Arbeiterschaft im Keim zu ersticken. Sie gewöhnen sich nämlich nicht daran, „wie rabiat Andersdenkende beiseite geschoben, mundtot gemacht, ausgemustert werden". [91]

Deshalb ist der Wunsch nach einer „heilen Familienwelt", die alle diese Gefühle der Angst und Unzufriedenheit auffangen soll, nur allzu verständlich. Aber der auf eine isolierte Zelle geschrumpfte familiale Raum ist gar nicht imstande, die Folgen der sich massiv verschärfenden Arbeitskultur abzufedern. Denn die Kleinfamilie ist selbst ein höchst fragiles Konstrukt, das sich emotional unentwegt selbst aufladen muss.

Es ist aber nicht nur so, dass die Familie aufgerufen ist, die in der Arbeitswelt erzeugten Gefühle der Frustration zu stillen, sondern umgekehrt wird in der Kleinfamilie selbst gleichzeitig der ewig bedürftige Mensch erzeugt. Die emotionale Entwurzelung wird durch eine Reihe von Praktiken der körperlichen Distanzierung von der Mutter und allen mütterlich fürsorgenden Menschen von frühester Kindheit an eingeübt. Dazu gehört die Separierung in einen Schlafbereich, die Abfütterung nach rigiden Zeiten, das Distanzbedürfnis der Mutter selbst, sodass der Säugling nur durch Schreien auf seine Not aufmerksam machen kann. Die Forschungen von Wilhelm Reich zeichneten nach, wie der Trennungsschmerz von der Mutter tief ins Unterbewusstsein eingebrannt wurde und daraus eine „chronische Panzerung des Lebendigen gegenüber seinen spontanen Liebesregungen" (Senf 2011) resultierte.

So konnte der „Maschinenkörper" (Werlhof 2010) des Neoliberalismus internalisiert werden. Der arbeitende Mensch versteht sich selbst als „Verkörperung" der Maschine, als „Human Resource" wird der Mensch zu Kapital, verwertet und verkauft sich selbst, entledigt sich aller Gefühlsregungen.

Vertreterinnen der Gleichheitspolitik verfechten aber weiterhin die Meinung, Frauenleben sollten dem vorherrschenden Arbeitsleben angepasst werden. Die Art von Gleichberechtigung, die Frauen realiter erfahren, sieht dann

---

91 Der Standard 2.10.2012.

so aus, als halte man ihnen eine Karotte vor die Nase, die da heißt „gleiche Karrierechancen", „gleiches Einkommen" und überhaupt „Gleichbehandlung". Man behauptet weiterhin, all das könne jede Frau erreichen, würde sie sich nur genug anstrengen. Das „Sich-anstrengen" ist gleichbedeutend mit auch „netzwerken" (am besten „old boys network"), auch Ellbogentechnik einsetzen, auch Konkurrenzdenken und Machtkampf einüben. Und als österreichische Variante der Obrigkeitshörigkeit: „Es sich nach oben nicht verscherzen", „nirgendwo ‚anstreifen', wo man Schwierigkeiten bekommen könne" – also im Prinzip einem feudalen Verhalten[92] folgen, immer in der Hoffnung, dann die Karriereleiter zu erklimmen, oder einfach nur um den Job zu behalten.

Sich auf ein solches Niveau herunter zu begeben gilt in der Arbeitskultur allenthalben als „normal": in Wissenschaft, Wirtschaft, Politik und allen Bereichen, in denen man/frau reüssieren kann. Wenn frau es dann nicht „schafft", dann habe sie eben versagt, sich nicht genug angepasst oder ein Kind bekommen.

Es geht aber letztlich nicht (nur) um die unwürdigen Verhaltensregeln der Arbeitswelt, sondern um die Inhalte von Arbeit und was diese mit dem Geschlechterverhältnis zu tun haben. Wie Adorno sagte, geht es im System immer um Macht, Geld oder Moral. Wenn die EU das Barcelona-Ziel einer Kinderbetreuungsquote von 33 % der unter Dreijährigen und 90 % der Drei- bis Sechsjährigen postuliert, zielt diese Regelung nicht auf das Wohlergehen der Kinder, der Mütter, der Väter oder gar der Großmütter; nein, sie dient dazu, dass Frauen so früh wie möglich wieder in die Erwerbstätigkeit einsteigen, um zur Steigerung des Bruttonationalprodukts beizutragen.

Nun befinden wir uns aber in einer globalen ökonomischen und politischen Krise. Und müssen uns fragen: „Wohin gehen wir eigentlich?" und „Was verstehen wir unter Fortschritt?" Das politisch-ökonomische System macht alle Bemühungen um eine reale Versorgung des Menschen zunichte. Wir müssen daher angesichts dessen, dass nun alle ausgehungert werden sollen, die nicht zur besitzenden Klasse gehören, unsere Ziele hinterfragen. Die Armut hat sich aus den Peripherien der „dritten Welt" ins „Zentrum" vorgearbeitet und Menschen haben nun auch in der ersten Welt keine Arbeit,

---

92 In der Kaiserzeit hat man gelernt, sich zu ducken, um die Obrigkeit nicht zu Sanktionen herauszufordern.

kein Auskommen, keine Unterkunft. Verzweifelten Protesten, ausgelöst durch die neoliberale Austeritätspolitik, der Streichung von Sozialleistungen und umfangreichen Privatisierungen in Griechenland, Portugal und Spanien, werden weitere folgen. Und wer den Schaden hat, braucht für Spott nicht zu sorgen. Die auf furchterregende Weise unter neoliberalen Druck geratenen Länder Portugal, Irland, Italien, Griechenland und Spanien werden PIIGS genannt, die „europäischen Schweine" (Varoufakis 2016).

An einem solchen Tiefpunkt angelangt, reicht das Hinterfragen der ökonomischen Grundsätze nicht mehr aus, sondern es erfordert das radikale Neudenken und neue Gestalten von Wirtschaft.

Alternative Ökonomieansätze

Die klassischen ökonomischen Theorieansätze beruhen auf einem von Eigennutz und einem angeblich natürlichen Verhalten der Konkurrenz und Hierarchie geprägten Menschenbild. Alternative Ökonomieansätze bestreiten diese Prämisse allesamt und sehen vielmehr Empathie, Fürsorge und Gemeinwohlorientierung als Vorbedingung für menschliches Wirtschaften. Erste feministische ökonomische Gegenentwürfe wurden entwickelt, als die Hausarbeit als Arbeit definiert wurde und zudem eine weitere verschwiegene Vorannahme der klassischen Ökonomen ans Licht kam: Die Ausbeutung der Natur und der Drittweltländer, die allesamt als „Natur" definiert wurden, seien nötig und legitim. Kritische Analysen zeigten, dass das Wirtschaftswachstum einer Kriegserklärung an die Länder des Südens glich, die reich an Rohstoffen sind und wo Arbeitskräfte billig rekrutiert werden können.

In den USA entwickelten sich bereits in den 1970er-Jahren „Women's liberation" und „Ecofeminism" zu zwei eng miteinander verknüpften Begriffen. Mary Daly ging davon aus, dass die Unterdrückung der Frauen immer mit der Ausbeutung der Natur einhergehe. Dies hat Carolyn Merchant (1987) in ihrer kritischen Abhandlung zur Wissenschaftsentwicklung seit dem 16. Jahrhundert historisch nachgezeichnet. Die Autorinnen des Ökofeminismus zeigten erstmals auf, wie eurozentrische Wirtschaft und Wissenschaft von der Gleichsetzung und Abwertung von Natur und Frau geprägt sind.

Vanadana Shiva (1989) veranschaulicht das Naturverständnis am Beispiel ihrer Heimat Indien. „Prakriti" beschreibt dort den volkstümlichen wie philosophischen Begriff des Zusammenhangs von Natur und Frau. Ohne Unterscheidung zwischen heiligem und profanem Brauchtum drückt er das weibliche Prinzip als Verbundenheit aller Lebewesen, Kreativität und Produktivität aus. Deren Erscheinungsformen seien vielfältig und drücken immer das Gemeinschaftliche von Naturhaftem und Menschlichen aus. Menschliche Produktivität wird als Analogie zum naturhaften Hervorbringen verstanden (Mies 1996).

Dem Ökofeminismus ging es also schon früh darum, den Zusammenhang zwischen der Überproduktion in den Industriestaaten und der Ausbeutung in den „Kolonien" aufzuzeigen. Für Vandana Shiva (1993) ist es nicht die Freiheit der Kommunikation, die uns im „globalen Dorf" verbindet, sondern die Heimatlosigkeit, in der zwei Klassen von Menschen unterschieden werden können, die Habenden und die Nichthabenden. Der landwirtschaftlichen Überproduktion in den Industrieländern stehe der Hunger in den Ländern des Südens gegenüber. Nicht die Gentechnologie vermag die Landwirtschaft des Südens zu retten, vielmehr ruinieren die Agrarimporte aus dem Norden die lokale Landwirtschaft.

Diese Verschleierungstaktik findet auch Anwendung auf die Arbeit der Frauen. Es ist nämlich vielmehr so, dass weltweit ein höherer Anteil der täglichen Nahrung aus der Tätigkeit von Frauen stammt und nicht der Arbeit des männlichen „Brotverdieners". Alle Tätigkeiten, die in den Ländern des Südens von Frauen zwischen Feld und Haushalt ausgeübt werden, werden dem so genannten „informellen Sektor" zugerechnet. Die gesamte Mutterarbeit wird damit aus der Ökonomie ausgeklammert. Es sind die Frauen, die die Nahrungsmittel erst in essbare Lebensmittel transformieren, wenn sie diese nach der Art ihrer lokalen Küche zubereiten. Sie sind es, die die Beziehungsarbeit in Clan, Dorf und Familie leisten und sie sind es auch, die diese Traditionen bewahren. Seit Jahrzehnten wird eben diese frauenzentrierte Kultur sukzessive durch die Einführung von homogenisierter, globalisierter Industrienahrung zerstört (Mies 1996).

Der Ökofeminismus, der nicht als akademischer Diskurs entstanden ist, sondern seine Wurzeln in den vielfältigen Initiativen der Anti-Atom- und der Friedensbewegung hat, richtet sich gegen den Trend zur totalen Vermarktung aller Naturressourcen, das menschliche Leben inbegriffen. Die erste ökofeministische Konferenz fand 1980 in den USA als Reaktion auf den Reaktorunfall von Three Miles Island statt. Frauen begannen zu erkennen, dass es einen Zusammenhang zwischen Umweltzerstörung, atomarer Bedrohung, Krieg und patriarchaler Gewalt gegen Frauen und fremde Völker gibt. Das Anliegen von Proponentinnen wie Maria Mies, Claudia Werlhof, Vandana

Shiva und anderen ist es, nicht an der zerteilenden Logik der neoliberalen Wirtschaft mitzuwirken und das „Für und Wider" neuer (Gen-)Technologien zu diskutieren, sondern die globalen politischen und wirtschaftlichen Zusammenhänge aufzuzeigen und gegen sie aufzutreten. Es geht darum, die Technologie als zentrale Methode der Durchsetzung patriarchaler Verhältnisse zu verstehen (Werlhof 2015).

Aus dieser Perspektive gesehen, wird die Fortpflanzungsfrage nicht isoliert betrachtet, sondern vielmehr im Lichte der Geschlechterbeziehung, der geschlechtlichen Arbeitsteilung und den wirtschaftlichen, politischen und sozialen Gegebenheiten. In einer radikal dissidenten Sichtweise werden Frauen dazu aufgefordert, die Entfremdung, die durch patriarchale Reproduktionsverhältnisse hergestellt wurde, abzuschütteln. Sie sollen sich nicht mehr unhinterfragt den Empfehlungen von Experten unterwerfen, hinter denen unübersehbar die Ansprüche auf Macht und Kontrolle über den weiblichen Leib stecken. ÖkofeministInnen fassen die sexuelle Beziehung auch als eine ökologische auf, eingebettet in die gesamten Produktionsverhältnisse (Mies/Shiva 1995).

Diese Haltung erfordert auch, dass die Vorstellung von Freiheit als fortwährender Prozess des Überwindens der Natur aufgegeben werden muss. Ökofeministinnen benennen den Widerspruch, der zwischen der Emanzipationslogik der Aufklärung und ihrem Ich-Begriff[93] und der Logik des Bewahrens und Nährens der Natur und ihrer Zyklen besteht. Der entscheidende Unterschied zu anderen kritischen Konzepten der Ökonomie ist der, dass den Vertreterinnen des Ökofeminismus der Glaube an den „Fortschritt" durch moderne Wissenschaft und Technologie abhandengekommen ist, ja dass sie fordern, von diesem „Glauben abzufallen".

Die neoliberale Wirtschaft verkehrt alle Werte und spricht dem Zerstörerischen die kreative Kraft zu; Werlhof nennt diese Vorgehensweise „alchemistisch". Veronika Bennholdt-Thomsen, eine der Proponentinnen der Subsistenzperspektive, fordert die Neukonzipierung von Ökonomie und zieht daraus den Schluss:

> Wir brauchen einen Gesellschaftsvertrag, der sich an den Werten des mütterlichen Sorgens orientiert: dass die nächste Generation auf den Weg gebracht wird, und dass die Kranken und Alten in Würde leben und sterben können. (…)

---

93 Das Ich der Moderne versteht sich gerade in Abtrennung von Gefühlen, von der Mutter und der Natur.

Die Subsistenzperspektive hat das Leben zum Ziel, die Warenproduktion das Geld. Subsistenz ist das, was wir brauchen zum Leben, „damit das Leben weitergeht" (…) Das heißt auch, so zu leben, dass ich dies nicht auf Kosten der Lebensgrundlage anderer tue. (Bennholdt-Thomsen 2011, 2/3)

Die Subsistenzperspektive richtet den Blick auf das Notwendige, es ist der Blick von unten, vom tätigen verantwortungsbewussten Individuum ausgehend. Die Politik der Subsistenz orientiert sich „am Konkreten, Stofflichen, Leiblichen, Sinnlichen" und wendet sich „gegen die Abstraktion des Geldes und die Anonymität der Ware" (Bennholdt-Thomsen 2011). Jeremy Rifkin (2010) hat zuletzt die „empathische Zivilisation" ausgerufen und sieht Belege dafür, dass die räuberische Plünderung des Planeten und seiner „Human Resource" nur durch das Prinzip des Mitgefühls und der Kooperation abgelöst werden kann.

Tatsächlich unterliegt das Wirtschaftssystem „der Gabe als anthropologischer Konstante" (Wörer 2011). Und Marcel Mauss (1990) entgegnete jenen Politik- und SozialwissenschafteInnen, die vom Gesellschaftsvertrag als grundlegender Basis des Zusammenlebens ausgingen, dass nicht Verträge oder der Tausch oder der Markt die Gemeinschaft ausmachten. Vielmehr entstehe erst durch Geben und Empfangen die grundlegende menschliche und soziale Bindung.

Genevieve Vaughans Theorie des „Gift Giving" (2005), des Schenkens im Unterschied zum Prinzip des Tausches der herrschenden Ökonomie, beinhaltet eine Philosophie der Werte. Das bedeutet, dass es beim Akt des Schenkens um eine nicht beliebige, nicht austauschbare Wertschätzung des jeweiligen Menschen geht. Der unilaterale Akt der Übertragung eines Gutes macht die Person des/der Empfangenden für die/den Gebende/en einzigartig und ist nicht austauschbar. Die Zirkulation und die Weitergabe von Gütern treten damit an die Stelle reinen Besitzdenkens. Die Geschenk-Ökonomie ist nicht Ich-orientiert, sie stellt die/den andere/n in den Mittelpunkt. Der Akt des Schenkens kreiert eine Bindung, während die Marktökonomie im Gegenteil eine solche Bindung unterbricht und Indifferenz statt Empathie stiftet (Vaughan 2009).

Da diese Ökonomie dem entspricht, was Mütter und Menschen, die sich um Kinder kümmern, tun, spricht Vaughan von der „maternal economy". Der Austausch zwischen Mutter und Kind erfolgt nach der herrschenden Marktlogik als reziproker Tausch, während das einseitige Geschenk, das die mütterliche Sorge zum Beispiel in den ersten Lebensmonaten des Kindes darstellt, nicht als Wert angesehen wird. Die Marktlogik vernachlässigt auch, dass das einseitige Geschenk der Mutter-Arbeit durchaus eine würdigende Antwort erfahren kann. Es ist die „Basis eines positiven ‚Bondings'" (Vaughan 2015a).

Im kapitalistischen System wird das Schenken dagegen ausgeschlossen und gleichzeitig ausgebeutet. Betrachtet man die Logik der freien Marktwirtschaft, so wird klar, dass sie erst aufgrund des Geschenks der Mutterarbeit, das sie übernommen und unsichtbar gemacht hat, funktioniert. Alle Gesellschaften, die in der Vergangenheit nach den Prinzipien des Schenkens funktionierten oder gegenwärtig funktionieren, wie die der indigenen Völker, werden als „pre-market economies" herabgestuft und häufig als naiv disqualifiziert, weil sie nicht am Profit orientiert sind.

Nur durch die Linse der kapitalistischen Ökonomie betrachtet, gerät Mutterschaft zu einer Kategorie der Ausbeutung und des biologischen Verhaftetseins in der Natur. Mutterschaft als ökonomische Kategorie zu begreifen, wurde zum Leitmotiv der Konferenz in Rom, als 2015 erstmals in großem internationalen Rahmen die „Mütterlichen Wurzeln der Geschenkökonomie" diskutiert wurden.

Eine alternative Wirtschaftsform muss also gar nicht neu erfunden werden, sondern sie existiert im Gegenteil überall, entweder als abhängige, ausgebeutete Form in der kapitalistischen Wirtschaft oder als selbständige und lebendige Form der Subsistenzwirtschaft, die in matrilininear lebenden Gesellschaften noch praktiziert wird.

Zu den Charakteristika des Khasi-Klans in Indien beispielsweise gehören die gemeinsame Abstammungslinie über die Mutter und die Gemeinsamkeit von Namen und Gemeinschaftsland.

The presence of common ossuary, common land, common deities, ancestors and ancestresses bind the members together. (Pakyntein 1996, 364)[94]

Das gemeinsame Land (ri-kur) gehört allen Mitgliedern des Clans, alle haben Anteil daran, es wird geteilt, die Verantwortung dafür liegt bei der Kaddhu, der Clanmutter.

Sowohl die Familien- als auch die Wirtschaftsstruktur der Khasi erfahren allerdings in den letzten Jahren einen tiefgreifenden Wandel bis hin zum

---

94 Eigene Übersetzung: „Das gemeinsame Haus, gemeinsames Land, gemeinsame Gottheiten und die gemeinsamen Vorfahren binden die Mitglieder aneinander."

Verlust ihrer matriarchalen Strukturen. Neben der Religion, wo die Christianisierung zur Fragmentierung der Khasi-Gesellschaft beiträgt, hat die kapitalistische Marktwirtschaft den größten Einfluss auf das sich verändernde wirtschaftliche Gefüge der Khasis. Die Bedeutung des gemeinsamen Clanlandes wird wegen des Vormarsches der kapitalistischen Wirtschaftsstruktur zurückgedrängt, landwirtschaftliche Arbeit wird von der Moderne dezimiert, das Konzept des gemeinsamen Landes wird nur noch von wenigen Clans bewahrt. Zusammen mit dem Verlust des Clans als wichtige religiöse Einheit tritt eine zunehmende Individualisierung ein, die nun das ehemalige Verständnis von „Familie" als Gemeinschaft ablöst.

> The closeness of family members Shi ing is no longer regarded as before, which is a cluster of domestic units of sisters and their children, also their male sibs. Now individuals are responsible for duties only towards their immediate domestic units (Pakyntein 1996, 369).[95]

Eine andere mutterzentrierte Ökonomie ist die auf Juchitan in Mexiko (Bennholdt-Thomsen 2006), die von Ackerbau und Viehzucht lebt und wo der Handel in den Händen der Frauen liegt.

> Die juchitekische Ökonomie ist insofern frauenzentriert, als ihr Kern die Versorgungswirtschaft ist. (Bennholdt-Thomsen 2006, 140).

Das Besondere an der – besonders wohlhabenden – juchitekischen Wirtschaft ist, dass sie nicht über isolierte Haushalte verfügt, sondern vielmehr aus einem großen, arbeitsteilig organisierten Haushalt besteht. Auch in Juchitan geht es darum, gewinnbringend zu wirtschaften, aber mit einer anderen Vorstellung von Gewinn:

> Der Maßstab ist und bleibt die konkrete, nützliche, brauchbare, gute Ernährung, Kleidung, Behausung, Bewirtung, Betreuung usw. anstelle der nur abstrakten Gewinnsumme. (…) Arbeit wird in solchen Verhältnissen nicht als Lohnarbeit oder Mittel zur Gewinnmaximierung begriffen, Arbeit wird nicht zur Ware, sondern bleibt eine Weise, „wie sich ein Mensch in der Welt verwirklicht". Die Wirtschaft bleibt in den gesellschaftlichen, kulturellen Zusammenhang eingebettet. (Bennholdt-Thomsen 2006, 141)

---

95 Eigene Übersetzung: „Der enge Zusammenhalt der Familienmitglieder ‚shi ing' ist nicht mehr so erhalten geblieben wie früher, als die häusliche Gruppe aus Geschwistern und deren Kinder, auch deren Brüdern, bestand. Nun sind die einzelnen Individuen nur mehr für die Pflichten ihrer kleinen häuslichen Einheit zuständig."

Kapitel 5
„Neue" oder „alte" Väter?

Wie ist das nun mit den seit Jahren viel beschworenen „neuen" Vätern? Anders als Mutterschaft ist Vaterschaft nicht klar bestimmt und kennt kein rigides Normensystem. Der Vater taucht historisch in paternalistischer, erzieherischer und symbolischer Funktion auf. Erst in jüngster Zeit nimmt die Forschung den sozialen Vater, gesellschaftliche Vaterbilder, väterliche Identität und seinen Anteil am Leben seiner Kinder in den Blick.

Historische Aspekte

Selbst wenn man sich auf die Suche nach historischen Spuren macht, um die (abwesenden) Väter zu rehabilitieren (Lenzen 1991), findet man kaum Hinweise auf eine reale, gelebte Form väterlicher Zuwendung. Primär ist die Kontrolle über die Mutter und die gesamte Hausgemeinschaft belegt, die väterliche Gewalt in Form der mittelalterlichen „Munt" als Bestandteil der Hausherrschaft. Bis in die 1970er-Jahre bestand als Erbe des römischen Rechts das väterliche Alleinvertretungsrecht (pater familias) für die entmündigte Ehefrau und die Kinder, das erst Mitte der 1970er Jahre in Europa abgeschafft wurde.

Von einer Ausgestaltung der väterlichen Rolle, wie wir sie heute in der westlichen Gesellschaft verstehen, kann vor dem Mittelalter kaum gesprochen werden. Eine eventuell bestehende emotionale Vater-Kind-Beziehung wurde tabuisiert. In Antike, Spätmittelalter und Aufklärung verkörperte der Vater die patriarchale Autorität. Fürsorge und Zuwendung waren von ihm nicht zu erwarten. Dagegen gab er die Anweisungen zur Erziehung (Drinck 2005). Sein Interesse galt der Zeugung leiblicher Nachkommen, um sicherzustellen, dass das Eigentum an die eigenen Söhne weitervererbt wird.

Historisch früh belegt ist die Ablösung der Matrilinearität durch die väterliche Linie (Gestrich/Krause/Mitterauer 2003), sichergestellt durch die Vererbung des Vaternamens. Länger gehalten hat sich die – für Matrilinearität typische – Dominanz der Mutterbrüder und -schwestern gegenüber denen der väterlichen Seite. Diese galten bis ins 18. Jahrhundert als den Kindern sozial und emotional näherstehend als die Verwandten väterlicherseits und besaßen unterschiedliche Bezeichnungen, die die Nähe und Distanz ausdrückten. Aus historischen österreichischen Gesetzestexten (ABGB 1811) geht hervor, wie mühsam die rechtlich legitime Vaterschaft argumentiert wird. Wo die Mutterlinie klar ist („Mater semper certa est"), ist der Nachweis der Vaterschaft schwierig. Es wird daher – bis heute – davon ausgegangen, dass ein in der Ehe geborenes Kind als das des Ehemannes anzuerkennen ist[96]. Der Gesetzgeber kreierte damit einen Ausweg, indem eine sichere Vaterschaft schlicht behauptet wird.

Es existieren wenige historische Texte, die dokumentieren würden, wie die erzieherische oder betreuerische Funktion des Vaters ausgesehen haben mag. Für das 16. bis 18. Jahrhundert ist die Rolle des Patriarchen, des Familien-Oberhauptes, dem das „Zeigen von Welt" zukommt, dokumentiert. Die historische Familienforschung stimmt aber darin überein, dass der Vater vor dem 18. Jahrhundert noch präsenter für die Kinder war, als dies später in der industriellen Gesellschaft der Fall war. Schleiermacher (Friebertshäuser/ Matzner/Rothmüller 2007) gehört zu den wenigen Pädagogen des 19. Jahrhunderts, die dem Vater überhaupt eine Rolle in der Erziehung zugestehen.

Im 18. Jahrhundert wurden Funktion und Aufgabenteilung der bürgerlichen Kleinfamilie theoretisch begründet und genau beschrieben. Rousseau zufolge sei die Familie das erste Muster der politischen Herrschaft und die patriarchale Ordnung sei natürlich.

> Der Herrscher steht für den Vater, das Volk für die Kinder. (Rousseau 1995, 63; in: Fuhs 2007, 3)

Rousseau entwarf in „Emile" eine Theorie der Erziehung, die ohne Mutter auskommt. In diesem Erziehungskonstrukt eines mutterlosen Kindes gibt es lediglich einen väterlichen Elternteil. Pestalozzis „Mutterpädagogik" wiederum führte die geistige Vaterschaft ein, in der die Mutter als Ersatzvater fungiert (Lenzen 1991) und den väterlichen Anweisungen zu folgen habe.

Nach dem Zweiten Weltkrieg fand eine Abrechnung der Söhne mit den Vätern statt, die die kriegs- und nachkriegsbedingte Abwesenheit der Väter, also die „Väterlosigkeit" (Mitscherlich 2003), beklagten. Horkheimer hatte bereits in den 1930ern die autoritäre Persönlichkeitsstruktur des Vaters und die Auswirkungen auf die Kinder untersucht (Horkheimer 1987). In einem ähnlichen Ansatz beschrieb Theweleit (1986) in den 1980er Jahren den Zusammenhang von Männlichkeit und Faschismus, der die Generation der Väter geprägt hatte.

---

96 Das gilt im österreichischen und deutschen Recht.

Gesellschaftliche Vaterbilder und männliche Identität

Der aktuelle Diskurs über „Vaterschaft" und „Männlichkeit" wird seit den 1980er- und 1990er-Jahren geführt, der auch eine Neuorientierung und Bewertung der heutigen gesellschaftlichen Konzepte beinhaltet (Zulehner/Volz 1998, Meuser 2005). Untersuchungen zu Einstellungen und Werthaltungen gegenüber Familie, Kindern und Vaterschaft stellten die Fragen nach den „neuen Vätern". Die Leitbilder des vollzeiterwerbstätigen Mannes und der Hausfrau verloren ihre Monopolstellung, da, so Meuser, sowohl die kulturellen Vorstellungen und Bilder als auch die alltäglich gelebte Praxis von Vaterschaft vielfältiger geworden sind (Meuser 2005). Das bedeutet, dass Männlichkeit, und somit auch Väterlichkeit, heute nicht mehr unhinterfragt gegeben sind, sondern zum Thema werden, sich erklären und verteidigen müssen (Meuser 2005).

Dass Mutterschaft eine körperliche Erfahrung ist und Vaterschaft einen theoretischen Charakter hat, schlägt sich im Verhalten von Vätern nieder. Studien belegen, dass sich Väter nur zu einem kleinen Teil einer aktiven sozialen Vaterschaft verpflichtet fühlen. Nur wenige verstehen also Vaterschaft als umfassende und regelmäßige Fürsorge. Dagegen sind jene Väter in der Überzahl, die von Männerforschern als „traditionell" und „eigenständig" tituliert werden (Matzner 1998, Werneck 2004). Diese verhalten sich entweder passiv oder zeigen trotz modernerer Einstellungen wenig eigenständiges väterliches Engagement.

Die Optionalität, die hier zum Ausdruck kommt, begründet Chasiotis aus evolutionspsychologischer Sicht so:

> (Biologische) Männchen können sich um ihre Kinder kümmern, tun es aber nur, wenn es nicht anders geht oder wenn es sich – sprich: im Rahmen ihres Paarungsaufwandes – lohnt. (Chasiotis 2012, 51)

Auf einen graduellen Wandel in der Einstellung weisen Studien hin, die aber zugleich zeigen, dass das Bild des Vaters als Vollzeitberufstätiger gefestigt bleibt. So geben in der Untersuchung von Rille-Pfeiffer und MitautorInnen (2005) praktisch alle (98 %) der Befragten an, dass es die Aufgabe des Vaters ist, die Familie finanziell abzusichern, wobei 60 % dies als absolut notwendig ansehen. Erwartungen an einen guten Vater implizieren aber auch, dass er mehr Aufgaben in der Familie übernimmt (96 % Zustimmung) und sich gleichberechtigt um sein Kind kümmert (65 % Zustimmung).

In der PPA[97]-Studie wurde der Fokus auf die Einstellung und subjektive Wahrnehmung der Vaterschaft gelegt (Tazi-Preve 2006). Wir wollten damals herausfinden, ob und inwiefern sich anhand der erhobenen Daten ein modernes männliches Selbstbild erkennen ließe und ob dies durch Aussagen zum täglichen Tun belegt wird. Wir stellten fest, dass Stereotype zur Rollenverteilung nur noch teilweise bestätigt werden. Die Aussage, dass eine Halbtagsberufstätigkeit von Vätern die Lösung der Vereinbarkeit von Beruf und Familie darstellt, also ein umgekehrtes Geschlechterarrangement, stieß aber größtenteils auf Ablehnung: 61 % der Männer und sogar 66 % der Frauen sprachen sich gegen diese Lösung aus. Dennoch sind 70 % aller Befragten der Meinung, dass das Familienleben oft leidet, weil sich die Männer zu stark auf die Arbeit konzentrieren.

Werden die Fragen zur Einstellung mit den faktischen Gegebenheiten der täglichen Fürsorge und Betreuung von Kindern verglichen, so zeichnen sich deutliche Diskrepanzen ab. Die von Frauen erbrachte Leistung erweist sich nämlich als weit höher als die der Väter.

Was Väter unter Beteiligung verstehen, sei Definitionssache, moniert Stillhart in ihrer Untersuchung „Müde Mütter – fitte Väter" (2015), wie das folgende Beispiel zeigt:

> „Viel", sagt sie (die Befragte) sei offensichtlich eine Definitionssache. Für ihren Mann bedeute „viel", wenn er die Geschirrspülmaschine einschalte oder das Licht lösche, bevor er sich schlafen lege. „Er hat dann wirklich das Gefühl, einen wesentlichen Beitrag im Haushalt gleistet zu haben." (Stillhart 2015, 47)

Empirisch belegt werden kann also, dass der Wunsch nach Veränderung und die gesellschaftliche Einstellung zu Vaterschaft im scharfen Kontrast zu den täglichen Gegebenheiten stehen. Auch Rollet und Werneck halten bei ihrer Untersuchung zu Einstellungen und Rollenverhalten von Erst-, Zweit- und Dritteltern fest, dass nach der Geburt eines Kindes nach wie vor die Traditionalisierung im Sinne einer „klassischen" Arbeitsaufteilung zwischen Vätern und Müttern die Regel ist (Rollet/Werneck 2001).

Was passiert nun andererseits auf der Ebene der männlichen Identität? Im Weltbild der Männer ist zwar ein Wandel feststellbar, dieser vollzieht sich aber ambivalent. Bisher definierten sich Männer vornehmlich über ihre Be-

---

97 PPA: Population Policy Acceptance Survey. Europäische Studie zur Akzeptanz bevölkerungspolitischer Maßnahmen.

rufstätigkeit, ihren Status im Berufsleben und ihr Einkommen. Als besonders erstrebenswerte Arbeitsbereiche gelten die sozial besonders prestigeträchtigen Bereiche der Politik, Wirtschaft und Technik wie auch alle Gebiete, in denen Einzelpersönlichkeiten besonders hervortreten können (z.B. Kunst, Wissenschaft). Überall herrschen großer Wettbewerb vor sowie eine starke Hierarchisierung.

Männern wird von Jugend an suggeriert, dass zur Männlichkeit vor allem ihre Darstellung in der Außenwelt gehört, d.h. sie definieren sich über ihre Erwerbstätigkeit und streben besonders nach Karrieremöglichkeiten. Tatsächlich widersprechen aber die rigiden Logiken der Arbeitswelt denen einer zeitintensiven und durch Empathie geprägten Familienwelt (vgl. Kap. 3). Männer, die diesen Idealen nicht folgen wollen, geraten daher in Konflikt mit dem sozial akzeptierten Bild von Männlichkeit. Dies erklärt die Widersprüchlichkeit von Einstellung und tatsächlichem Verhalten, die sich in den Forschungsergebnissen zeigt. Männer geben sich durchweg aufgeschlossener in ihrer Absicht, Familienarbeit zu übernehmen, als es dem tatsächlichen Verhalten entspricht (Tazi-Preve 2006). Dies ist möglich, weil sie keine Sanktionen zu befürchten haben, denn den „schlechten Vater" gibt es nicht.

> „Ich habe das Heranwachsen meiner Töchter oft nur aus der Entfernung erlebt.", meint ein Manger in einem Interview.[98]

Solche Statements sind für Väter immer noch zulässig, für Mütter wären sie hingegen undenkbar. Die Ambivalenz der Vaterschaftsentwürfe im Spannungsfeld von Beruf und Familie ergibt sich daraus, dass der Mann weiterhin als Berufsmensch konzipiert bleibt; Meuser konstatiert:

> Trotz des Wandels der Geschlechterverhältnisse und einer wachsenden Infragestellung männlicher Herrschaft hat sich bislang keine kulturelle Semantik der Konstruktion von Männlichkeit jenseits des Modells hegemonialer Männlichkeit etablieren können, die eine breite gesellschaftliche Anerkennung erfährt. (Meuser 2009, 153)

---

98 Standard 28./29.6.2008.

Väterlosigkeit und neue Väter

Wo sind sie also, die „neuen" Väter? Als Indikatoren ziehe ich die Anzahl der karenzierten Väter heran und den Umfang der Versorgungs- und Beziehungsarbeit, die Väter für und mit Kindern täglich leisten.

Väter wählen in Deutschland und Österreich, so sie das tun, die jeweils kürzeren Varianten der Karenz- bzw. Elternzeit (BMFSFJ 2015b, Rille-Pfeiffer/Kapella/Tazi-Preve 2007a), d.h. Männer nehmen die Möglichkeit der bezahlten Kinderbetreuungszeit im Ausmaß von zwei bis maximal sechs Monaten in Anspruch, kaum je länger. In Deutschland nehmen rund 30 % der Väter Elternzeit, zu 80 % im Ausmaß von ein bis zwei Monaten[99]. Wie groß die Diskrepanz zwischen Einstellungs- und Verhaltensebene ist, zeigen die erhobenen Daten zur Bereitschaft zur Karenz, denn 70 % aller befragten Männer befürworten die Väterkarenz zwar, aber nur 5 % unterbrechen dafür realiter ihre Arbeitszeit. Begründet wird dies zumeist mit dem niedrigeren Einkommen der Frauen oder der Sorge um den Karrierenachteil für Männer. Die Studie von Kapella und Rille-Pfeiffer (2007) zeigt zudem, dass Männer nach der Geburt eines Kindes ihre Arbeitszeiten vielmehr ausdehnen.

Und wie sieht es mit der Aufteilung von Kinderbetreuung und Haushalt aus? Frauen tragen nach wie vor – auch bei Vollzeitberufstätigkeit – die Hauptverantwortung für Haushalt und Kindererziehung. Das Ungleichgewicht zeigt sich sowohl beim Ausmaß der Betreuungsleistung als auch auf der qualitativen Ebene, d.h. in der Auswahl der Aktivitäten der Väter mit ihren Kindern, die Spiel und Sport gegenüber alltäglichen Betreuungsaufgaben den Vorzug geben. Etwa zwei Drittel der Frauen bewältigen den Großteil der Hausarbeit allein. Auch eine Zeiterhebung der Statistik Austria (2009) belegt, dass die von Männern durchschnittlich in den Haushalt investierte Zeit rund 2,5 Stunden beträgt, bei Frauen in etwa das Doppelte. Dörfler/Wernhart (2016) verzeichnen einen leichten Anstieg des väterlichen Anteils an der Familienarbeit. Das Dossier des deutschen Bundesministeriums für Familie, Senioren, Frauen und Jugend (BMFSFJ 2015b) konstatiert, dass sich die Zeit, die Väter den Kindern widmen, auf wöchentlich 10 Stunden erhöht habe. Rund 20 % der Väter geben an, die Zeit der Kinderbetreuung zur Hälfte mit der Partnerin zu teilen.

---

99   Diese Zeiten verfallen, wenn sie die Väter nicht in Anspruch nehmen.

Die Untersuchungen vermitteln das Bild eines statischen Gefüges, das sich im Kern den aktuellen Transformierungsprozessen widersetzt. Während Mütter eine zweckrationale Pflichtethik leben, sind Väter distanziert und kapriziös – und dies unabhängig vom Zeitausmaß der Berufstätigkeit", schreiben Walter und Künzler (2002) in ihrer Untersuchung zum elterlichen Engagement.

Mutterwerden bedeutet für Frauen deshalb einen entscheidenden biographischen Umbruch, der bei Vätern in der Regel ausbleibt. Die Traditionalisierung im Geschlechterverhältnis nach der Geburt des ersten Kindes setzt nämlich selbst dann ein, selbst wenn das Paar dies nicht so beabsichtigt hatte (Schmidt/Tazi-Preve 2011). Auch Väter-Befragungen in Deutschland haben ergeben, dass sich Männer der notwendigen Umgestaltung der Reproduktionsarbeit weitgehend entziehen, obwohl die geschlechtsspezifische Arbeitsteilung von einigen als unbefriedigend erlebt wird (Notz 1991). Das berufliche Engagement und „Sachzwänge" hindern Männer daran, sich ihrem Kind zu widmen.

Psychologische und soziologische Untersuchungen haben Typologien von Vätern entwickelt (z.B. Werneck 1998) und diese in „neue Väter, „familienorientierte Väter" und „eigenständige Väter" kategorisiert. Charakteristisch für die kleinste Gruppe, den Vätertypus „neuer Vater", sind Einstellungen wie die Befürwortung egalitärer Partnerschaftsstrukturen und die Ablehnung traditioneller Rollenmuster. Die „familienorientierten Väter" unterstreichen die Relevanz der Familie bzw. ihrer Position als „Familienoberhaupt", achten aber zugleich auf ihr berufliches Weiterkommen. In ihrem Leben haben demnach sowohl die Familie als auch die eigene berufliche Weiterentwicklung einen hohen Stellenwert. Für die letzte Gruppe, die „eigenständigen Väter", hat das familiale Beisammensein nur geringe Relevanz, sie verbringen im Vergleich zu den anderen Gruppen nur wenig Zeit mit ihren Familien. Mit rund der Hälfte der Väter bildet diese Kategorie in der Untersuchung Wernecks die größte Gruppe.

Der wissenschaftliche und politische Ruf nach den „neuen Vätern" hat demnach nicht dazu geführt, dass deren Anteil sich wesentlich erhöht hat; man geht heute von 10 bis 20 % aus (Kapella/Rille-Pfeiffer/Baierl 2011, BMFSFJ 2015b). Daran ändern auch Studien wenig, die die „besondere Bedeutung" des Vaters für die Kinder und die besondere Qualität der Vater-Kind-Beziehung (Fthenakis/Textor 2002 u.a.) betonen. Der Wandel zur „neuen Vaterschaft" findet also eher in einer Nische statt. Bisher konnte der

Widerspruch des propagierten Vaterbildes und der nach wie vor geforderten männlichen Erwerbszentriertheit mehrheitlich nicht aufgelöst werden.

Die Frage danach, was engagierte Väter anders machen, ist Anliegen von Forschungsprojekten (Kassner/Rüling 2005; Buchebener-Ferstl/Tazi-Preve i.e.), in denen Paare befragt werden, die bereits in egalitären Geschlechterarrangements leben. Entscheidend scheint zu sein, dass Männer selbst nicht dem klassischen Männerbild entsprechen wollen. Sie haben den Wunsch, aktiv am Familienleben teilzunehmen und ihre Arbeitszeiten zu reduzieren. D.h. neue Väter zeichnen sich dadurch aus, dass sie die Familie an erste Stelle setzten und bereit sind, Nachteile im Erwerbsleben in Kauf zu nehmen.

Erziehung zum Mann

In der Rhetorik der Psychoanalyse mache die Mutter dem „Vater den Platz streitig", obwohl sie ihn eigentlich anerkennen und ihn aktiv „für das Kind an die Vaterposition" setzen müsse (Rentdorff 2007, 108). „Das Dreieck, die Triade", sei nämlich immer ein Garant von Differenz und „damit ein kreatives Potential" (Rentdorff 2007, 108).

Nach Freud muss der Junge, um zum Mann zu werden, die symbiotische Beziehung zur Mutter schon früh aufgeben und sich dem Vater, der auch symbolisch die Außenwelt repräsentiere, zuwenden. Diese angeblich notwendige Entwicklung geschieht aber nicht natürlich, sondern muss mit einer Geste der Abwehr gewaltsam herbeigeführt werden, und zwar durch den „Muttermord", ein Freud'sches Konzept, das die Analytiker C.G. Jung (1987) und Erich Neumann (1989) fortgeführt haben.

Familie ist etwas, so schreibt Helfferich (2007, 216), „was ein Mann auf seinem Weg zur Männlichkeit erst einmal hinter sich lässt". Männlichkeit und Familie scheinen nicht zusammenzupassen.

Vaughan (2007b) erklärt sich die maskuline Sozialisation im Patriarchat damit, dass der Weg zur Männlichkeit über die Ablehnung der Mutter und damit des Gebens (gift giving) überhaupt einhergehe.

> They (boys) are required to be non-mothering, non-gift giving in order to fulfill the gender identity, which is imposed upon them by the society at large, the language, the father, other boys and even the mother herself. „Male" becomes a privileged category with the father as its „prototype" or model with respect to „female", which is identified with the gift giving mother. (…) I call this process

„masculation" and I believe it is the psychological root of Patriarchy. (Vaughan 2007b, 16)[100]

Vaughan (2007b) bezeichnet den Prozess der Mannwerdung in der Familie als „masculation", in der das Patriarchat den kleinen Jungen in eine Kategorie platziere, die der Mutter konträr gegenüberstehe. Da Frauen von Kindheit an für das Wohlergehen der Kinder zuständig seien, bekomme der Junge den Eindruck, dass die Erlangung von Männlichkeit damit einhergehe, dass er im Gegenteil keine Fürsorge leisten müsse. Er sei ein „non-gift giver", der aber auf der anderen Seite weiter Fürsorge bekomme und von ihr genährt werde, ohne sie jemals anzuerkennen. Insofern ist es kein Widerspruch, dass für Väter einseitiges Geben nur schwer möglich ist. Ihre eigene Identität basiert ja darauf, dass sie andere gerade nicht nähren dürfen/sollen. Emotionale Nähe und Geben werden daher zur Bedrohung des Männlichkeitsentwurfs und müssen abgewehrt werden.

Das Theorem der hegemonialen Männlichkeit hat Connell erstmals im Jahr 1995 formuliert. In ihrem Buch „Männlichkeiten" wird von einer Verschiedenheit innerhalb der Gruppe der Männer ausgegangen. Dabei werden fürsorgende und pflegende Männer wegen ihrer Nähe zum Weiblichen als untergeordnet klassifiziert (Connell 1995). Connells Konzept der „Unmännlichkeit" von Vaterschaft ist eine schlüssige Erklärung dafür, dass Männer selten als aktive Väter präsent sind.

Die Vorstellung eines Vaters, der bedingungslos Liebe und Zuwendung schenkt, bedeutet tatsächlich ein Männerbild, das konträr ist zu dem der in westlichen Gesellschaften propagierten muttermörderischen Männlichkeitswerdung, die alles Sorgende (für Kinder und Partner) der Frau zuweist. An die Stelle des stets abwesenden oder nur als Instanz und Macht erlebten tritt also der Wunsch nach dem „neuen" Vater, der das Aufwachsen seines Kindes miterleben und -erleiden will. Damit würde dem Sohn eine Männlichkeit vorgelebt, die er nicht auf Kosten der Frau erlangen muss.

---

100 Eigene Übersetzung: „Um ihre Geschlechterrolle zu erfüllen müssen sie (die Jungen) das ‚Nicht-muttern' und das ‚Nicht-schenken' einüben. Das wird ihnen von der Gesellschaft als Ganzer, der Sprache, dem Vater, anderen Jungen und sogar der Mutter selbst auferlegt. ‚Männlich' wird zur privilegierten Kategorie mit dem Vater als ‚Prototyp' oder Modell hinsichtlich des ‚Weiblichen', das identifiziert wird mit der (Geschenk-)gebenden Mutter. (…) Ich nenne diesen Prozess ‚Maskulinierung' und glaube, dass er die psychologische Wurzel des Patriarchats ist."

Politik zu Vaterschaft

Die Politik hat die Klage über die Vaterlosigkeit, die geringe Anwesenheit auch in der professionellen Kinderbetreuung – die sich dann negativ auf die Identitätsentwicklung der Jungen auswirke – aufgegriffen und Strategien dagegen entwickelt. Familienpolitik zielt allerdings zunächst auf Mütter ab, Väter kamen historisch spät hinzu (Tazi-Preve 2009b, 2012b). Väterpolitik ist zudem weniger ein systematisierter Bereich, sondern vielmehr eine Ansammlung ereignisbezogener Maßnahmen.

Väter waren zunächst im Fokus politischer Maßnahmen, um Müttern ausbleibende väterliche Unterhaltszahlungen für die Kinder in Form des Unterhaltsvorschusses zu garantieren. Seit den 1990er-Jahren können sich Väter auch nach der Geburt eines Kindes an der Kinderbetreuung beteiligen (Väterkarenz/Elternzeit für Väter).

Steuerpolitik und steuerliche Regelungen beeinflussen ebenfalls die Rolle von Vätern. In Familien, in denen einer der beiden Elternteile den Unterhalt überwiegend oder ganz allein bestreitet und der andere nur ein geringfügiges oder gar kein Einkommen hat, verringert sich die Steuerschuld um einen Fixbetrag.[101] Mit derartigen Steuerbegünstigungen wird strukturell die Vaterrolle als Ernährer verfestigt.

Deutschland und Österreich gehören zum europäischen Typus des konservativen Wohlfahrtsstaats, wobei das System der sozialen Sicherheit zwei Zugangsmöglichkeiten kennt. Die Anspruchsberechtigung erfolgt einerseits über die Erwerbsarbeit und andererseits über die Angehörigen- bzw. Mutterschaft (Witwenpension, Kinderbetreuungsgeld) (Rosenberger 1995). Mit einer Reihe sozialpolitischer Maßnahmen (z.B. Anerkennung der Kinderbetreuungszeit für die Pensions-/Rentenbezüge) entschädigt die Sozial- bzw. Familienpolitik die Mütter und Ehefrauen für ihre Arbeit in diesen Rollen.

Die geschlechtsspezifischen Idealtypen der Mutter und des vollzeiterwerbstätigen (Ehe-)Mannes entsprechen zwar nicht mehr der alltäglichen Realität, korrespondieren aber nach wie vor mit im Sozialstaat verankerten sozial- und familienpolitischen Konzeptionen. Sie stehen daher im Gegensatz

---

101 In Deutschland ist der Effekt zwar der gleiche, beim „Splitting" wird aber kein Fixbetrag abgezogen, sondern es wird steuerlich so getan, als ob beide die Hälfte des Einkommens verdient hätten.

zu den in jüngster Zeit politisch propagierten Zielen einer verstärkten Integration von Vätern in die familiale Verantwortung.

Um Visionen einer neuen Väter-Politik zu entwerfen, müssten die Paradigmen, Strukturen und Funktionsweisen der Arbeitswelt in Frage gestellt werden (vgl. Kap. 4). Menschen funktionieren nicht im vorgegeben Rhythmus eines 8-Stunden-Tages in einer 40-Stunden-Woche. Das Leben – insbesondere das von und mit Kindern – spielt sich vielmehr azyklisch ab. Es ist durch Brüche wie Krankheit, Scheidung, Pflege kranker Kinder und alter Eltern gekennzeichnet und die verschiedenen Zeitregimes von Erwerbsleben und Kinderbetreuung greifen keineswegs nahtlos ineinander.

Flexibilität ist das Schlüsselwort, das Paare in egalitären Arrangements (Kassner/Rüling 2005) als zentral für eine partnerschaftliche Teilung der Elternpflichten anführen. Flexible Arbeitsorganisation führt zumindest zu Verschiebungen, aber per se nicht zu Veränderungen der Arbeitskultur bzw. Verringerung des Arbeitsaufkommens. Sogenannte vormoderne ökonomische Verhältnisse, die in vielen Gesellschaften noch existieren, z.B. die Kultur des Handwerks in arabischen Ländern, zeichnen sich dagegen dadurch aus, dass die Bedürfnisse des Menschen vor jene des Arbeitsmarktes gereiht werden. Auch ist in ihnen Privates und Arbeitsleben nicht strikt voneinander getrennt. Im modernen Erwerbsleben aber wird suggeriert, dass die eigenen Bedürfnisse zurückzustellen sind – und auch die der Kinder.

Im Zusammenhang mit der Organisation der Arbeitswelt wird nicht anerkannt, dass soziale Vaterschaft Arbeit ist und einen „Wert und Prestigegewinn" darstellt. So betrachtet, relativierte sich der Stellenwert von Erwerbsarbeit und die Legitimität von Arbeit als sinnstiftende Instanz würde in Frage gestellt. Ins Wanken käme dadurch die gesamte Arbeitskultur: die entfremdete Norm-Arbeit, die hierarchischen Verhältnisse, das Konkurrenzdenken und das Profitstreben um jeden Preis.

Die Väterrechtsbewegung

Der Kampf um verlorene Machtpositionen durch die Familienrechtsreform der 1970er-Jahre setzte schon Ende der 1980er-Jahre im Rahmen der Väterrechtsbewegung wieder ein. In den 1990er-Jahren wurde der wissenschaftliche Schwerpunkt auf die Defizite im Familienverhalten von Vätern („the missing fathers") durch die Aktivitäten der Väterbewegung zurückgedrängt. Diese lenken seither das Augenmerk primär auf die rechtliche Seite der Vaterschaft, die angeblich Väter nach der Trennung von der Kindesmutter benachteilige (Fthenakis/Textor 2002). In Deutschland forcierten dies vor allem WissenschafterInnen (Fthenakis 1985, 1988; Amendt 2006), in Österreich primär AkteurInnen aus den Bereichen Justiz und Politik.

Seit den 1990er-Jahren haben sich Väter über Internetplattformen organisiert, die weiterhin beanstanden, dass die Kinder trotz der Möglichkeit des Sorgerechtes für beide Elternteile zumeist bei der Mutter bleiben und Vätern die alleinige Obsorge nur äußerst selten erteilt würde[102]. Zur entsprechenden Stimmungsmache trugen auch zahlreiche Artikel in Zeitschriften bei. Ein Schwerpunkt der Zeitschrift „Spiegel" im Jahr 1997 zum Thema „Die vaterlose Gesellschaft"[103] läutete die mediale Propagierung der Väter als angebliche Opfer ein.

Neben der medialen führte die starke politische Lobbyarbeit für Scheidungsväter 2001 in Österreich zu einer Gesetzesänderung, die eine „Obsorge beider Elternteile" für Scheidungskinder festlegte[104], wobei mit dem Wohl des Kindes im Fall einer Trennung der Eltern argumentiert wurde. Von Seiten der Initiative „Recht des Kindes auf beide Eltern"[105] war beklagt worden, dass die Rechtsstellung der Väter nicht der veränderten sozialen Praxis einer zunehmend aktiv gelebten sozialen Vaterschaft gefolgt sei und die Kinder in der Regel der Mutter zugesprochen würden.

Die Sorgerechtsgesetze sind seit deren Einführung allerdings umstritten. RechtsvertreterInnen von Müttern kritisieren, dass die Gesetzesnovelle zwar Rechte für Männer, nicht jedoch für Kinder gebracht habe. Auch nach der neuen Gesetzeslage leben Kinder nach wie vor meist bei ihren Müttern. Das Arbeitspensum der Mutter bliebe demnach gleich, ihre Rechte jedoch müsse sie nun teilen (Bayer 2006). Dieses Gesetz stärke also eine Väterposition, „ohne nach der Qualität von Vaterschaft zu fragen" (Plattner 2011, 14). Auch wird daran gezweifelt, dass ein Kontakt zum Vater grundsätzlich das „Wohl des Kindes" fördere, wie die juristische Diktion heute lautet. Es gäbe sehr wohl Gründe dafür, ihn zu verweigern – z.B. bei psychischer Beeinträchti-

---

102 Beispielsweise: http://www.vaterverbot.at/ (Zugriffsdatum 5.10.2009).
103 Der Spiegel Nr. 47/1997
104 Kindschaftsrechts-Änderungsgesetz 2001. In Deutschland spricht man von der „elterlichen Sorge".
105 Gegründet 1988 vom damaligen Anwalt und Gründer von www.vaterverbot.at Dr. Günther Tews.

gung oder Alkoholismus des Vaters und bei Gewalt gegen die Mutter und/oder die Kinder (Heiliger 2005).

Da es – im Unterschied zum deutschen – im aktuell gültigen österreichischen Gesetz nach der Scheidung kein Weiterbestehen des Sorgerechts beider Eltern ohne eine explizite gemeinsame Willenserklärung gibt, wurde der Ruf nach einer „echten Automatik" laut. Konflikte gibt es auch um die Besuchsrechte, also um die alltagstaugliche Gestaltung der Nachscheidungssituation. In Österreich wird derzeit eine verpflichtende gemeinsame Obsorge diskutiert, die der Regelung in Deutschland folgen soll.

2010 hat die Väterrechtsbewegung in Deutschland durchsetzen können, dass auch ein Vater, der niemals mit der Kindesmutter verheiratet war, ein Sorgerecht beantragen kann. In Österreich wurde dies für uneheliche Kinder, die derzeit in der alleinigen Obsorge der Mutter sind, nur andiskutiert. Die Mutter soll unter Androhung von Strafe auch bei einer außerehelichen Geburt die Obsorge des Vaters zulassen. Die ehemalige österreichische Ex-Justizministerin Bandion-Ortner gab allerdings zu bedenken, dass Mütter in diesem Fall den Vater nicht mehr angeben würden.

2007 leitete ich eine Untersuchung (Tazi-Preve et al. 2007), die der Frage nachging, warum so viele Väter nach der Trennung bzw. Scheidung von der Kindesmutter keinen Kontakt mehr zu ihren Kindern haben. Es zeigte sich, dass dies vielfältige Gründe hat und nur bei einem Teil daran liegt, dass die Mutter den Kontakt zu den Kindern/dem Kind willentlich unterbindet. Die Gründe liegen, so hat sich in der qualitativen Befragung von ExpertInnen herauskristallisiert, im Wesentlichen in den folgenden vier Bereichen:

- Das (Selbst-)Verständnis von Vaterschaft: Dabei geht es um das subjektive Vaterschaftskonzept der Männer, verbunden mit gesellschaftlichen Erwartungen an Väter. Manche Männer ziehen sich gänzlich zurück, weil sie unsicher über die Bedeutung der eigenen Rolle als Vater sind. Es zeigt sich, dass vor allem der klassische „Ernährer-Vater" nach einer Scheidung Probleme mit der Ausgestaltung der Vater-Kind-Beziehung haben kann, da er auf die bisher von der Mutter übernommene Rolle als „Beziehungsvermittlerin" verzichten muss.

- Die Beziehung zur Kindesmutter: Äußerst bedeutsam für den Kontakt zwischen Vater und Kind ist die Qualität der Beziehung des Vaters zur Kindesmutter. Als Schlüsselfaktor für den Kontaktverlust bzw. -abbruch zwischen Vater und Kind erweist sich, wenn Mutter und Vater die Konflikte als Paar und als Eltern vermischen. Besonders problematisch sind dabei die Eskalation von Konflikten und die bisweilen jahrelangen gerichtlichen Auseinandersetzungen.

- Eine neue Partnerschaft: Das Eingehen einer neuen Partnerschaft des Vaters und/oder der Kindesmutter fördert dem Kontaktverlust zwischen Vater und Kind. Das größte Problem stellt dabei das Entstehen von Konkurrenzsituationen zwischen der Kindesmutter oder/und den Kindern und der neuen Partnerin des Vaters dar bzw. umgekehrt, wenn die Kindesmutter eine neue Partnerschaft eingeht.

- Macht und Gewalt: Zentrale Themen im Zusammenhang mit dem Kontaktabbruch zwischen Vater und Kind sind Macht und Gewalt. Auf der einen Seite haben die Kindesmütter eine gegenüber den Kindesvätern privilegierte Position in Bezug auf ihre Kinder, weil sie diese primär betreut haben. Auf der anderen Seite geht es um männliche Gewaltausübung innerhalb der Familie, da Mütter den Kontakt mit Vätern, die während der Beziehung gegen sie und/oder gegen die Kinder gewalttätig waren, verweigern. Ein Teil der Mütter unterbindet den Kontakt, weil sie mit ihrem gewalttätigen ehemaligen Partner in keiner Weise mehr kooperieren wollen.

Es gibt also einen Anteil von Frauen, die dem Vater „die Kinder entziehen". Die Väterrechtsbewegung aber macht uns glauben, dass diese Mütter die große Mehrheit darstellen würden, und weigert sich, andere Faktoren, die zum Kontaktverlust mit dem Kind führen können, anzuerkennen.

Unsere Studie ergab auch, dass sich das Verhalten eines verantwortungslosen Vaters für das Kind durch die gemeinsame Obsorge nicht vergrößert. Andererseits zeigte sich, dass die gemeinsame Obsorge als Machtinstrument missbraucht werden kann, um einen vorhandenen Konflikt massiv zu verschärfen. Von einigen ExpertInnen wurde angegeben, dass ein Teil der Väter, dem es in erster Linie um das Recht auf das Kind gegenüber der Expartnerin gehe, durch die gemeinsame Obsorge erst mobil gemacht werde. Diesen gehe es nicht um die eigentliche Beziehungsverantwortung dem Kind gegenüber.

Seit den Gerichtsurteilen von 2009/2010 können in Deutschland unverheiratete Mütter nicht mehr allein entschieden, ob sie mit dem Vater ihres Kindes das Sorgerecht teilen wollen. Dies hat im Umgang mit dem Vater eine Reihe von Konsequenzen (Huber/Schäfer 2012). Die Mütter geraten unter Druck, weil nun der Vater sein Umgangsrecht auch bei Gewalttätigkeit gegen Mutter bzw. Kinder nicht zwingend verliert. Darüber hinaus kann die Mutter unter Androhung von Strafe dazu gezwungen werden, dem Vater auch dann das Kind zu überlassen, wenn dieses deutlich bekundet, dass es Angst vor dem Vater hat. In der Rechtsprechung hat sich der Gedanke durchgesetzt, dass das Kindeswohl identisch mit einem garantierten Umgang mit dem Vater sei. Gepocht wird auf die Durchrechtlichung des Verhältnisses – das „Recht des Kindes auf beide Elternteile"[106] und das „Recht des Vaters".

Die medial und als Lobbyisten in der Politik einzelner EU-Länder (z.B. Österreich, Großbritannien, Deutschland) äußerst aktive Väterrechtsbewegung kam in den 1990er-Jahren aus den USA nach Europa. Sie verdrängt seitdem erfolgreich eine antisexistische profeministische Haltung, die die Anfänge der Männerbewegung in den 1970er-Jahren geprägt hatte. Sie greift auf die erprobten Konzepte zurück – Kampffähigkeit und Gerichtsfähigkeit als Mittel zur Durchsetzung patriarchaler Interessen (Pelikan 2011).

Für Deutschland konstatieren Heilger und Wischnewski (2003):

> Diese im Grunde relativ kleine Gruppe, wie es scheint, übt durch ihre ständigen Eingaben und Beschwerden an Jugendarbeit, Politik, Medien und Justiz seit den 90er Jahren zunehmend massiven Druck aus und transportiert die Ideologie der angeblich neuen Väter und die Forderung nach Gleichberechtigung im Zugriff auf die Kinder. Sie ist verantwortlich für Falschmeldungen über angeblich grundlose massenhafte Umgangsverweigerung von Frauen und angeblich massenhafte Falschanzeigen wegen sexuellen Missbrauchs. (Heiliger/Wischnewski 2003, 13)

In den USA werden die Vaterrechtsgruppen schon lange als Forschungsthema aufgegriffen. McKenzie (2009) konstatiert, dass es sich nur um einen kleinen Teil – laut McKenzie 2 % – der Scheidungsväter handelt, die mit ihrer Exfrau zu keiner gemeinsamen Lösung finden. Dennoch werden die Betroffenen von den Vaterrechtlern als große und wachsende Bewegung dargestellt. McKenzie (2009) stellt außerdem fest:

> Die Behauptung zahlreicher Vaterrechtsgruppen, dass die meisten Scheidungen von den Frauen ausgehen, „die sich die Kinder krallen wollen", übersieht die Tatsache, dass viele Frauen, die sich scheiden lassen, in Armut enden. (McKenzie 2009, 22)

---

106 Slogan und Website einer österreichischen Väterrechtsbewegung.

Wenige Ehen gehen derart strittig zu Ende, dass der Staat durch oft zahllose Gerichtsverfahren eingreifen müsste. Und dennoch wurde die Vaterrechtsdebatte zur Ideologie stilisiert, in der nun (vermeintlich zu viele) Frauenrechte gegen Männerrechte ausgespielt werden. So dient das Wohl des Kindes als Argument dafür, dass das Recht des Vaters durchgesetzt werden soll. Das ist der Versuch, durch den Einsatz der Instanzen Justiz und Pädagogik der Mutter das Recht auf die Entscheidung, ob das Kind Umgang mit dem Vater haben soll oder nicht, zu nehmen. Nur in patriarchalen Gesellschaften geraten Scheidungen und Trennungen zu Tragödien, die die Kinder traumatisieren. Denn es gibt weder für Mütter noch für Väter oder Kinder ein verwandtschaftliches Netz, das sie auffangen würde.

Der Backlash

Innerhalb der Männerforschung und -bewegung können zwei Denkrichtungen unterschieden werden. Die erstere greift die Erkenntnisse der Frauenforschung auf und will ein egalitäres Verständnis von Männern und ihrer Verantwortung für Kindererziehung und Haushalt entwickeln. Dies impliziert z.B. auch die Forderung nach effektiven Gegenmaßnahmen, um die Gehaltsschere zu beseitigen. Die Männerrechtsbewegung sieht hingegen Männer als benachteiligt an und wirft Frauen vor, bereits „zu viele Rechte" zu besitzen.

Das Leiden an der Trennung vom Kind, das von betroffenen Vätern bzw. von ihnen nahestehenden Frauen – meist deren Schwestern, Mütter u.ä. – geschildert wird (Buchebner-Ferstl/Schipfer/Tazi-Preve 2012), geriert sich neuerdings als Geschlechterkampf. Es wird als besonderer Skandal gewertet, dass nun Männer Opfer seien. Die angewendete Argumentationsstrategie kann als „Ausblendung und diskursive Verkehrung" (Scheibelhofer 2011) gekennzeichnet werden, d.h. reale Machtverhältnisse (Lohndifferenz, Aufstiegschancen, Pensionshöhe, Beziehungsgewalt) werden bestritten und Argumentationen umgedreht. Z.B. wird Gewalt, die häufig Auslöser für eine Trennung ist, negiert, obwohl bekanntermaßen die Kleinfamilie für Frauen immer noch der Ort ist, wo sie am häufigsten Opfer von körperlicher Gewalt und Tötungsdelikten werden (Schröttle 2011).

Der Backlash geht aber über die Väter-Debatte weit hinaus und bezieht sich dabei u.a. auf folgende Themen:

- Es wird nicht nur argumentiert, Väter seien benachteiligt, weil die Gerichte die Kinder regulär der Mutter zusprechen. Auch werden Unterhaltszahlungen für die Kinder so hingestellt, als ob die Mutter sie missbräuchlich verwenden würde.

- Kritisiert wird die angebliche Benachteiligung von Buben gegenüber Mädchen in Schulen, die durch die Überrepräsentanz weiblicher Lehrerinnen entstünde. Diese würden „männliches" Verhalten ignorieren oder negativ sanktionieren. Beschuldigungen ersetzen kritische Auseinandersetzungen um Koedukation und die Gründe der Überpräsenz von Frauen im minder bezahlten Lehrerinnenberuf.

- Des weiteren wird das Thema Gewalt aufgegriffen und in einer Umkehrung der Verhältnisse insistiert, dass Männer als Opfer weiblicher Gewalt ignoriert würden.[107] Müttern wird darüber hinaus vorgeworfen, (Stief-, Groß-)Väter fälschlich des sexuellen Missbrauchs zu beschuldigen. Frauenhäuser werden von Orten der Zuflucht für Frauen und Kinder mit Gewalterfahrungen in Orte uminterpretiert, an denen Frauen (und Kinder) gegen den ehemaligen Partner und Vater aufgehetzt würden.

- Auch zeigen sich Tendenzen, die Gehaltsschere zwischen weiblichen und männlichen Einkommen in Österreich herunterzuspielen oder komplett zu bestreiten.

---

107 Es soll hier nicht bestritten werden, dass Männer durch Frauen Gewalt erfahren. Das Ausmaß der Gewalt aber und die Häufigkeit der Ausübung von Männergewalt gegen Frauen ist jedoch unvergleichbar höher und macht Männer als Opfer von Frauen zu einer kleinen Minderheit.

Kapitel 6
Die Sache mit der Sexualität

Wieso verursacht es so viel Unbehagen, wenn man Familie und Sex zusammendenkt? Ist es die Rede von der „ehelichen Pflicht", die die Kirche verbreitet? Ist es die Tatsache – die regelmäßig TherapeutInnen auf den Plan ruft –, dass das Sexualleben im Laufe einer langjährigen Beziehung oft zum Erliegen kommt? Oder ist es gar die Tatsache, dass Kinder das Beziehungs- und Sexualleben der Eltern negativ beeinflussen?

Und der sexuelle Missbrauch findet häufig innerhalb der Familie statt, durch Groß- und Stief-Väter und andere der Familie nahestehende Männer. Ist es nicht eine Verkehrung der angeblich „heilen" Welt, dass Kinder nirgendwo so gefährdet sind wie in der eigenen Familie und in andern Institutionen, die sie eigentlich schützen sollten: Kindergärten, Schulen, Internate, Sportvereine und pädagogische Einrichtungen?

Oder ist das Problem die eheliche Untreue, die oft als Drama daherkommt oder als Doppelbeziehungs-Stress für den Ehemann und – angeblich seltener – für die Ehefrau? SexualwissenschaftlerInnen und TherapeutInnen widmen sich dem „Ehebruch", der aber dennoch tabuisiert bleibt. Denn die Norm der Ehe oder Zweierbeziehung ist die Monogamie – in der Liebe und beim Sex. „Gehörnte" Ehemänner ernten daher Hohn, denn „Warum soll eine Frau kein Verhältnis haben?"[108] – oder gilt das nur für die Oberschicht? Faktum scheint, dass die Ehe sexuell selten befriedigen kann.

Es gibt ein anderes großes Tabu. Während man für außerehelichen Sex noch Verständnis hat, denn es ist meist Leidenschaft involviert, wird der Besuch von Prostituierten totgeschwiegen. Dass womöglich der (Familien-)Mann von nebenan der Freier ist, der „einen unausgesetzten Strom von Konsumenten darstellt" (Parker 2007), bleibt ungesagt, obwohl es die ganz normalen Ehemänner sind, die schnellen Sex konsumieren oder als Service nach Geschäftsabschluss mitgeliefert bekommen. Verlässliche Zahlen hierzu gibt es keine. Nur in Schweden, Norwegen und Island werden Freier verhaftet und dies auch dokumentiert. In den Grenzgebieten zwischen Deutschland

---

108 Dieses Lied stammt aus der Operette „Eine Frau, die weiß, was sie will", die von zwei Wienern geschrieben/komponiert und in Berlin uraufgeführt wurde. Der Liedtitel lautet „Warum soll eine Frau kein Verhältnis haben?"

und Tschechien und Polen werden zehnstöckige Bordelle betrieben, in denen Tausende von Männern bedient werden.

Haeberle (1994) weist auf einen grundsätzlichen Irrtum bei der wissenschaftlichen Auseinandersetzung mit Sexualität hin, der in der Gleichsetzung von „Reproduktionsverhalten, Geschlechtsrollenverhalten und Sexualitätsverhalten" besteht. Die Unterscheidung zeigt, dass in der Kleinfamilie das Ausleben von Sexualität, die Zeugung und das Aufziehen von Kindern und das Einlernen und Ausüben von stereotyper Männlichkeit und Weiblichkeit gleichzeitig stattfinden. Es wird auch unterstellt, dass sexuelle Wünsche und Rollenverhalten über die gesamte Lebensdauer unveränderlich blieben.

In diesem Kapitel geht es mir einerseits um die Normierung der sexuellen Orientierung und andererseits um die Prostitution. Wie wir sehen werden, ist die Festlegung dessen, was als sexuell „normal" gilt, historisch konstruiert. Die Befriedigung der „Abweichung" – gleichgeschlechtliche und nichtmonogame sexuelle Beziehungen – wird daher zum Problem. Die – männlichen – ungelebten sexuellen Wünsche und Phantasien können in Folge in den Markt kanalisiert werden, d.h. sie werden zur Ware und in Prostitution und Pornographie entgeltlich ausgelebt.

Eine Entsprechung für die unterdrückte Sexualität von Frauen gibt es nicht. Frauen kommen in den existierenden sexuellen Arrangements kaum als Konsumentinnen bzw. Organisatorinnen des Handels vor, sondern sind praktisch immer selbst die Ware, als auf jede Art konsumierbarer Körper, als die Hure. Das Etikett der Hure – die den Gegensatz zur moralisch achtbaren Ehefrau darstellt – erlaubt Männern physischen und psychischen Missbrauch, und der Makel verfolgt die Frauen ein Leben lang.

Eine angebliche „heilige Prostitution" hat es historisch nicht gegeben (Stuckey 2005). Im Gegenteil war ihr Ursprung mit den Interessen des Staates und des Militärs verbunden. Älteste Quellen (600 v.u.Z.) weisen die Etablierung von Bordellen zur Finanzierung des griechischen Militärs nach (Basserman 1969), die mit Sklavinnen aus den Kriegen in Asien ausgestattet wurden. Damals wurde auch die „Ehre der Frau" erfunden und Frauen waren ab nun entweder der Kaste der Ehefrauen zugehörig oder der der „Huren".

Zwang zur Heterosexualität

Die heterosexuell organisierte Kultur begreift sich selbst als die elementare Form der Beziehung und die gegengeschlechtliche Anziehung als die einzig natürliche.

> Der Begriff der Heteronormativität beschreibt Heterosexualität als ein zentrales Machtverhältnis, das alle wesentlichen gesellschaftlichen und kulturellen Bereiche, ja die Subjekte selbst durchzieht. (…) Die Naturalisierung von Heterosexualität zeigt sich in der Selbstverständlichkeit, mit der heterosexuelle Paarbildung als Ursprung und Grundlage aller sozialen Beziehungen angesehen und in Diskurse über Körper, Familie, Reife, Gesundheit, Generativität, Erziehung und Nation eingeschrieben ist. (Hartmann/Klesse 2007, 9)

Die Vorstellung der Vorherrschaft heterosexueller Sexualität ist von beiden Geschlechtern internalisiert und wurde im 19. Jahrhundert wissenschaftlich zur Normalität erklärt. Die „Erfindung der Homosexualität" reicht historisch einen kurzen Zeitraum zurück, nämlich rund 150 Jahre (Haeberle 1994), als erstmals Fragen der moralischen „Abweichung" in sexualmedizinischen Schriften diskutiert wurde. Die Welt des „Lasters" und der – männlichen – „Sodomie" wurde medizinisch-psychiatrisch neu definiert als pervertierte Abweichungen von angeblich natürlichen biologischen und psychologischen Entwicklungen. So entstand das Gegensatzpaar Hetero- und Homosexualität. Die Sexualwissenschaftler Gagnon, Stein, Greenblatt und Kimmel konstatieren:

> Zur Zeit der Erfindung dieser Begriffe sahen die meisten Menschen sich durchaus noch nicht als „Heterosexuelle" oder „Homosexuelle", aber der Erfolg der Medizinergilde lässt sich daran ablesen, dass eben heute diese Dichotomie zwischen normal und abnorm den Diskurs beherrscht. (Gagnon et al. 1994, 70)

Die in die Partnerschaft gezwungene Sexualität reduziert alles Wünschen und Begehren, die gesamte erotische Bandbreite, auf die reproduktive Funktion und fixiert diese auf einen Partner/eine Partnerin. An dieser ideologischen Konstruktion einer domestizierten Sexualität wird festgehalten, wiewohl die empirische Erkenntnis dagegen spricht und sich an den Rändern der Norm längst andere Lebensweisen etabliert haben.

Die Männer

Freud ging bei der Konzeptionierung des ödipalen Dreiecks anfänglich von der Anlage jedes Menschen – d.h. des Mannes[109] – als zuerst einmal „polymorph pervers" aus. Grundsätzlich sei der Mensch also bisexuell veranlagt. Die Kulturleistung des Mannes bestehe aber nun darin, dass er die Rolle, die ihm die Gesellschaft zuschreibt, übernehme und die „heterosexuelle Objektwahl" treffe. Damit seien dann die homosexuellen Neigungen abgewendet.

Später wurde der Freud'sche Ansatz der offenen Orientierung von Sexualität verworfen und man konzipierte Homosexualität als Krankheit (Rauchfleisch 1996), die man lange Zeit auf eine Entwicklungsstörung zurückführte. Für die lesbische Frau nahm man eine männliche Identifizierung und einen latenten Hass auf ihre Mutter an. Das Interesse galt aber von jeher dem männlichen Homosexuellen und seiner angeblichen Charakterstörung. Diese widerspricht nämlich dem Leitbild der patriarchalen Männlichkeit, die mit der Unterdrückung von Gefühlen und der Rivalität zu anderen Männern einhergeht. Daher müssen gleichgeschlechtliche Liebe und erotische Anziehung im traditionellen Männlichkeitsbild massiv zurückgewiesen werden.

Gegen alle Evidenz außerhäuslicher sexueller Aktivitäten gilt in der Moderne nur die eheliche Sexualität als legitim. Durch Freud hat das römisch-christliche Konzept der Ehe eine moralische Begründung bekommen, d.h. die Ehe wurde zur einzig richtigen und erwachsenen Form von Sexualität stilisiert. Darüber hinaus galt sie ab nun als Voraussetzung für eine angeblich gesunde Individualitätsentwicklung.

Foucault (1983) stellte die männliche Sexualität in den Kontext von Macht und Zwang und bewies, wie ihre Normierung „von oben" gesteuert wird. Medizin und Rechtsprechung errichteten eine Hegemonie, aus der es für Männer kein Entkommen gibt, weil „der Sex gleichsam im Inneren der Macht" sei. Sexualität sei der „Kreuzungspunkt" von Körper und Macht die Bevölkerungsfrage zur zentralen Zielscheibe der „Verwaltung des Lebens" geworden. Durch die Vormachtstellung der Heterosexualität werden alle anderen Formen sexuellen Begehrens als „das Andere" marginalisiert. Der Wert der Foucault'schen Analyse liegt darin aufzuzeigen, dass durch das „Regime der Heterosexualität" zahlreiche gesellschaftliche Institutionen wie

---

109 Freud thematisierte in erster Linie die Identitätswerdung des Mannes.

die Rechtsprechung, die Familie und die Sozialpolitik grundlegend geprägt sind.

Die Frauen

Das Konzept eines „sauberen", in die Ehe gepressten Sexuallebens wurde erst durch die Unterdrückung der Sexualität der Frau möglich, deren Orgasmusfähigkeit während der Hexenmassaker als besonders unersättlich und bedrohlich gegolten hatte. Für Frauen war seit der Neuzeit das Ausleben ihrer Sexualität überhaupt in Frage gestellt. Die Entwicklungsgeschichte der patriarchalen Ehe ist die Geschichte der domestizierten Frau, ohne eigene Sexualität, die nur der Zeugung von Nachwuchs diente. Theoretikerinnen wie Anna Bergmann (1992) und Barbara Duden (1991) haben beschrieben, wie der weibliche Körper in einem Feldzug der „Kolonisierung" unterworfen wurde.

Adrienne Rich, eine der ersten und wichtigsten Stimmen zu Mutterschaft und lesbischer Existenz definiert Heterosexualität – genau wie die Mutterschaft – als politische Institution und lässt das Argument einer privaten eindeutigen Neigung nicht gelten. Im Gegenteil seien reproduktives Verhalten, emotionale Beziehungen und Sexualität miteinander verquickt und in die Ehe oder auch als modernisierte Form in die zusammenlebende Partnerschaft kanalisiert worden. Sie betont, dass es in diesem Konstrukt darum gehe, die Loyalität der Frauen an die Männer zu binden. „Zwangsheterosexualität" nannte sie dies in ihrem einflussreichen Aufsatz aus dem Jahr 1986. Rich argumentierte damals, dass Frauen gewaltsam und unter Androhung schwerer Sanktionen auf Männer als erotische Objekte gepolt werden, obwohl die

Heterosexualität die Erotik in einer Weise von den Gefühlen abspaltet, die von Frauen als verarmend und schmerzlich empfunden wird. (Rich 1986, 143)

Die Idealisierung der heterosexuellen Liebesromantik kann nicht darüber hinwegtäuschen, dass Frauen oft emotional und sexuell unbefriedigt bleiben und die Mutterschaft zur Qual werden kann. Dennoch ist die Ideologie darauf gerichtet, Frauen in einer solchen – auf vielen Ebenen unbefriedigenden Beziehung – zu halten. Emotional erfahren Frauen meistens den Rückhalt bei anderen Frauen. Sie tun dies unreflektiert, da ja die „eigentliche" Beziehung und Zuwendung dem Mann gelten soll. Unter der Prämisse der Normalität der heterosexuellen Paarbeziehung werden PaartherapeutInnen aufgesucht, die die Defizite beheben sollen.

Heteronormativität bedeutet für Frauen, ihre Sehnsucht auf Männer zu richten, auch weil das Bedürfnis nach männlicher Anerkennung in der Kindheit durch nicht präsente Väter nie gestillt worden ist und auch kaum andere Männer an der Betreuung und Erziehung der Tochter Anteil genommen haben. Frauen orientieren sich zudem an Männern, weil ihnen von frühester Kindheit an suggeriert wird, dass die patriarchale Welt mit ihren Anreizen von Prestige und Einkommen wesentlich attraktiver, wertvoller und anregender sei als die „Frauen-Welt".

Lesbische Beziehungen wurden – wie die homoerotischen der Männer – in der Psychoanalyse lange Zeit als Krankheit und Unreife oder als durch Frustration entstanden verunglimpft und sozial geächtet. Ihre brutale Verfolgung ist bis heute weltweit Praxis (z.B. in Südafrika; vgl. Schäfer 2010). Rich interpretiert die psychoanalytische „Angst vor den Frauen", deretwegen sie sexuell unter Kontrolle gehalten werden müssten, als Angst der Männer,

> dass sie Frauen auf der ganzen Linie gleichgültig sein könnten: dass ihnen sexueller und emotionaler – und damit ökonomischer – Zugang zu Frauen *nur* unter weiblichen Bedingungen gestattet würde und sie ansonsten an der Peripherie der Matrix zurückgelassen würden. (Rich 1986, 152)

Lesbische Existenz hat für Rich eine politische Dimension, weil mit ihr die Ablehnung einer erzwungenen Lebensweise einhergehe. Auch könne sie nicht mit männlicher Homosexualität gleichgesetzt werden, weil die Skala weiblicher lesbischer Existenz weit variantenreicher sei. Sie geht noch einen Schritt weiter und behauptet, dass alle Frauen „in einem lesbischen Kontinuum" lebten, vom Baby bis zur erwachsenen Frau, das von weiblichen Gemeinschaften geprägt sei, und das auch sexueller Natur sein könne. „Die Lüge der Zwangsheterosexualität" unterminiere systematisch Frauenidentifikation als Quelle von Energie. Im Gegenteil verpuffe diese Macht, indem Frauen einander stützen, um das eheliche Arrangement beibehalten zu können.

Neueren Untersuchen zur sexuellen Orientierung von Frauen (Diamond 2008 u.a.) zufolge ist weibliche Sexualität keineswegs als lebenslang fixierte Orientierung zu verstehen. Diamond beobachtete in ihrer Studie rund 100 junge Frauen, die gleichgeschlechtliche Neigungen angaben, aber sich nicht als lesbisch definieren mussten.[110] Die Studienergebnisse belegen Diamonds Hypothese, dass die weibliche Sexualität grundsätzlich „fluide", also nach beiden Seiten offen und variabel ist. Die beschriebene Flexibilität beinhaltet eine generelle Orientierung, also primär zu Frauen oder primär zu Männern oder zu beiden gleichermaßen. Das Ausmaß der „Fluidität" erweise sich als verschieden, eine sexuelle gleichgeschlechtliche Orientierung könne auch nur phasenweise auftreten. Als Motive für die Wahl einer Frau gaben die Befragten häufig an, dass es ein besonderes Verständnis von Frauen für Frauen gebe, das bei Männern nicht anzutreffen sei. Die emotionale Komponente wurde dabei besonders herausgestellt, die Bindung als intensiver und befriedigender beschrieben als die emotionale Bindung zu Männern.

Damit wird die bisher überwiegend vertretene Theorie widerlegt, dass sich eine gleichgeschlechtliche Neigung immer schon sehr früh zeige und dass diese lebenslang bestehen bleibe. Es ist viel eher davon auszugehen, dass es eine generell offene „Grundkonstitution" gibt – die auch Freud ursprünglich angenommen hatte –, die sich je nach sozialen Umständen in die eine oder andere Richtung entwickeln kann.

Die weibliche Sexualität umfasst also auch oder zeitweise die sexuelle Anziehung, die Erotik, die Emotionen und den körperlichen Kontakt zwischen Frauen. Dabei kann die Beziehung zur Mutter wiederaufleben und damit etwas nachgeholt werden, das in allen außereuropäischen Gesellschaften als Normalität gilt, nämlich die körperliche Nähe und Vertrautheit unter Frauen. In westlichen Gesellschaften wird dagegen jede Art von körperlicher Nähe tabuisiert und ist nur gemischtgeschlechtlichen Paaren oder zwischen Eltern und ihren (kleinen) Kindern zulässig.

Homosexualität und Ehe

Der Film „The Kids Are All Right"[111] zeigt ein konventionelles Paar, das seine Kinder in einer amerikanischen Vorstadt großzieht. Die einzige Andersartigkeit besteht darin, dass das Paar aus zwei „Mums", statt aus Mutter und Vater besteht. Obwohl eine der weiblichen Protagonistinnen zugesteht, dass die „Ehe kein Vergnügen ist", beharren beide auch in der Krise auf der

---

110 Das Alter der Befragten lag zu Beginn der Studie bei 16 bis 23 Jahren, der Beobachtungszeitraum waren 10 Jahre.
111 USA 2010, Regie: Lisa Cholodenko.

kleinfamilialen Idylle und der Ausschließlichkeit der partnerschaftlichen Sexualität.

Engel (2008) nennt die Vereinnahmung abweichender sexueller Lebensformen, wie sie durch die neue und heiß umkämpfte Möglichkeit der Eheschließung für gleichgeschlechtliche Paare geschieht, „befriedete Provokation". Es gehe um einen Prozess der Normalisierung, der Integration von Differenz und der Angleichung an eine Leitkultur. Die soziale Gruppenzugehörigkeit hebele nämlich „den individualisierten Leistungs- und Normalisierungsimperativ nicht aus" (Engel 2008, 45). Daher können sich schwule AktivistInnen gar nicht in die unpolitische Privatheit zurückziehen, wie es neuerdings zu beobachten ist. Nach Engel sei es außerdem ein Problem, dass

> in den seltensten Fällen diskutiert wird, inwiefern geschlechtliche/sexuelle Lebensweisen alternative Formen des Gesellschaftlichen propagieren – und wie sich eine solche diskutierte und gelebte Praxis auf bestehende Macht- und Herrschaftsrelationen auswirken würde. (Engel 2008, 59)

Der politische Anspruch auf Änderung der Verhältnisse wird aufgegeben zugunsten der Integration in die „Leitkultur" inklusive Ehe und Kinder. Und das Phänomen Conchita Wurst zeigt, dass Heterosexualität eingeschliffen wird zur Ein-Sexualität, als ob es nur noch ein Geschlecht gäbe, nämlich das Männliche, das auch das Weibliche – in nun verbesserter Form – verkörpert.

Sexuelle Treue und Prostitution

Zur ehelichen Untreue gibt es wenig Forschung und kaum Statistiken, sondern eher journalistische Materialien wie beispielsweise von Druckerman (2007), die auf Reisen rund um den Globus Interviews mit ExpertInnen und Betroffenen führte. Was sie herausfand, erstaunte die Amerikanerin, denn in den USA wird mit dem „sexuellen Betrug" am prüdesten umgegangen. Ab dem Tag des Eingeständnisses, dem „D-Day", wird minutiös aufgerollt, wie oft und zu welchen Gelegenheiten „betrogen" wurde. RussInnen und FranzösInnen bestreiten im Gegensatz dazu selten, dass sexuelle Untreue Teil des ehelichen Arrangements sei.

(Therapie-)Berichte zeigen, dass gegenseitige sexuelle Anziehung wenig mit einer formalen (ehelichen) Beziehung zu tun hat. Manches Begehren wird ausagiert, manches unterdrückt. Ob dem Partner/der Partnerin der Seitensprung gestanden wird, ist eine Frage der Kultur. Reich deutete die Unterdrückung libidinöser Energien (der Männer) als Klassenfrage, weshalb der

Kampf (der Männer) um die (heterosexuelle) Befreiung Teil des Klassenkampfes sei.

Die Kleinfamilie fungiert aus Sicht der „sexuellen Bedürfnisse" von Männern als eine Art „home base": die Kinder werden versorgt, die Wäsche gewaschen, Essen bereitgestellt – ein Leben „wie in einem Hotel", wie eine Kollegin sagte. Die Ehefrau gerät zur die Grundbedürfnisse befriedigenden Ersatz-Mutter, mit der man gelegentlich Sex hat.

Kein Wunder, dass Freud vom Ödipuskomplex sprach. Der aber tatsächlich eine ganz andere Bedeutung bekommt. Die Ehe bildet in der Familie westlichen Zuschnitts den häuslichen Stützpunkt; der Sex mit der Mutter seiner Kinder wird für Männer immer unattraktiver. Das wahre Begehren muss daher außerhalb befriedigt werden, mit Seitensprüngen und/oder mit gekauftem Sex.

Der Ödipuskomplex ist außerdem als Projektion zu verstehen, die die Verhältnisse umkehrt. Denn Faktum ist, dass in manchen Fällen Männer ihre Töchter missbrauchen und nur in extremen Ausnahmefällen Mütter ihre Söhne. Freud will uns aber wahrhaftig glauben machen, dass von der Frau die Gefahr des Missbrauchs kindlicher Sexualität ausgehe.

Dass Sexualität frei ausagiert werden könne, dafür wurden für Männer Formen geschaffen, die für Frauen niemals vorgesehen waren. Frauen stellen hier vielmehr das „Menschenmaterial" dar-, das Männer konsumieren und das vorwiegend von Männern im hochprofitablen Sex-Geschäft organisiert wird.

Der Mythos von der Freiwilligkeit und Legitimität von Prostitution

Die Terminologie der Sex-Industrie verbirgt ihren wahren Charakter: Da ist die Rede von „Sex-Partys", wenn organisierte Prostitution gemeint ist; von „Sex-Skandal", wenn Politiker bei Vergewaltigungen oder dem Konsum von Prostitution ertappt werden; von „Menschenhandel", wenn Frauen und Kinder geraubt, gekauft und als Sklavinnen für sexuelle Dienstleistungen missbraucht werden; von „Prostitution", wenn es sich in Wirklichkeit um Sklaverei handelt; und von „sexuellem Missbrauch in der Familie", wenn (Stief-, Groß-)Väter die ihnen anvertrauten Kinder missbrauchen. Und es nennt sich Pädophilie, wenn Lehrer, Betreuer, Sporttrainer ihre Schützlinge sexuell missbrauchen.

Rebecca Mott äußerte sich anlässlich der „Feminism in London Conference 2015" zum Ausdruck „sex work":

> The term sex work is a lie. It is mental violence (…) It is a language that erases male violence, erases how organised the sex trade is, and erases any access to human rights for the prostituted. Alongside the term sex work, are other terms or lies, such as – empowerment, choice and female liberation. (…) It hides the fact that prostitution is the most vicious form of capitalism that man has ever invented. (Workshopzitat)[112]

Seit Jahrzehnten verbreitet der Diskurs der „Sexarbeit" die Behauptungen (McElroy 2004 u.a.), Prostitution sei:

- ein Geschäft wie jedes andere. Diese Logik hat in Deutschland zur explosionsartigen Vermehrung von Bordellen an der Grenze zu Osteuropa geführt.
- im glamourösen Umfeld des Escort-Service ganz anders als am tristen Straßenstrich. Im Gegenteil ist bei der vorausbezahlten Prostitution das Risiko von Gewalt hinter verschlossenen Türen weit höher (Morgan 2015).
- so attraktiv, dass es sogar Studentinnen tun, um ihr Studium zu finanzieren Dem entgegnet Parker, nur eine „tiny fraction of sex workers actually might be involved by choice"[113] (Parker 2007, 14).

Durch diese Behauptungen wurde eine Kultur der Akzeptanz des Missbrauchs kreiert, die als „freie Sexualität" daherkommt und die Anklägerinnen als sexuell gehemmt denunziert. Nicht nur andere dürfen also Frauen verkaufen, sie dürfen dies nun nach neoliberaler Logik auch selbst tun. Die „self commodification" geriert sich gar als Fortschritt. Die ehemalige Prostituierte Morgan beschreibt dies so:

> Because the reality of prostitution is the commercialization of sexual abuse, as I say in the book. So it's compensated sexual abuse. (…) Money does not have the

---

112 Eigene Übersetzung: „Der Ausdruck ‚Sex-Arbeit' ist eine Lüge. Es ist mentale Gewalt (…) Es ist eine Sprache, die männliche Gewalt tilgt, sie verschweigt, wie organisiert der Sexhandel ist, und allen Prosituierten den Zugang zu den Menschenrechten verweigert. Neben der ‚Sexarbeit' gibt es andere Ausdrücke oder Lügen wie – Ermächtigung, Wahl und weibliche Befreiung. (…) Diese verbergen die Tatsache, dass Prostitution die teuflischste Form von Kapitalismus ist, die je erfunden wurde."
113 Eigene Übersetzung: „Nur eine winzige Minderheit von ‚Sexarbeiterinnen' dürfte dies aus freien Stücken tun."

magic quality that it takes away the essence of a person's behaviour. (Morgan 2015, im Interview)[114]

Schätzungen gehen davon aus, dass 90 % aller prostituierten Frauen dazu gezwungen werden (Royalle 2000). Aus „Geschäftsgründen" müssen sie vorgeben, Spaß daran zu haben. Das ist die Schein-Zustimmung der Frauen, die von den Freiern allerdings als echtes Einverständnis missinterpretiert wird. Die Durchkommerzialisierung aller Lebensbereiche hat dazu geführt, dass die Selbstausbeutung als normal erachtet wird. Die Obszönität liegt darin, dass Ausbeutung als „Spaß" apostrophiert und verkauft wird, wodurch die Pornoindustrie die Konsumenten glauben macht, dass Frauen Erniedrigung wollen.

> If you show (in a porn-video) women living out a rape fantasy, some men believe that women really want to be raped. And, unfortunately, we live in a culture where a lot of men think that women who are raped are asking for it. (Royalle 2000, 458)[115]

Zuhälter geben vor, eine Welt zu kreieren, die sauber und ein Geschäft wie jedes andere sei (Parker 2007). Die „Unsauberen" seien dagegen die Prostituierten. Denn die Männer in Pornogewerbe und Sex-Business, die Besitzer von Bars und Stripclubs sind nicht drogenabhängig, vielmehr werden Drogen gezielt eingesetzt, um die Frauen in die Prostitution zu zwingen oder zu halten. Die Männer im Sex-Geschäft verstehen sich als Verkäufer eines Produktes wie jedes andere. Sie organisieren Partys und sexuellen Service für Geschäftsleute, Politiker u.a. Dies garantiert ihnen auch den Schutz vor Verfolgung sowie Steuereintreibung.

Triebabfuhr oder der Freier als Tabu

Das größte Tabu in der Diskussion um Prostitution ist jenes um die „johns" (Baldwin 2007), um die Freier, um ihren sexuellen Appetit und ihren (Ehe-)Stand. Eine ältere Studie, die von Boyle (1994) zitiert wird, schätzte

---

114 Eigene Übersetzung: „Denn die Realität der Prostitution ist die Kommerzialisierung des sexuellen Missbrauchs, wie ich in dem Buch sage. Es ist also kompensierter Missbrauch. Geld hat nicht die magische Qualität, die Essenz des persönlichen Verhaltens zu ändern."

115 Eigene Übersetzung: Wenn man (in einem Pornovideo) zeigt, dass Frauen Vergewaltigungsphantasien ausleben, glauben manche Männer, Frauen wollen wirklich vergewaltigt werden. Und, unglücklicherweise, leben wir in einer Kultur, wo viele Männer denken, dass Frauen nach Vergewaltigung verlangen.

für die Stadt Birmingham, die Anfang der 1990er Jahre eine männliche Bevölkerung von 400 000 hatte, dass ungefähr 30 000 Männer je 10- bis 16mal im Jahr eine Prostituierte besuchten. Diese wiederum hatte 22 Kontakte wöchentlich, unabhängig davon, ob sie auf dem Straßenstrich oder im Bordell, in Saunas, Cafés oder Clubs arbeitet. Man weiß wenig über diese Männer. Aber vieles deutet daraufhin, dass es „die Männer von nebenan" sind, die Familienväter (Parker 2007).

Ein sogenannter „Gebietsbetreuer"[116] in einem Wiener Bezirk, der für die notorischen Bordelle und den Straßenstrich bekannt ist, sagte mir, dass die im Stadtviertel kreisenden Autofahrer ihre höchste Frequenz zwischen 12 und 13 Uhr Mittags und zwischen 17 bis 19 Uhr haben. Der notorische Freier schiebt also gekauften Sex in seinen Mittagspausen und/oder an die Stelle der Happy Hour vor dem Nachhausegehen ein.

> Since johns are rarely arrested, their identities remain shielded from public disclosure, as well as from criminal sanction. (...) In prostitution transactions, johns frequently adopt a variety of sexual roles – as boyfriend, as lover, as father. (Baldwin 2007, 301)[117]

Schweden hat 1999 das „Nordische Modell" eingeführt und mit dem Prinzip der Schuldumkehr – der Kauf und nicht der Verkauf von sexuellen Dienstleistungen wird bestraft – eine Möglichkeit geschaffen, ein Profil der Freier zu erstellen. In Schweden, Norwegen und Island werden sowohl der Konsum von entgeltlichem Sex als auch jede Form von Zuhälterei bzw. Bereicherung durch den Verkauf von Frauen mit Geldstrafe und Gefängnis bis zu einem Jahr bestraft. Die schwedische Regierung begründete ihren Vorstoß damit, dass die Kommerzialisierung von Sexualität nicht mit der Vorstellung von Geschlechtergerechtigkeit vereinbar sei und damit unakzeptabel.

> The legislative proposal stated that it is shameful and unacceptable that, in a gender equal society, men obtain casual sexual relations with women in return for payment. (Schwedische Regierung 2010, 29)[118]

---

116 Eine Art Sozialarbeiter für Teile (Grätzel) von Wiener Bezirken.

117 Eigene Übersetzung: „Da Freier selten verhaftet werden, bleibt ihre Identität vom öffentlichen Diskurs ausgeblendet, wie auch von strafrechtlichen Sanktionen (...) In Prostitutionsgeschäften nehmen die Freier häufig verschiedene Rollen an – als Freund, Liebhaber, Vater."

118 Eigene Übersetzung: „In der Gesetzesvorlage wird festgestellt, dass es eine Schande und unakzeptabel ist, dass in einer geschlechtergerechten Gesellschaft Sex mit Frauen gegen Entgelt gekauft werden kann."

Als Resultat dieser Anstrengungen ist der Straßenstrich in Schweden für Freier zum Ort der Gefährdung ihrer Anonymität geworden und wird damit unattraktiver. Der Schwedische Bericht konstatiert, dass

> the purchasers (…) are more concerned about the offence of which they are suspected becoming known to family and aquaintances. (Schwedische Regierung 2010, 38)[119]

Niemand scheint das Interesse auf den riesigen und unersättlichen Appetit der männlichen Sexualität nach gekauften Frauen zu richten. Die einfache Erklärung hierfür ist, dass die Freier/ Täter auch in den Reihen der Gesetzgeber, Exekutive und der wirtschaftlichen Macht selbst zu finden sind und sie daher ein hohes Interesse daran haben, nicht geoutet zu werden. Nur selten kommen sie vor Gericht. Sie sind fast immer verheiratet. Sie heißen Gianni Agnelli, Sylvio Berlusconi und Dominique Strauss-Kahn. Die (Ex-)Frau von Strauss-Kahn gab ein paar Jahre nach den Anschuldigungen und ihrer Scheidung an, nichts von den Umtrieben ihres Ehemannes gewusst zu haben.

Aus der Pornographie abgeschaute Praktiken können kaum an den (Ehe-)Frauen erprobt werden, wohl aber – ungestraft – an diesem „Material", wie die Frauen im Jargon genannt werden, an den „Tierchen" wie der verstorbene Boss von Fiat Gianni Agnelli in einem mitgehörten Gespräch die Minderjährigen nannte.[120] Wegen der Anschuldigung, er habe 2011 versucht, ein Zimmermädchen in einem New Yorker Hotel zu vergewaltigen, kam der damalige IWF-Chef Strauss-Kahn nie vor Gericht. Sehr wohl aber kam es 2015 zu einem Verfahren wegen Zuhälterei, da er eine „Junggesellen"-Wohnung in Paris für Sexpartys mit Callgirls zur Verfügung stellte.

> Die Befragung Strauss-Kahns, die nach zweieinhalb Tagen zu Ende ging, bezog sich auch auf eine Reihe von SMS-Nachrichten, die der heute 65-Jährige mit anderen Angeklagten in Lille ausgetauscht hatte. „Wen hast du im Gepäck?", schrieb er etwa dem Unternehmer XX. In anderen Textnachrichten wurden die Frauen als „Material" oder „Geschenk" tituliert.[121]

Und der Spiegel schrieb am 13.2.2015 zum Fall Strauss-Kahn (DSK):

---

119 Eigene Übersetzung: „Die Freier sind besorgter darüber, dass ihre Familien und Bekannten von ihrem Delikt erfahren würden."
120 Gianni Agnelli erwartete regelmäßig die Bereitstellung von Kindern. Er wurde dafür niemals verurteilt.
121 Standard Online 12.2.2015.

„Es gab einen sehr unangenehmen Moment", sagte die ehemalige Prostituierte Jade. „Als ich DSK den Rücken zuwendete, drang er ohne zu fragen in mich ein. Bevor ich überhaupt etwas sagen konnte, geschah es und ich war aufgespießt. Wenn ich sein Foto wieder sehe, erlebe ich es immer wieder erneut, als würde es mich zerreißen." (…) „Gemetzel", „Schlachterei", solche Worte fielen, als Jade und drei weitere Prostituierte während des Prozesses gegen den ehemaligen IWF-Chef Dominique Strauss-Kahn von ihren Erlebnissen erzählten.[122]

Das für Frankreich geplante Gesetz, das seit 2013 dem Schwedischen Modell der Bestrafung des Konsums von und Bereicherung durch sexuelle Dienstleistung folgen soll, wird seit 2014 blockiert, aber seit dem Fall Strauss-Kahn erneut diskutiert.

Das „Menschenmaterial" und Methoden der Prostitution

Der Kreis schließt sich, denn das Menschenmaterial zur Prostitution kommt oft aus den – dysfunktionalen – Familien.

> The sex industry ultimately is about power (…) They watch carefully for a kind of „victim profile" (…) They focus on young people coming out of families that are abusive, disorganized, or non-existent (Parker 2007, 10)[123]

Vor allem werden junge Frauen aus Familien ausgewählt, die keinen Schutz gewähren, in denen Eltern psychisch krank und/oder drogenabhängig sind oder/und wo sexueller Missbrauch den Zusammenhalt zerstört hat. Armut, der Mangel an Zugang zu Bildung und guten Arbeitsplätzen erhöhen die Gefahr, Opfer sexueller Ausbeutung zu werden. Sexuell missbrauchte Jugendliche verlassen ihre Familien und sehen die Prostitution als die bessere Option an gegenüber dem Aufwachsen an Orten, wo sie von den für sie verantwortlichen Personen selbst missbraucht werden. Und wo viele Mütter sich als außerstande erweisen, ihre Kinder vor ihren Missbrauchern zu schützen.

Minderjährige, die auf der Straße leben, sind in den USA besonders gefährdet, weil „under age (…) most social service agencies will not help them" (Parker 2007, 11).[124] Die „Runaways" werden dann zu „Throwaways"[125]

---

122 Spiegel Online 13.2.2015.
123 Eigene Übersetzung: „Der Sex-Industrie geht es um Macht. (…) Sie beobachten genau, ob sie jemand mit einem ‚Opferprofil' finden (…) Sie konzentrieren sich auf junge Menschen, die aus Familien mit einer Missbrauchsgeschichte kommen oder aus unorganisierten und nicht existenten Familien."
124 Eigene Übersetzung: „Minderjährigen wird in den meisten sozialen Einrichtungen nicht geholfen."

(Parker 2007, 11), denn unter 18-Jährige können nicht regulär beschäftigt werden. Daher können sie leicht in die Prostitution gezwungen werden und sind auf dem „Sex-Markt" heiß begehrt. Die Methoden der Prostituierung heute sind dieselben wie im viktorianischen Großbritannien (Boyle 1994, Parker 2007):

> *Domestic violence transition* „targets young people coming out of abusive homes who are emotionally needy, and have no real idea of what a normal loving relationship is" (Parker 2007, 11).[126]

Boyle zitiert ein Mitglied der United Nations Advisory Group zu Jugendkriminalität:

> There is the trade's network. I know of no 15-year-old who can walk out of a home and set herself up in a flat. (…) Once involved in this network, she is pushed on to other people and further drawn in. People involved in recruiting these children are extremely successful in hiding them. (Boyle 1994, 121)[127]

Der sich als „boyfriend" gerierende Zuhälter wird zunehmend kontrollierender und gewalttätig und zwingt die junge Frau in die Prostitution, um seine finanziellen Probleme zu lösen. Junge Frauen stellen die Mehrheit der Opfer dar. Sie werden zudem fast immer selbst Mütter, die oft das Sorgerecht für ihre Kinder verlieren. Kinder von Freiern werden häufig zur Adoption freigegeben; Kinder von Zuhältern, die vor Gericht als „Väter" anerkannt werden, sind von Anfang an dem möglichen sexuellen Missbrauch ihres Zuhälter-Vaters ausgesetzt.

Beim *slave taking* (Sklavennahme) „befreundet" sich ein junger Mann mit der jungen Frau und spioniert die Situation aus, um sicherzustellen, dass sie ungeschützt genug ist. Zumeist werden so z.B. osteuropäische und russische Frauen unter falschen Versprechungen – ein guter Arbeitsplatz in Westeuropa – angelockt. Dann wird die Frau isoliert und oft in Gefangenschaft gehalten.

---

125 Eigene Übersetzung: Die „AusreißerInnen" werden zur „Wegwerfware".
126 Eigene Übersetzung: „Im Übergang von der ‚häuslichen sexuellen Gewalt' werden junge Menschen aus gewalttätigen Familien ausgewählt, die emotional bedürftig sind und die keine Ahnung haben, was eine normale liebevolle Beziehung überhaupt ist."
127 Eigene Übersetzung: „Da gibt es ein gewerbliches Netzwerk. Ich kenne keine 15-Jährige, die ihr Zuhause verlassen und eine Wohnung finden kann. (…) Sobald sie in dieses Netzwerk integriert ist, wird sie an andere Personen weitergereicht und weiter hineingezogen. Die Leute, die diese Kinder anwerben, sind extrem erfolgreich darin, sie zu verstecken."

Over a prolonged period, she is terrorized, tortured, and gang-raped. (Parker 2007, 11)[128]

Dadurch wird sichergestellt, dass sie keinen Widerstand mehr leisten wird, sobald sie prostituiert bzw. an den nächsten Zuhälter verkauft wird. Auch hier finden sich Parallelen zur Geschichte: Mittellose junge britische Frauen wurden im 19. Jahrhundert auf diese Weise auf den europäischen Kontinent gelockt.

Im *grooming process* (Erschleichung sexueller Handlungen an Kindern) wiederum „verführen" ältere männliche Täter – oft im pädagogischen Bereich – zu Hause misshandelte, missbrauchte und vernachlässigte Kinder. Deren Widerstand wird langsam durch Drogen, Geld oder Alkohol gebrochen. Die älter werdenden Kinder werden von diesem dann abrupt fallengelassen, sind dadurch verletzbar und werden „vulnerable to further involvement in the sex industry"[129] (Parker 2007, 12).

---

128 Eigene Übersetzung: „Sie wird über einen längeren Zeitraum terrorisiert, gefoltert und in Gruppen vergewaltigt."
129 Eigene Übersetzung: „Gefährdet, weiter in die Sexindustrie verstrickt zu werden."

Kapitel 7
Familie als matrilineare Verhältnisse

Die auf den Kopf gestellte patriarchale Logik des Systems Kleinfamilie besteht darin, dass die Frau den Ort ihrer Herkunft und der mütterlichen Stütze aufgeben muss. Patrilinearität bedeutet die Neugründung eines Haushalts, in dem sie emotional und zumeist auch ökonomisch von ihrem Partner abhängig ist. Er wird außerdem zum einzigen Rückhalt beim Aufziehen der Kinder. Im Falle einer Scheidung ist das Risiko groß, dass die Kinder den Kontakt zum Vater verlieren und bei einer ökonomisch und emotional überlasteten Mutter aufwachsen.

Wie sich in den vorangehenden Kapiteln gezeigt hat, beruht die Kleinfamilie auf falschen Vorannahmen und ist daher immer in Gefahr auseinanderzubrechen. In diesem Kapitel werden alternative Modelle vorgestellt, die aus der anthropologischen Forschung bekannt sind. Dabei geht es nicht um eine Rückkehr in eine andere Kultur, sondern vielmehr darum, den Blick zu schärfen, Offenheit zuzulassen, die Normalität zu demontieren und andere Möglichkeiten aufzuzeigen, die für uns Vorbilder sein können.

Darüber hinaus werden in diesem Kapitel Spuren des „verwahrlosten Matriarchats" (Werlhof) in unseren Breiten verfolgt, die zeigen, wie matriarchale Prinzipien auch heute wirksam sind.

Alternative Modelle

Nach älteren Schätzungen (Briffault 1931) war um 1800 noch ungefähr die Hälfte der damals bekannten sogenannten „Naturvolksgruppen" matrilinear organisiert. Aus dem „World Ethnographic Sample" der 1960er-Jahre (Murdock 1965) geht hervor, dass von 565 untersuchten Gesellschaften 15 % matrilinear, 44 % patrilinear und 36 % bilateral organisiert waren. Heute schrumpft die Zahl der matrilinearen oder egalitären Gesellschaften, da sie von den sie umgebenden Gesellschaften patriarchalisiert werden.

Wir benötigen aber gerade den Einblick in das Denken außereuropäischer Kulturen, die Land, Familie und Gemeinschaft nicht getrennt voneinander denken und überwiegend als Subsistenzgesellschaften leben. Jeannette Armstrong (2007) vom Stamm der Syilx (Okanagan, Kanada) beschreibt ihr Verständnis des Familiensystems als Gemeinschaft, als lebendigen Organismus.

We think of it as a body. The whole family system is one body that is incomplete if that whole family system isn't intact. The nuclear family isn't what I am talking about. Family means extended family. Three or four generations of aunts, uncles, cousins, grandmas, grandpas, great grandmas, great granddads, and so on, as the repository of many skills in terms of how to do community, how to be community, and how to be community on the land; in terms of how we treat the land and how we take care of it and how we take care of each other without destroying the land, and how we move that long. (Armstrong 2007, 47)[130]

Die Weltsicht der Sami in Finnland zeichnet sich dadurch aus, dass das Land eine physische und spirituelle Einheit darstellt, von der die Menschen ein Teil sind. Die Beziehung zum Land wird durch kollektive und individuelle Rituale aufrechterhalten, deren integraler Bestandteil das Schenken und Gegenseitigkeit sind (Kuokkanen 2007).

Central to this perception is that the world as a whole is constituted of an infinite web of relationships extended to and incorporated into the entire social condition of the individual. (Kuokkanen 2007, 71)[131]

Die weißen Siedlerinnen Nordamerikas waren erstaunt gewesen über die matrilineare Struktur, die sie bei den Indigenen vorfanden (Brant 2014). Sie stellte eine Gefahr für das patriarchale Gefüge der Einwanderer dar und um die patrilineare Kleinfamilie zu verteidigen, wurden indigene Frauen dämonisiert. Gerade diese sind es nun, die sich in den letzten Jahren verstärkt zu Wort melden, z.B. zu den Milleniumszielen der UNO, indem sie nicht nur auf die besonders benachteiligte Situation der Angehörigen indigener Völker hinweisen, sondern auch Respekt für ihre Lebensweise einfordern und sie als Alternative zum dominanten westlichen Modell darstellen. Barbara Mann, eine indigene Stimme vom Stamm der Seneca (Ohio) fordert die Rückgewinnung von Respekt und Anerkennung für eine Lebensweise, die westliche

---

130 Eigene Übersetzung: „Wir denken darüber (das Familiensystem) als Körper. Das ganze Familiensystem ist ein Körper, der nicht ganz ist, wenn die ganze Familie nicht intakt ist. Ich spreche nicht über die Kleinfamilie. Familie bedeutet eine erweiterte Familie. Drei, vier Generationen von Tanten, Onkeln, Cousins, Großmüttern und so weiter, als die Wahrer/innen vieler Fähigkeiten, wie man Gemeinschaft schafft, wie man Gemeinschaft ausübt und wie man in Gemeinschaft mit dem Land ist; im dem Sinne, wie wir das Land behandeln und wie wir uns darum kümmern und umeinander, ohne es zu zerstören und wie wir uns dort bewegen."

131 Eigene Übersetzung: „Zentral für diese Auffassung ist, dass die Welt als Ganze aus einem unendlichen Gewebe von Beziehungen besteht, die die gesamten sozialen Lebensbedingungen des Individuums umfasst."

Kulturen entweder in der Vergangenheit vernichtet haben oder deren Existenz heutzutage schlicht ignoriert wird.

> Für indigene Völker aus matriarchalen Kulturen ist es zutiefst demoralisierend, ihre Jahrtausende alte Geschichte ignoriert, unterschlagen oder von akademischen Stellungnahmen heruntergespielt zu sehen, welche patriarchale Unterdrückung als „von Urzeiten" an als „gegeben" darstellen. Und das, obwohl ihre eigenen Kulturen in der Tat als bekannte und erkennbare Modelle für Gesellschaften dienen könnten, die auf Zusammenarbeit und gegenseitigen Respekt beruhen! Indem man stillschweigend Patriarchat und Herrschaft als „die Norm" betrachtet, sabotiert man Bemühungen, alternative Modelle als legitim einzuführen. (Mann 2005, 13)

Die Minangkabau, die auf der Insel Sumatra leben und die die größte ethnische Gruppe Indonesiens darstellen, sind für ihr matrilineares Sozialsystem und ihre matriarchalen Werte bekannt, obwohl sie gleichzeitig dem Islam angehören (Reeves Sunday 2006). Ihr Stammesgesetz, das „Adat", stellt die Matrilinearität ins Zentrum und garantiert damit, dass Kinder immer in Sicherheit und Würde aufwachsen können, auch wenn die eigene Mutter nicht in der Lage ist, ihre Kinder adäquat zu versorgen.

Die Anthropologin Ifi Amadiume (1996) untersuchte das Geschlechterverhältnis der Nnobi (Nigeria) in vor- und nachkolonialer Zeit und kommt zum Schluss, dass diese, wie zahlreiche andere afrikanische Gesellschaften, auf matriarchalen Ursprüngen basiert, die in einigen Elementen bis heute vorhanden sind und weiterexistieren „selbst in den patriarchalsten afrikanischen Gesellschaften" (Amadiume 1996, 270).

Die prägende Person aller Matriarchate ist die Clanmutter, also die ältere Frau. Die Liebe und Achtung für sie hat mythische, historische, sakrale und zutiefst persönliche Bedeutungen. Bis heute beziehen sich die Khasi im indischen Meghalaya auf ihre mütterliche Abstammung und praktizieren die Ultrogenitur, d.h. dass die jüngste Tochter Amt, Würde und das Eigentum des Clans erbt. Erbe bedeutet aber keinen persönlichen Besitz, sondern die Verantwortung für die Gemeinschaft, die sie gemeinsam mit dem Mutterbruder übernimmt (Pakynthein 1999).

Der Khasi Clan (Kur) besteht aus vier Segmenten, die alle auf dieselbe Ahnmutter zurückgehen (Pakyntein 1996). Der „Kur" ist in mehrere „Jaids" unterteilt, die sich auf die „alte Ahnin" beziehen, während ihre Teile, die „Kpohs", auf die „junge Ahnin" zurückgehen. Der Name bedeutet, dass sie „aus demselben Bauch oder Nabel" kommen. Diese „Kpohs" sind wiederum in eine Reihe von „Ings" unterteilt, die im engeren Sinne „Familien" oder

Haushalte sind. Die Aufgabe dieser „Ings" ist es, das Vermögen der Ahninnen zu bewahren und die religiösen Zeremonien fortzusetzen. Auch der Kontakt zur Verwandtschaft innerhalb des „Kpoh" gehört hierzu. Die wichtigsten Personen sind die „Khadduh", die jüngste Tochter, sowie der älteste Mutterbruder.

Die Khasi unterscheiden die „Iing", Familie, vom „Kur" oder Clan der Khasi (Mukhim 2009). „Ka ing" ist das Geburtshaus und Zentrum aller religiösen Rituale. Das spirituelle Leben der Khasi dreht sich um die Familie oder „Iing" als religiöse Einheit, wo die Rituale um die Namensgebung eines Kindes, um die Hochzeit, in Todesfällen und Rituale anderer Art begangen werden.

Anhand der Khasi zeigt sich aber auch, dass die Kolonisierung der Briten und die Modernisierung in Form der Einführung des Privateigentums und der Geldwirtschaft nachhaltigen Einfluss auf die traditionelle matriarchale Gesellschaft hatte. Durch sie wurde das matrilineare Erbprinzip infrage gestellt. Ein Gesetz von 1984 ermöglichte, dass das selbst erwirtschaftete Eigentum an die Kinder beiderlei Geschlechts vererbt werden kann. Das Vermögen der Ahnen allerdings wird weiter weiblich vererbt. Die matrilineare Tradition erodiert allerdings weiter, wenn nun in töchterlosen Clans nicht mehr, wie früher üblich, Mädchen adoptiert werden, die die mütterliche Linie weitervererben sollen.

Die Veränderungen, die mit dem Einfluss der Marktwirtschaft, der Migration, Urbanisierung und dem Kontakt mit der die matriarchalen Völker umgebenden Kultur einhergehen, gefährden deren Lebensgrundlage (Mukhim 2011). Hinzu kommt der Einfluss von Christentum, Hinduismus und Islam. Besonders die Christianisierung führte zu einer sozialen Durchmischung, die die gesamte Sozialstruktur auseinanderriss. Mit ihr sollte auch der Vatername durchgesetzt werden. Diese Bemühungen halten bis heute an. Die Mechanismen der Patriarchalisierung sind u.a. legale Stärkung der Ehe, Vatername, Enteignung vom Familienbesitz. So erodieren die matrilinearen Clansysteme, Ehen westlichen Zuschnitts nehmen zu und geschiedene Frauen verlieren den familialen Rückhalt.

Skizze des matriarchalen Verständnisses von Familie

Dass der Bereich der Reproduktion anders organisiert werden kann als in patriarchalen Gesellschaften üblich, soll anhand einiger Skizzen matrilinear lebender Gesellschaften verdeutlicht werden. Historische (vgl. Bachofen 1975, Göttner-Abendroth 1991, Meier-Seethaler 1988) und heutige matrilinear lebende Gesellschaften (Minangkabau auf Sumatra/Indonesien, Mosuo in Südchina u.v.a.) zeichnen sich durch ein Familienverständnis aus, in dem sich Familienangehörige über die mütterliche Herkunft definieren und durch sie einander verbunden und verpflichtet sind.

In einem solchen Gefüge ist die *Mutterlinie* bestimmend, es gilt also auch im Räumlichen die „symbolische Ordnung der Mutter" (Muraro 1993). Dass nur die mütterliche Abstammung sicher ist, wussten schon die Römer. Die Matrilienarität besitzt insofern eine inhärente Logik, die historisch durch die künstliche Vaterlinie ersetzt worden ist. Das „Adat" der Minangkabau hat den Sinn, dass Kinder immer eine Familie, immer Nahrung und angestammtes Land haben (Reeves Sunday 2006). Solche Matri-Clans wohnen in einem Sippenhaus zusammen, typischerweise in Langhäusern (wie bei den Minangkabau) oder das Sippenhaus besteht aus an das Zentralhaus angebauten oder es umgebenden Häusern.

> Hier wohnen die Clanmutter und ihre Schwestern, deren Töchter und Enkelinnen, sowie die direkt verwandten Männer: die Brüder, Söhne und Enkel der Clanmutter und ihrer Schwestern. (Göttner-Abendroth 2007, 6)

Das mütterliche Clanhaus garantiert der Frau nicht nur ökonomische und emotionale Sicherheit, es erlaubt auch die freie Liebeswahl. Die Mutter ist stets durch die Anwesenheit der Schwestern, der eigenen Mutter und der Brüder und Onkel entlastet. Kinder werden im Verband erzogen und niemals zur alleinigen Angelegenheit der biologischen Mutter gemacht.

Das Verständnis von *Mutterschaft* entspricht ebenso wenig dem uns vertrauten. Dem Matri Clan der Hopi beispielsweise steht die älteste Frau als „erste Mutter" vor, die Anweisungs- und Ratgeberin für den ganzen Clan ist. Die Mutter bzw. die Mütter des Clans werden als wertsetzende Instanzen erlebt. Alle Frauen der Familie sind die Mütter aller Kinder.

> In Mohawk there is no word for „aunt". Most people refer to their mother's sisters as Istah or Mother just as they would refer to their own mother. (…) You start out with many mothers. That's just how it is. (Brant 2014, 43)[132]

---

132 Eigene Übersetzung: „In Mohawk gibt es keine Wort für ‚Tante'. Die meisten Menschen beziehen sich auf die Schwestern der Mutter als Istah oder Mutter so wie sie die eigene Mutter nennen. (…) Man fängt mit vielen Müttern an. So ist es eben."

Kinder wissen manchmal nicht, welche der Mütter ihre leibliche Mutter ist. Die Kinder gehören zu einem Clan, tragen denselben Clannamen und sind Teil einer großen Gruppe. Die Kinder der Schwestern, also die Cousins und Cousinen der Kinder, gehören zur selben Familie, während die Männer nur jene Kinder für die eigenen halten, die denselben Clannamen tragen, der sich über die gemeinsame Matrilinie bestimmt. Matrilinearität gilt den Khasi als bester Schutz für ihre Kinder. Den Status des unehelichen Kindes kann es nicht geben, denn das Kind gehört stets zur Mutter und deren Sippe, wie bei den afrikanischen Asante (Ghana) betont wird (Donkoh 2010).

Die *Ehe* wird grundsätzlich anders verstanden als die Institution der Ehe, wie sie in den westlichen Gesellschaften bekannt ist. Sie ist keineswegs als lebenslang gedacht, sondern zumeist für kürzere Lebensabschnitte, Scheidungen sind daher auch weder besonders schwierig durchzusetzen noch sozial sanktioniert (z.B. beim Bantu-Volk der Bemba).

Besuchsehen sind die häufigste Form der Ehe, z.B. bei den Mosuo in China, wenn sich diese auch über die Zeiten verändert haben und ein Zusammenleben des Mannes der Frau in ihrem Clan – z.B. bei den südamerikanischen Goajiro-Arawak-Indianern in Kolumbien und Venezuela (Göttner-Abendroth 2000) – üblich geworden ist. Die Irokesen führten historisch Besuchsehen oder die Männer wohnten vorübergehend im Clan der Ehefrau. Die für die Zeit zwischen 1880 und 1940 gut erforschten Hopi-Indianer (Titiev 1944) lebten die klassische Besuchsehe. Diese Praxis wurde von den Missionaren solange verunglimpft, bis die Hopi begannen monogam zusammenzuleben, immer noch aber im Haus der Gattin. Dabei bleiben Ehemänner im Clanhaus der Ehefrau lediglich Gast, entweder über Nacht oder zeitweise ganztägig.

Lamu Gatusa (2006) definiert die lebendige Tradition der Besuchsehe bei den Mosuo folgendermaßen:

> Eine Frau oder ein Mann heiratet völlig frei den anderen Partner der eigenen Wahl. Die Liebenden treffen sich nachts im Clanhaus der Frau, und beim Morgengrauen geht der Mann Heim zu seiner eigenen Mutterfamilie. Das Paar gründet keine neue Familie und hat kein gemeinsames Eigentum (…) Da ökonomische Verpflichtungen fehlen und kein familiärer oder politischer Druck vorhanden ist, die ihre Entscheidung beeinflussen, sind die erotische Liebe und Zuneigung die einzige Basis der Beziehung. (Gatusa 2006, 82)

Ehen patriarchalen Zuschnitts sind unbekannt. Die Mosuo-Frauen gehen davon aus, dass die erotische Anziehungskraft eines Paares kaum länger als 4 bis 6 Jahre anhält und halten es für fahrlässig, solch wechselhafte erotischen Gefühle zur Grundlage familialer Beziehungen zu machen.

Der Ehemann erlangt niemals dieselbe Position wie der *Mutter-Bruder*, der der wirkliche „Mann an der Seite der Ehefrau" ist. Er verteidigt sie und ihre gemeinsame Mutter im Notfall, er ist der soziale Vater ihrer Kinder. In matriarchalen Gesellschaften gilt das Bruder-Schwester-Paar, das über die gemeinsame Mutter verwandtschaftlich und in Verantwortung miteinander verknüpft ist, als das wichtigste Paar. Der Bruder ist der Mann, der die Frau durchs Leben begleitet, im selben mütterlichen Haushalt lebt wie sie und der soziale Vater ihrer Kinder ist (Madeischy 2010).

Über den Mutterbruder bei den Minangkabau schreibt Peggy Reeves Sunday (2006):

> Die Hauptfunktion des Mamak oder Mutterbruders ist, Streit zu schlichten, mit seinen Schwestern über Heiratsangelegenheiten zu verhandeln, erbliche Würden an neue Kandidaten weiterzugeben und die Männer von anderen Sippen zum öffentlichen Austausch von Reden bei Adat-Zeremonien einzuladen. (Reeves Sunday 2006, 65)

Bei den historischen Irokesen beispielsweise war „*Vaterschaft*" zwar bekannt, hatte aber geringe Bedeutung. Bei den Hopi wurde die Vaterschaft erst durch die Arbeit von Missionaren bedeutsam. Die soziale Vaterschaft hingegen stand im Vordergrund und wurde vom Mutterbruder übernommen; bei den Tuareg vom ältesten Bruder der Mutter. Bei den Mosuo hat der leibliche Vater keine Verantwortung für die Kinder (Langhammer 2012). Seine Aufgabe ist vielmehr zu helfen, die Kinder seiner Schwester großzuziehen. Auch bei den Minangkabau ist die biologische Vaterschaft zwar anerkannt, sie ist aber nicht identisch mit sozialer Vaterschaft.

> In Übereinstimmung mit der Tendenz der Minangkabau, das Werden und Wachsen zu betonen statt der Konkurrenz und Aggression, ist auch ihre Vorstellung von der Rolle des Vaters am Modell der Ernährung und Pflege an der Natur orientiert. (…) Von Vätern und Onkel wird erwartet, dass sie kooperieren, um die Familien ihrer Schwestern und ihrer Ehefrauen finanziell zu unterstützen. (Reeves Sunday 2006, 60)

Bei den Khasi wird bei der Zeremonie der Namensgebung für ein männliches Kind Schwert, Pfeil und Bogen übergeben. Damit wird symbolisch seine Rolle als Beschützer des ganzen Clans angezeigt.

Die *Mehrgenerationen-Familie* ist die Normalität, die Aufgehobenheit von pflegebedürftigen und sehr alten Menschen ist in matriarchalen Zusammenhängen immer garantiert. Auch gibt es ein Bewusstsein dafür, dass die Aufgaben je nach Lebensalter verschieden sind.

Die Form des Zusammenlebens, in der sich Menschen über die mütterliche Linie verbunden fühlen, garantiert die Verantwortung für das Wohl aller Sippenmitglieder. Für diese Verantwortung findet sich in der patriarchalen Familie keinerlei Entsprechung, vielmehr befinden sich Frauen und Kinder dort „im Exil". Die Beziehung zur älteren Generation und zu den Geschwistern wird der Kleinfamilie nachgereiht. Der Mangel an Rückhalt aus der Mutterlinie führt zu Überforderung und Isolation der Mütter. Verlassen Frauen unterdrückerische Paarbeziehungen, wird ihre Situation als alleinerziehende Mütter besonders dann unerträglich, wenn die emotionale und materielle Unterstützung der eigenen Mutter, Tante oder Schwester fehlt.

Bei den Kabylen Nordafrikas wird deutlich, dass die Gemeinschaft die Familie ausmacht und weniger das Individuum.

> In jeder Beziehung erleben die Kabylen ihre soziale Identität als Teil der Gruppe. Ihre Verantwortung ist an der Familie orientiert, und das hat zur Folge, dass sich nie jemand isoliert, sondern immer durch die Seinen beschützt fühlt. (...) Der traditionellen Vorstellung gemäß gehören Kinder nicht ihren Eltern, sondern den jeweiligen Verwandtschaftsgruppen (...) Ein Kind einer einzigen Mutter und einem einzigen Vater zuzusprechen ist ein Gedanke, der ein individualisiertes soziales Konzept voraussetzt." (Grasshoff 2006, 125–128)

Bernedette Muthien (2008) untersuchte die KhoeSan[133], wohl die älteste Population Südafrikas, um deren indigene Stimme nach der Geschichte der Kolonisation und Apartheid wieder hörbar zu machen. „Ubuntu", das Sich-einander-Zuwenden ist Grundlage ihrer Gemeinschaft.

> The thesis (...) provides strong evidence of the practice of „Khoe!na" or „ubuntu", that is a sense of interconnectedness, of extended family and kinship, of community in which people's existence is critically tied to a profound sense of belonging. This deep respect for and appreciation of all people and the cosmos at large is of necessity inclusive of women. (Muthien 2008, 153)[134]

---

133 Die Wörter Khoe und San bedeutet „Leute".
134 Eigene Übersetzung: „Die These (...) kann belegt werden durch die Praxis des „Khoe!na" oder „ubuntu", das einen Sinn für Verbundenheit meint, von erweiterter Familie und Verwandtschaft, von Gemeinschaft, in der die menschliche Existenz durch den profunden Sinn der Zugehörigkeit gekennzeichnet ist. Dieser tiefe Respekt und die Anerkennung aller Menschen und des Kosmos im Ganzen ist allen Frauen eigen."

Bedeutung der Matrilinearität für unsere Kultur

Die skizzierten Verhältnisse zeigen ein Verständnis, das sich von dem in westlichen Gesellschaften allgemein üblichen unterscheidet. Es zeigt, dass das hiesige und für normal gehaltene alle Grundprinzipien auf den Kopf gestellt hat (Schmölzer 2005; Chiavola Birnbaum 2013). In der Matrilinearität sind alle Frauen einer Familie die Mütter aller Kinder. Erotische Beziehungen und Ehen sind nicht Teil der Familie, sondern werden ganz und gar als private Angelegenheiten erachtet. Normalerweise zieht weder der Ehemann ins Haus der Ehefrau noch umgekehrt. Ehen sind außerdem keineswegs so bindend und mit allen rechtlichen Konsequenzen versehen wie in westlichen Gesellschaften. Sogenannte Besuchsehen, in denen der Ehemann die Frau besucht und selten über Nacht bleibt, sind weitverbreitet. Die emotionale und ökonomische Unterstützung der Kinder kommt von der mütterlichen Linie, und das Fehlen einer emotionalen oder wirtschaftlichen Abhängigkeit vom Ehemann ist ein Grundprinzip. Der Mutterbruder ist der soziale Vater der Kinder seiner Schwestern.

Hierin liegt gerade der entscheidende Unterschied zum Liebeskonzept der Moderne. Liebe und Zuneigung sollen nicht mehr an die Herkunftsfamilie und an die Kinder gebunden sein oder in der Wissenschaft an die Erkenntnis durch Sympathie für den zu untersuchenden Gegenstand, sondern an übergeordnete künstlich geschaffene Gebilde wie den Staat und die Ehe.

Die noch im 19. Jahrhundert bestehende Verwandtschaftsordnung der Irokesen orientierte sich an der Mutterlinie, genannt „Ohwachira" (Göttner-Abendroth 2000). Die „Ohwachira" bildete die Grundlage der Irokesen-Gesellschaft, da Verwandtschaft nicht als individuelle Angelegenheit verstanden wurde, sondern als gemeinschaftliche. Der Ich-Begriff der Moderne steht dem Verständnis des Kollektivs aller matriarchalen Gesellschaften entgegen. Das „Cogito ergo sum" („Ich denke, also bin ich"; Descartes) der Aufklärung führte die Menschen in eine Konkurrenz zueinander und trennte sie von anderen. Die persönliche Bedeutsamkeit im Matriarchat ergibt sich hingegen aus der Interaktion mit anderen, wie beispielsweise bei den Khoesan, der afrikanischen Urbevölkerung Südafrikas:

„I am because I belong" (…) Desmond Tutu asserts that for him, ubuntu speaks of the very essence of being human: to be generous, to be hospitable, to be friendly, caring, and compassionate. You share what you have. (Muthien 2009, 146)[135]

Sobonfu Some vom matriarchalen Klan der Dagara in Burkina Faso erzählte, dass sie erst im Alter von 6 Jahren erfuhr, dass nur eine der Frauen ihrer Familie sie geboren hatte, bis dahin hatte sie geglaubt, mehrere Mütter zu haben (Margottsdotter-Fricke 2008, 148). Matrilinear lebende Gesellschaften „kennen also keinen Mutterkult" (Göttner-Abendroth 2000). Mutterschaft ist ein von verwandten Frauen ausgeübtes Prinzip, es ist nicht an die einzelne Frau gebunden und macht es so unmöglich, dass die einzelne Frau an Überforderung leidet oder dass eine problematische Persönlichkeit der Mutter dem Kind nachhaltigen Schaden zufügt.

Die frühe und konsequente Trennung von Mutter und Kind durch die Spitalsgeburt, frühes Abstillen etc. hat im Innersten jedes Menschen ein panisches Gefühl von Verlassenheit eingeprägt. Dabei ist der Wunsch nach Nähe genauso groß wie die Angst vor ihr. Die Flucht der Männer vor den Frauen äußert sich häufig in einer enormen Arbeitswut, die der Wirtschaftsform des Kapitalismus zugutekommt. Der Ursprung des Elends liegt in der Verlassenheit des Kleinkindes, in der Entfremdung von Mutter und Kind und der Abwesenheit eines sozialen Netzes, das die Mutterschaft mitträgt. Gleichzeitig bedeutet die frühe Separierung aber auch die „optimale" Anpassung des Menschen an die heutige Arbeitswelt. Die kleinkindliche Vereinsamung ist zudem die Quelle eines nie stillbaren Sicherheitsbedürfnisses, nicht zuletzt Antriebsfeder für die Anfälligkeit für autoritäre Systeme.

In unserer Gesellschaft gibt es tatsächlich Mütter, die nicht „muttern", aus welchen Gründen auch immer, aber isoliert von einer Gemeinschaft wirkt sich dieser Umstand verheerend auf ein Kind aus. Das kann nicht geschehen, wenn der Rückhalt einer größeren Gruppe vorhanden ist (Malikam 2007).

Die soziale Gemeinschaft des Matriarchats bestand und besteht gerade aus der Verbundenheit mit dem Ort der Herkunft. Die „Emanzipation zum Ich" und das Verständnis von Fortschritt der „modernen" Gesellschaft bestehen hingegen darin, den Bezug zur Mutter zu leugnen und zu fragmentieren, um künstliche Gemeinschaften (Staat, Kleinfamilie) herzustellen. Wenn manche in der Frauenbewegung sich in den letzten Jahrzehnten zunehmend

---

135 Eigene Übersetzung: „Ich bin, weil ich zu jemandem gehöre", erklärt Desmond Tutu, für ihn ist „Ubuntu" die Essenz des menschlichen Seins: großzügig zu sein, gastfreundlich, freundlich, fürsorglich und mitfühlend. Man teilt, was man hat."

mit der Matriarchatsforschung beschäftigen, so geschieht dies nicht als Flucht vor der Wirklichkeit in eine Phantasiewelt. Vielmehr ist hier eine Erklärung dafür zu finden, warum die Mutterschaft der Moderne zu unerträglichen Zuständen geführt hat.

Der seit der Neuzeit forcierte „Fortschritt" von Technik und Ökonomie war und ist nur möglich um den Preis der Vernichtung matrilinearer Lebenszusammenhänge und der Ausbeutung der Natur, wenn die Eigenbewirtschaftung abgeschafft wird. Wenn auch die Zerstörung der Erinnerung an die Matrilinearität gelungen ist, so bleiben die daran geknüpften kulturellen Fragmente in Form von Bedürfnissen, die nach Befriedigung streben, weiter bestehen (Genth 1996). Die Form des Zusammenlebens, in der sich Menschen über die mütterliche Linie verbunden fühlten und fühlen, garantierte die Verantwortung für das gesamte Wohl der Sippenmitglieder. Für diese Verantwortung füreinander findet sich im patriarchalen Familienentwurf keinerlei Entsprechung. Es ist also nur logisch, dass sich Hausfrauen und Mütter „isoliert" und „depressiv" fühlen. Die verwandtschaftliche Bemutterung, die allen erwachsenen Menschen und Kindern zugutekam, wurde gewaltsam unterbunden, was verheerende Folgen insbesondere für Frauen hatte.

Bis in die Neuzeit wurden schwangere Frauen und junge Mütter von den älteren Frauen der Dorfgemeinschaft unterstützt und in sämtliche Aspekte ihrer neuen Rolle eingeweiht. Bei vielen Naturvölkern ist dies bis heute so. Alle Mütter brauchen ihrerseits ein gewisses Maß an Bemutterung, denn wenn ihnen diese Fürsorge vorenthalten wird, entsteht eine verhängnisvolle Verkettung, bei der eine Generation ihre körperliche Überforderung und psychologische Überlastung auf die nächste überträgt.

Sheila Kitzinger (1978) zeigte erstmals die Sitten, Verhaltensweisen, Mythen und Tabus von Geburt und Mutterschaft in verschiedenen Kulturen auf. Symptomatisch für unsere Gesellschaft ist, dass sie für einschneidende Veränderungs- und auch Krisenprozesse im Leben der Frau – Menarche, Mutterschaft und Menopause – keine Übergangsrituale kennt, die diese Ereignisse sozial markieren und kulturell integrieren. Das Feiern und Betrauern der Veränderung dient dabei auch dazu, die mit der Krise verbundenen Ambivalenzen und Aggressionen ausdrücken zu können. So aber bleiben Aggression und Ambivalenz an der Frau haften und müssen verdrängt oder nach innen gerichtet werden – oder sie richten sich gegen das Kind.

Vaterschaft matriarchal verstanden

In matrilinearen Gesellschaften ist also der Familienzusammenhang in jeder Hinsicht anders organisiert als in der Kleinfamilie. Da die Väter einem anderen Mutterclan zugehören, wird die soziale Rolle des Vaters von dem der Mutter nahestehenden Mann, dem Mutterbruder, übernommen. Während es hierzulande kaum ein Modell für „gute Vaterschaft" gibt, wird diese in matrilinear lebenden Gesellschaften auf die Natur zurückgeführt.

> In Übereinstimmung mit der Tendenz der Minangkabau, das Werden und Wachsen zu betonen statt der Konkurrenz und Aggression, ist auch ihre Vorstellung von der Rolle des Vaters am Modell der Ernährung und Pflege an der Natur orientiert. (Reeves Sunday 2006, 60)

Bei den Tuaregs Nordafrikas (Claudot-Hawad 2003) wird die Verschiedenheit von Männern und Frauen früh ritualisiert, junge Männer werden dem „Außen" zugeordnet, Frauen dem Inneren der Gemeinschaft. Der junge Mann wird bestimmten Prüfungen unterzogen, die seine Fähigkeit unter Beweis stellen sollen,

> Beziehungen mit der äußeren Welt einzugehen, ohne sich aus dem Gleichgewicht bringen zu lassen oder sich selbst zu verlieren. (Claudot-Hawad 2003, 4)

Das Fehlen des Vaters, also eines männlichen Vorbildes, führt zu mangelnden Identifikationsmöglichkeiten für Jungen und ebenso zu Defiziten bei Mädchen, wie die VertreterInnen der Psychoanalyse nicht müde werden zu betonen. Der Onkel matriarchaler Gesellschaften ist aber kein Ersatz, sondern gewährt eine Fürsorge, die seiner Verwandtschaft mit der Schwester und ihrem Kind entspringt. Diese verwandtschaftliche Verantwortung und Eingebundenheit besitzt eine gänzlich andere Qualität als die Verpflichtung zur Fürsorge für Kinder, die eine Paarbeziehung begründet.

PsychologInnen und SoziologInnen (Haller 1996) sowie TherapeutInnen beklagen, dass die Kinder nach einer Trennung häufig den Vater verlieren, weil die PartnerInnen nicht zwischen Eltern- und Paarebene trennen könnten. Da sie ihre Feindseligkeiten nach einer Trennung fortsetzten, werde der Kontakt zu beiden Elternteilen erschwert oder verunmöglicht. In matriarchalen Gesellschaften ist das nicht denkbar, denn solche „Schuldzuweisungen" funktionieren nur innerhalb des patriarchalen Systems Der matriarchale Mutterbruder als sozialer Vater ist dagegen durch eine verwandtschaftliche

Beziehung an das Kind gebunden, die sich über die Mutter definiert, und deswegen nicht aufgelöst werden kann.

Die Argumentation, dass Väter aus dem matrilienaren Gefüge „hinausgedrängt" würden, entstammt der im anthropologischen Diskurs zur Forschung matrilinearer Völker „ongoing conversation about the ‚missing man'"[136] (Blackwood 2005, 8). Die größte Sorge ist, dass die Männer ihre Bedeutung und zentrale Stellung verlieren könnten. Matrilineare Väter werden in das soziale System von Mutter und Kind in anderer Weise einbezogen als dies in der Kleinfamilie geschieht. Ein Vater ist der, der anwesend ist und sich väterlich verhält, wie es der Rolle des Mutterbruders und weniger der des biologischen Vaters entspricht (Göttner-Abendroth 2007). Mit der genetischen Abstammung zu argumentieren, hat sich schon bei der Mutterschaft als fatal erwiesen und weist der Mutter alle Verantwortung und Schuld zu. Wichtiger ist aber das soziale Gefüge der Gruppe, in dem das Kind aufwächst, die es mütterlich umsorgt und väterlich beschützt.

Die Männer in patriarchalen Kulturen stehen einer Frau gegenüber, in deren Person Partnerin und Mutter in eins gesetzt werden soll und die dann „die einzige Hoffnung" der Männer darstellt, „verstanden, getröstet, umarmt" zu werden, so der Autor Christoph Ransmayr[137]

In matrilinearen Gesellschaften gehört der „matriarchale" Vater einem anderen Mutterclan an und die verwandtschaftliche, nicht an die Partnerschaft geknüpfte Bindung erweist sich als dauerhafter als die leibliche Vaterschaft. Auch diese Tradition (der „Oheim") ist für Europa lange lebendig geblieben, wenn z.B. bis zur Mitte des 16. Jahrhunderts im deutschen Sprachraum die Verwandten der mütterlichen und väterlichen Linie unterschiedlich benannt wurden (Ecarius 2007). Die besondere Bedeutung des Oheims als Mutterbruder ergab sich aus der Gewissheit, dass er mit den Nachkommen der Schwester blutsverwandt war.

Der „matriarchale Mann" zeichnet sich durch den Respekt für die mütterliche Autorität aus, zu der er nicht in Konkurrenz treten muss. So ist es für matrilinear lebende Gesellschaften dokumentiert. Da er selbst in der Fürsorge des verzweigten sozialen Netzes der matrilinearen Gemeinschaft aufgewachsen ist, konnte er die sozialen Kenntnisse zur Betreuung von (Klein-)Kindern

---

136 Eigene Übersetzung: „andauernde Diskussion um den ‚fehlenden Mann'".
137 Standard, 27.2.2010.

durch das kontinuierliche Interagieren der Generationen und durch das Bewusstsein, dass die Kinder der Schwestern die Kinder aller im Haushalt Lebenden sind, erwerben. Der matriarchale Vater stellt das Modell einer nicht
muttermörderischen Männlichkeit dar, einer Männlichkeit der Verantwortlichkeit und Fürsorge.

Lernen und Erinnern anderer Konzepte

Nicht die hohen Scheidungsraten und die niedrigen Geburtenzahlen sind also
das Problem. Sie sind vielmehr Ausdruck dafür, dass Frauen sich aus untrag-
baren Zuständen verabschieden, die sie früher aufgrund umfassender ökonomischer Abhängigkeiten und drohender Sanktionen nicht hätten verlassen
können. Das Leiden an der Struktur der familialen Verhältnisse selbst ist es,
das sich bei ihnen oder bei ihren Kindern manifestiert. Und die Tatsache,
dass es zur Ehe oder Lebensgemeinschaft kaum Alternativen gibt.

Eine heterosexuelle Partnerschaft mag phasenweise gelingen, oder in
Ausnahmefällen lebenslang, aber dies ist die Ausnahme von der Regel. Suggeriert wird gemeinhin aber, es sei umgekehrt. In der Praxis wird die Partnerschaft häufig als Ersatz für fehlende emotionale Zuwendung durch die Herkunftsfamilie gelebt. Und das ist die eigentliche Problematik, der wir uns
stellen müssen, dass nämlich der Mangel an lebbaren Alternativen zum
Glauben an die Paarbildung als einzige Glücksverheißung führt.

Und wir müssen uns fragen: Was können wir von anderen Konzepten
und Gesellschaften, die sich eine matriarchale Erinnerung bewahrt haben
bzw. matrilinear leben, lernen? Und wie können wir ein neues Verständnis
von Familien- und Verwandtschaftsbeziehungen entwickeln?

Es geht also darum, sich wieder an matrilineare Vorstellungen zu erinnern, seien es solche, die untergegangen sind, oder seien es jene, die uns
andere Kulturen mit ihrer familialen und sozialen Lebensweise immer noch
vorleben. Es geht darum, Menschen zu erziehen, die nicht an der Plünderung
des Planeten und Kriegen um Land und Ressourcen teilhaben und die sich
nicht einer patriarchalen Kultur, auch „Fortschritt" genannt, unterwerfen. Wir
müssen vielmehr zu einem Bewusstsein zurückfinden, das – jenseits von
Gewalt im Innen oder Außen – ein Leben und Aufwachsen ohne Neurotisie-
rung in Aussicht stellt und friedensstiftend wirkt.

Indigene in Europa

Auch der Rückgriff auf die eigenen matriarchalen Spuren, sich selbst als „indigen" wiederzuentdecken, ist ein legitimer Weg, obsolete Strukturen abzuschütteln. Als gebürtige Tirolerin sehe ich diese Spuren vergangener Gesellschaftsordnungen in der Sagen- und Mythenwelt der Alpen (Gimbutas 1982), die voller Verweise auf matriarchale Ursprünge ist. Sie erzählen von den Weisen Frauen und den „Saligen" (Haid 2006, Weger/Hölzl 2007, Fuchs/Krapf 2009):

> Besonders die Gletscherwelt der Hochalpen birgt ungewöhnliche und einzigartige Geheimnisse. Dort befinden wir uns in Rückzugslandschaften mit allergrößter Beharrlichkeit. Hier finden wir Prototypen ältester europäischer und menschlicher Kultur und Zivilisation, von Kulturen, Mythen und Traditionen. (…) Im gesamten Alpenraum, von den französischen Seealpen bis zum slowenischen Triglav-Nationalpark, besonders konzentriert in den Dolomiten, in Graubünden, im Wallis, in Teilen Tirols, ist die Sagenwelt überaus reich an dominanten weiblichen Gestalten. Es sind durchwegs den Menschen wohlgesonnene Frauen. Sie können aber auch Rächerinnen sein, die als Todbringer auftreten, die Naturkatastrophen wie Lawinen und Muren schicken. (…) Durchwegs sind sie strahlend, weise, hilfreich, mütterlich und mit einem überdurchschnittlichen Wissen ausgestattet. (Haid 2006, 28f.)

Auch das Brauchtum, etwa die Fasnachten in zahlreichen Tiroler Gemeinden, trägt vorchristliche Spuren in sich. Sie wurden allerdings über die Jahrhunderte stark verändert und entstellt (Gapp 1996). Aus den Weisen Frauen wurden Hexengestalten, durch deren Verbrennung bis in die Neuzeit tradiertes Wissen ausradiert werden sollte[138]. Heilwissen und magische Rituale konnten allerdings überleben und werden heute immer noch hauptsächlich von Frauen praktiziert und weitergegeben.

Der Rückgriff auf die eigene Geschichte und Herkunft ist aber nicht nostalgisch motiviert. Sie folgt vielmehr dem Gedanken, dass nicht ausschließlich auf außereuropäische Kulturen verwiesen werden muss, um zu demonstrieren, dass es eine nicht-patriarchale Vorstellung von Geschlecht und Zivilisation gibt und dass „Zivilisation" nicht die reine Höherentwicklung zum Besseren bedeutet. Das „Echte" und „Ursprüngliche", das westliche Menschen in fremden Kulturen suchen, ist bei uns selbst zu finden. Spuren von auf matriarchaler Weisheit gegründeten Kulturen können auch in

---

[138] In Tirol waren 80 % der Opfer der Hexenverfolgung Frauen (Weger/Hölzl 2007).

Europa und – in meinem Falle – in Mitteleuropa, in Tirol und – noch lokaler – im Raum Innsbruck, aufgespürt werden. Die Existenz von historischen Matriarchaten wird häufig deswegen in Abrede gestellt, weil sie angeblich keine schriftlichen Zeugnisse hinterlassen haben. Marija Gimbutas widerlegte diese Annahme. Sie entdeckte „The Danube Script", die neolithischen Schriftzeichen aus Südosteuropa (Gimbutas 1982, 1991), die als älteste Schrift der Welt gilt. Und sie entwickelte die „archäo-mythologische" Methode:

> eine interdisziplinäre Herangehensweise, die Archäologie, Mythologie, Ethnologie, Volkskunde und Paläo-Linguistik kombiniert und außerdem historische Dokumente einbezieht. (Marler 2006, 197)

Gimbutas konnte derart anhand von Befunden und Friedhöfen in ganz Europa bis ins 4. Jahrtausend v.u.Z. nachweisen, dass es eine nicht-indoeuropäische vorpatriarchale Gesellschaft gab, die matrilinear organisiert und ökonomisch egalitär war (Marler 2006). Für Osteuropa waren Langhäuser vorherrschend, typisch bis heute für die Gesellschaften, in denen Verwandtschaft in der Mutterlinie organisiert ist.

> Nach Einführung androkratischer Strukturen und dem Untergang Alt-Europas erhielten sich matristische Muster in einigen Regionen als Substratum noch bis in historische Zeiten hinein. Antike Quellen, beginnend mit Herodot im 5. Jahrhundert v.u.Z. bis Strabo im 1. Jahrhundert nach u.z. beschreiben Kulturen, die noch immer Matrilinearität (griech. Metronymie), Endogamie, matrilokale und gemeinschaftliche Ehen haben, dazu keinen privaten, sondern nur kollektiven Besitz kennen. (Marler 2006, 205)

Die matrilineare Ordnung lebt

Das Matriarchat hat als „zweite Kultur" (Genth 1996) oder Parallelkultur immer überlebt. Seine Spuren finden sich in der Gift Economy (Vaughan 2005), im Mutter-Kind-Verhältnis, in Liebesbeziehungen, in sozialen Netzwerken und in basisdemokratischen politischen Initiativen. Wir leben also immer in gemischten Kulturen. Das, was die patriarchale Gesellschaftsordnung trägt, sind all jene „Dienstleistungen", die aus emotionalen und/oder familialen Verpflichtungen entstehen. Allerdings kann daraus nicht der Schluss gezogen werden, dass es sich bei der Familie um eine reine Geschenk-Sozietät handelt. Es muss unterschieden werden zwischen einem Geben, das unter Zwang stattfindet, und dem, was man „Gynergie" nennen könnte, der Kraft, sich um die Kinder, die Eltern, die Kranken zu kümmern.

Spuren eines gelebten Matriarchats – im Sinne eines matrilinearen familialen Ordnungsprinzips – können trotz des „Lebens in der Fremde" aufgespürt und sichtbar gemacht werden. Einige Elemente eines solchen Familienverständnisses lassen sich auch für Sozietäten nachweisen, deren Kleinfamilienstruktur auf dem patrilinearen Ehcmodell beruht. Matrilineare Verhältnisse haben nämlich eine ihnen innewohnende Logik, die auch unter patriarchalen Vorzeichen nicht verloren geht und als matriarchale Spuren trotz Repression über die Zeiten immer sichtbar und erhalten geblieben sind.

Beispiele aus der Demographie und Familienforschung zeigen, wie entscheidend die matrilineare Verbindung noch heute für Frauen ist. Laura Bernardi und Clementine Rossier (2008) bestätigten in einer empirischen Analyse für Frankreich und Deutschland, wie wichtig das soziale Netzwerk, speziell das zwischen Mutter, Großmutter und Schwestern, für die Entscheidung, ob eine Frau (weitere) Kinder zur Welt bringen möchte, ist. Wenn die Beziehung zur Mutter gut ist, zeigen sich Frauen weit eher geneigt, noch weitere Kinder zu bekommen.

Dass die mütterliche Herkunftslinie auch unter patriarchalen Vorzeichen weit stärker ausgeprägt ist als die väterliche, zeigen auch Studien zu Generationentransfers (Herlyn/Kistner 1997; Hagestad 2006). Für die Häufigkeit und die Enge des Kontakts zwischen Großeltern und Enkeln ist die Beziehung der Tochter bzw. Schwiegertochter zu den Großeltern entscheidend (Brake/Büchner 2007)[139]. Praktizierte Matrilinearität lässt sich bis heute nachweisen: So haben 60 % der Großeltern mütterlicherseits enge Beziehungen zu ihren Enkeln gegenüber nur 40 % der väterlichen Linie. Die Großmutter hat häufig die Funktion eines familialen „kinkeepers".

> Permanent flüchtige Beziehungen (treten) kaum zwischen Müttern und Töchtern, jedoch besonders häufig zwischen Söhnen und Vätern auf. (Brake/Büchner 2007, 205)

Großmütter sind bevorzugt auch diejenigen, die bei Ausfall der Mutter durch Erkrankung, Scheidung oder Drogenabhängigkeit die volle Elternschaft übernehmen. Besonders Großmütter mütterlicherseits werden in solchen Untersuchungen als „Reservearmee" für die Betreuung ihrer Enkelkinder

---

139 Diese besonderen Unterscheidungen in ihrer Linearität (matri-/patrilinear) sind im Übrigen bisher wenig erforscht, wie Brake und Büchner (2007) feststellen.

bezeichnet. Matriarchal gedacht, überlassen eben Mütter ihre Kinder vorzugsweise ihren eigenen Müttern.

Die eigene Mutter oder die Schwestern stellen auch heute den primären Zufluchtsort dar, wenn eine Beziehung „scheitert". So trifft die starke Mutter-Tochter-Bindung auch für kleinfamilial organisierte Gesellschaften zu. Sie bleiben der „Kitt, der alles zusammenhält", die emotionale Ressource für die gesamte Nachkommenschaft (z.B. Wernhart et al. 2008).

Dass Kinder, die über ein großes Netz von Verwandtschaft verfügen, emotional stabiler sind als solche in isolierten Familienarrangements, wird ebenfalls von der Familienforschung bestätigt.

Insgesamt belegt die Studie (Vorheyer 2005), dass Kinder mit einem großen Familiennetzwerk und guten Beziehungsstrukturen sowie gemeinsamen Aktivitäten über ein positives Selbstbild verfügen, sozial und kommunikativ aufgeschlossen sind. (Ecarius 2007, 232)

Auch das Unterstützungsnetz durch andere Mütter gehört zum Alltag von Müttern bzw. Kleinfamilien. Die Kinderbetreuung funktioniert nur zum Teil über Institutionen, wesentlicher sind die Unterstützungsleistungen weiblicher Familienmitglieder bzw. die anderer Mütter.

Kapitel 8
Warum versagt die Kleinfamilie wirklich?

Seit nun bald 30 Jahren befasse ich mich mit der Frage der Privatheit, also dem persönlichen und angeblich nicht-öffentlichen Bereich innerhalb der Gesellschaft, und konzentrierte mich seit meinen Studientagen auf die Geschlechterfrage. Schnell erkannte ich, dass nichts so politisch ist wie die Frage danach, wie der Staat zu seinem Nachwuchs kommt und wie Familie gestaltet ist.

Ich spreche vom Versagen der Kleinfamilie, weil die (psychologische, Familien- und Geschlechter-)Forschung und die Therapiepraxis auf etwas verweisen, das gemeinhin unausgesprochen bleibt – und zwar auf das Leiden an diesen Verhältnissen. Viele Menschen leiden an der Kleinfamilie, manchmal gehen sie auch an ihr zugrunde. Das war meine Motivation, mich schon in frühen Jahren mit dem Thema Mutterschaft zu beschäftigen (Tazi-Preve 1992, 2004), und das war mein Motiv, das Phänomen der abwesenden Väter näher zu beleuchten (Tazi-Preve et al. 2007).

Es stellte sich mir die Frage, wie es den Betroffenen geht: Was bedeutet es für die Mutter, wenn sie mit kaum ausreichender Unterstützung gleichzeitig den Bedürfnissen ihrer Kinder, denen des Arbeitgebers und den eigenen nachkommen muss? Welche Folgewirkungen hat es, wenn ein Kind seinen Vater nach einer Scheidung kaum mehr sieht und dieser nicht nur die Partnerin hinter sich lässt, sondern auch das Kind? Täglich erfahren wir aus den Medien vom Familien-Elend, wenn es zu Verwahrlosung, zu physischer und sexueller Gewalt oder tödlichen Attacken bei einer Trennung kommt.

Mit Versagen meine ich also nicht, dass ich die Institution der Kleinfamilie für begrüßenswert halte, sie aber an einigen Schwächen leidet. Ich behaupte vielmehr, dass das Versagen die konsequente Folge der Struktur der Kleinfamilie selbst ist. In der Kleinfamilie sollen alle menschlichen Bedürfnisse nach emotionaler Unterstützung, verwandtschaftlicher Beziehung, körperlicher und seelischer Erholung und erfüllender Sexualität befriedigt und darüber hinaus die Voraussetzungen für die Berufstätigkeit sichergestellt werden. Eine Unzahl von Forschungsergebnissen von Therapeut/innen, Jurist/innen und Soziolog/innen, zeigen jedoch ein ganz anderes Bild. Sie belegen das Leiden an der Kleinfamilie im Detail. Daher müssen die Verhältnisse radikal hinterfragt werden.

Die zweite Frauenbewegung hat in den 1970er-Jahren erstmals aufgezeigt, dass die Familie ein politischer Ort ist. Frauen beschrieben damals in autobiographischen Skizzen ihr Hausfrauendasein und begannen dann in Forschungsarbeiten im Detail zu analysieren, wie es den Frauen darin ergeht und welche Probleme sich auftun. Erstmals wurden die ökonomische Abhängigkeit, die Leugnung der Hausarbeit als Arbeit und das isolierte Mutterdasein erörtert.

Familie hat also für Männer und Frauen ganz unterschiedliche Bedeutungen. Sie ist kein geschlechtsneutraler Ort, da sie als Teil des Privaten seit Erfindung der Ehe den Frauen zugeschrieben wurde. Damit wurden ihnen gleichzeitig alle anderen Seinsmöglichkeiten abgesprochen. Der ganze öffentliche Bereich, Erwerbstätigkeit, Bildung, Kultur und die politische Sphäre waren ihnen bis vor 100 Jahren verschlossen mit der Begründung, Frauen seien „von Natur aus" nur zur Mutterschaft geeignet.

Diese Auffassung hat dazu geführt, dass Frauen selbst ungern über die Familie sprechen, denn sie diente lange Zeit als Begründung für ihren Ausschluss aus dem öffentlichen Bereich. „Die Befreiung der Frau" bedeutete daher, sich von der Last der Familienarbeit zu befreien, sich ab nun primär über die Erwerbstätigkeit zu definieren und nicht mehr über Ehe und Kinder. Es ging um die Stärkung der eigenen ökonomischen Unabhängigkeit und das Hintanstellen der Mutterschaft. Das führte dazu, dass emanzipierte Frauen die Kleinfamilie für sich ablehnen und dass sie sich rechtfertigen müssen, wenn ihre Kinder für sie Priorität haben und nicht die Karriere.

Die politischen Konflikte um Familie sind also vielfältig. Einerseits wurde die Kleinfamilie von der Frauenbewegung abgelehnt, andererseits gab es hartnäckige Bestrebungen, den Familienbegriff zu restaurieren. Das führte zu einer jahrzehntelangen und anhaltenden Debatte zwischen der politischen Linken und den Konservativen, die klar macht, dass die Diskussion um Familie immer ideologisch ist. Es geht weniger um den postulierten „Wert" der Familie, sondern vielmehr darum, was Familie überhaupt ist und wer die Definitionsmacht darüber besitzt.

Wir hören seit Jahrzehnten Unkenrufe, die Familie zerbreche, die Menschen drifteten auseinander, der Individualismus wirke zerstörerisch. Als Symptome dafür gelten der Geburtenrückgang in Europa und die hohen Scheidungsraten. Familie wird als idealer Ort phantasiert und vor allem den Frauen wird vorgeworfen, sie erfüllten nicht ihre Pflicht.

In der Phantasie der heilen Welt, die von konservativer Seite beschworen wird, zeigt sich allerdings eine tiefe Sehnsucht der Menschen nach emotionaler Sicherheit, Rückhalt und Vertrauen. Denn es gibt bei Kindern und Erwachsenen ein grundlegendes Bedürfnis nach emotionaler Sicherheit. Der Mensch als „Nesthocker" (Kittay 1999) benötigt ein stabiles Umfeld, das aus der Verbindlichkeit und Beziehung zwischen vertrauten Menschen besteht. Und es wird ein Ort benötigt, wo Kinder sicher aufwachsen können, damit beständiger Körperkontakt, Zuwendung, Verlässlichkeit und regelmäßige Versorgung gewährleistet sind.

Selbst wenn man also die Kleinfamilie ablehnt, bleibt die Frage bestehen: Wie kann man diese Grundbedürfnisse sicherstellen ohne Leid, Unterdrückung, Ausbeutung, Missbrauch, Benachteiligungen und stigmatisierende Zuschreibungen?

Realpolitisch gesehen, löst die Familienpolitik neuerdings die Frauenpolitik ab, indem das Thema der „Vereinbarkeit von Familie und Beruf" in den Mittelpunkt gestellt wird (vgl. Kap. 3). Seitens der Frauenforschung bzw. der -politik dachte man ja, dass man die ganze Debatte seit der Durchsetzung der Familienrechtsreform hinter sich gelassen und die ökonomische Unabhängigkeit die Probleme des Geschlechterungleichgewichts gelöst habe. Die „Befreiung der Frauen" bedeutete, sich aus ausbeuterischen Familienbezügen zu lösen. Doch nicht nur die Zeitschrift EMMA (2013, 2016) konstatierte wiederholt, dass das Problem keineswegs gelöst sei und wir es vielmehr mit einer „total erschöpften Generation von Frauen" zu tun hätten. Erstaunt wird nun festgestellt, dass Frauen heute beide Bereiche abdecken müssen und dies genauso wenig befreiend ist wie die ehemals bekämpfte Abhängigkeit als Hausfrau.

Da stimmt also etwas nicht. Meine Schlussfolgerung ist, dass hier die Fragen falsch gestellt werden. Wir benötigen dringend eine ganz andere Art der Debatte und Analyse, nämlich eine, die interdisziplinär und politisch ist, die sich weder auf das Rechts-links-Schema reduzieren lässt, noch innerhalb einer einzigen Disziplin abgehandelt werden kann. Sie muss über die Grenzen der politikwissenschaftlichen, der Geschlechter-, Familien- und Bevölkerungsforschung hinausgehen und die Wirtschaft miteinschließen. D.h. der Blick muss sich auf mehreren Ebenen gleichzeitig richten. Und zwar immer im Hinblick auf die Fragen, wie wir Kleinfamilie definieren, warum sie sich so hartnäckig hält, wem dieses System wirklich nützt und welches Denkmuster der Kleinfamilienkonstruktion zugrunde liegt.

Basierend auf meiner Theorie, gehe ich von einem Patriarchatsbegriff aus, der ein alle Lebensbereiche durchdringendes Denksystem meint, das aber nicht als solches benannt wird oder werden darf. Vertreten wird das Patriarchat von Männern wie von Frauen. Es ist deshalb präziser, von Patriarchat als etwa von Androzentrismus (Kurz-Scherf 2009) zu sprechen, denn dieses bezeichnet ein Prinzip, das nicht per se männlich ist und dem sich der individuelle Mann durchaus entziehen kann.

Der Hintergrund, der mit in den Blick kommen muss, wenn wir über Familie sprechen, ist die gegenwärtige wirtschaftliche Entwicklung. In Kapitel 3 und 4 diskutierten wir den Neoliberalismus und die Folgen. Mit in die Analyse der Kleinfamilie einfließen müssen folgende Fragen: Wie stellen die Erwachsenen im Familiengefüge ihre Existenz sicher und welche Auswirkungen hat die zunehmend stressvolle Arbeitswelt auf die Kleinfamilie? Was bedeutet es, wenn das Einkommen immer weniger ausreicht, um überhaupt den Lebensunterhalt sicherzustellen, und die Kriterien der Arbeitswelt den familialen Bedürfnissen nach Stabilität und Empathie diametral widersprechen?

Wir erleben derzeit, wie dramatisch sich durch die Liberalisierung des Marktes das Verständnis davon, was wirtschaftliche Versorgung und Arbeit bedeuten, verändert hat (N. Klein 2007 u.a.). Wir befinden uns in einer Phase des dramatischen Umbruchs der Marktwirtschaft. Das hat Auswirkungen auf ganze Staaten (Griechenland, Irland, Portugal), die in die Rezension schlittern, und auf jede/n einzelne/n Arbeitnehmer/in. Die sogenannte „erste Welt" ist untrennbar mit den Ländern des Südens verknüpft – durch Ressourcenabbau oder die Auslagerung der Produktion. Das Neue daran ist, dass nun eine Art „Drittweltisierung der Ersten Welt" in Form von Arbeitsplatzabbau, Unterbezahlung und Aufweichung der Arbeitsrechte in Europa und den USA stattfindet.

Und nicht zuletzt fließt in meine kritische Analyse der Kleinfamilie mit ein, dass das Maschinen-Denken aus Ökonomie und Technik längst den Menschen selbst erfasst hat. Die Familie muss „funktionieren", heißt es, das Gebären der Kinder wird zur „Menschenproduktion". Die Eltern – und Kinder – sind die Rädchen dieser Familien-Maschine. Ihr Lebensrhythmus wird den herrschenden Arbeits- und Schulzeiten angepasst. Ein verschärftes Zeitregime hält die Wirtschaft am Laufen und die Kleinfamilie muss sich ihr schmerzvoll unterordnen.

„Neu-Familien-Sprech"

Seit Jahrzehnten mehren sich die Veröffentlichungen, die aus den demographischen Veränderungen düstere Prognosen für die Zukunft von Ehe und Familie ableiten. In Medien und Politik wird über den Geburtenrückgang, den „Egoismus" der potentiellen Mütter und Väter[140] und den zunehmenden Individualismus, durch den Kinder lediglich als Belastung gesehen würden, geklagt. Faktum ist, dass der deutschsprachige Raum seit einigen Jahren gleichbleibend niedrige Geburtenzahlen zu verzeichnen hat – 1,3 bis 1,5 Kinder pro Frau in Deutschland und Österreich.[141]

Kern der Geburtenrückgangs-Debatte sind das „bedrohte Gemeinwohl" und der „Wert der Familie". Ein Schrumpfen der Bevölkerung könne dazu führen, dass weniger Pensions- und Sozialversicherungsleistungen gezahlt werden können, dass also das europäische Wohlfahrtssystem als Ganzes nicht mehr aufrechterhalten werden könne. Die Annahme, dass die Geburtenzahlen in nächster Zeit nicht steigen werden, führt zur Erhöhung des Pensions-/ Rentenalters als Gegenstrategie. Auf der anderen Seite beschwört die konservative Seite den „Wert der Familie". Die politische Strategie muss sich fragen, wie man die Frauen – und mittlerweile auch die Männer – „bei der Stange hält": Schlagworte des modernen „Familien-Sprechs" sind die „Vereinbarkeit von Familie und Beruf" und die „Wahlfreiheit" (vgl. Kap. 3).

Die Klagen zielen andererseits auf den Staat, der angeblich zu viele Pflichten übernehme, die im Privaten – sprich in der Kleinfamilie – stattzufinden hätten. Hier tritt die ganze Diskrepanz der Frage der Reproduktion zutage. Häufig wird argumentiert, dass die Frauenerwerbstätigkeit dazu führe, dass Kinder nicht von „den Eltern" – wobei zumeist Mütter gemeint sind – selbst betreut würden. Das Aufziehen der Kinder würde aus der Familie ausgelagert – Stichwort Kinderbetreuung – und der Wert von Elternschaft damit untergraben. Gestützt wird eine solche Position von der Tatsache, dass die Frauenerwerbstätigkeit in den letzten Jahrzehnten gestiegen ist und Frauen sich bemühen, die Zahl ihrer Kinder zu beschränken.

---

140 Eine österreichische Ministerin ging so weit, Paare aufzufordern, statt „Party zu feiern" Kinder zu zeugen.

141 Für Österreich: https://www.statistik.at/web_de/statistiken/bevoelkerung/ und für Deutschland: https://www.destatis.de/DE/ZahlenFakten/GesellschaftStaat/Bevoelkerung/Geburten/ Geburten.html (Zugriffsdatum: 1.2.2015).

Das individuelle Wohl von Frauen, Männern und Kindern steht bei der Diskussion um die Geburtenzahlen nicht im Vordergrund. Vielmehr wird an einer 2-Kind-Norm festgehalten, um die Geburtenzahlen konstant zu halten. Historisch hat es jedoch nie ein Gleichgewicht zwischen Reproduktion und Sterberaten gegeben (Heinsohn et al. 1979). Die Geburtenzahlen bewegten sich über die Jahrhunderte hinweg ständig auf und ab. Die Diskussion rankt sich also um ein statistisches Ideal von 2 Kindern, das mit den Bedürfnissen und Möglichkeiten von Menschen wenig zu tun hat, und die Lebenswirklichkeiten von Frauen kaum berücksichtigt. Es wird nicht danach gefragt, wie ihr soziales Netz beschaffen ist oder wie ihre ökonomische Versorgung aussieht. Die Demographie und die von ihr beratene (Bevölkerungs-)Politik gehen vielmehr von einer willkürlichen Norm aus, die sich als Normalität geriert.

Der Aufwand, mit dem dem Phänomen Geburtenrückgang begegnet wird, ist hoch. In jeder Legislaturperiode wird das Kinderbetreuungsgeld/Elterngeld modifiziert, erhöht bzw. ausgebaut und der Anreiz für Frauen verstärkt, vermehrt zu Hause zu bleiben bzw. eher Nachwuchs zu bekommen. Auch die Bestrebungen, gleichzeitige Kindererziehung und Berufstätigkeit besser bewältigbar zu machen, zielten weitgehend auf die Mütter ab. Bemühungen, auch den Vätern Anreize zu bieten und sie im gleichen Maße einzubinden, scheitern zumeist. Die Gründe dafür liegen in der Erwerbszentriertheit von Männern einerseits und der Erwartung der Arbeitgeber andererseits, dass Männer ausschließlich dem Arbeitsmarkt zur Verfügung zu stehen haben.

Dass die prekäre Arbeitswelt die Kleinfamilie überfordert, ist nun auch den politischen Vordenkern bewusst geworden. Daher wurden neue Modelle entworfen, um die „Work-Life-Balance" den Verhältnissen anzupassen und die „Familienfreundlichkeit" von Unternehmen, Städten und Gemeinden zu fördern. Im deutschsprachigen Raum sind die meisten Mütter in Teilzeit beschäftigt, damit sie weiterhin die Kinder betreuen, also ihren Alltag jonglieren können. Sie arbeiten in Bereichen des Arbeitsmarkts, die sich häufig als „hausfrauisierte", zuarbeitende Tätigkeiten entpuppen, gering entlohnt und mit wenig Prestige. Diese sogenannten atypischen Beschäftigungsverhältnisse in Dienstleistungsberufen, Handel und Büro sind selten existenzsichernd, sondern bieten ein notwendiges weiteres halbes Gehalt, ohne das die Kleinfamilie gar nicht mehr auskommen kann. Von „Befreiung durch Berufstätigkeit" kann hier nicht die Rede sein.

Das Schlagwort von der „Wahlfreiheit" suggeriert, dass Frauen zwischen Beruf und Familie oder einer Kombination beider Bereiche wählen, also eine wirkliche Auswahl aus verschiedenen Möglichkeiten treffen könnten. Solche Möglichkeiten wären z.b., dass auch andere Erwachsene die Kinderbetreuung übernehmen können, in Tagesstätten oder privat; diese stehen aber nur einem Teil der Frauen zur Verfügung. Die meisten Frauen handeln aber unter Zwang. Schon weil die Fürsorge für Kinder bedeutet, dass sie dauerhaft und verlässlich für diese da sein müssen, und dies nicht vereinbar mit den Ansprüchen des Arbeitsmarkts ist, dass die Arbeitskraft ihm jederzeit – z.b. bei Teilzeitbeschäftigungen in kurzen Zeitintervallen über den Tag verteilt – zur Verfügung zu stehen habe.

Die politische Familien-Rhetorik zielt also nur der Form halber auf die Modernisierung von Familie ab. Grundsätzlich geht es ihr darum, die Kleinfamilie mit den Anforderungen einer deregulierten Wirtschaft in „Vereinbarung" zu bringen.

Wie sieht das Versagen der Familie wirklich aus?

Ich habe empirische Ergebnisse zum Scheitern der Kleinfamilie zusammengetragen, die sich ganz anders lesen lassen als unter dem Vorzeichen des „Werteverfalls". Sie bieten durchaus Belege für das Zerbrechen von Familie, entscheidend ist aber, aus welchem Blickwinkel wir diese betrachten. Im Folgenden möchte ich einige Fakten in diesem Zusammenhang betrachten und analysieren:

Das Festhalten an der Ehe und am heterosexuellen Liebesmythos

„Die meisten Paare sind durch Liebe zusammengekommen, aber sie bleiben aus anderen Gründen zusammen", sagt der Paartherapeut[142].

Wie in den vorangegangenen Kapiteln aufgezeigt, wurde die Notwendigkeit der Ehe über die Jahrhunderte unterschiedlich begründet und die einschneidende Trennung von Öffentlich und Privat fand historisch früh statt. Die „Bestimmung der Frau als Mutter" fand Eingang in die frühesten Lehren der Pädagogik und des Rechtssystems und hielt sich bis ins 20. Jahrhundert.

---

142 Ulrich Clement in: Profil Nr. 30, Juli 2012.

Junge Männer und Frauen halten heute hartnäckig am Glauben an die lebenslange Liebe fest (Kromer/Hatwager 2005). Das ist unschwer zu verstehen, leben wir doch in einer Kultur der Norm des heterosexuellen Paares, die medial unablässig perpetuiert wird. Das Verlangen nach Intimität, nach Rückhalt und Sicherheit soll von einer einzigen Person gestillt werden. Werden diese Bedürfnisse von Freunden/innen, der Herkunftsfamilie oder anderen befriedigt, gilt dies als bloßer Ersatz oder als Verstoß gegen gesellschaftliche Regeln. Die (Sehn-)Sucht nach der Partnerschaft ist in eine Kultur eingebettet, die Erwachsensein mit der Abtrennung vom elterlichen, insbesondere dem mütterlichen Haushalt nahelegt und eine „gelingende Partnerschaft" als Ziel aller Erwachsenenwünsche hinstellt. Eine Rückkehr in die Herkunftsfamilie ist nur zulässig, wenn man Hilfe beim Aufziehen der Kinder benötigt. Dass Frauen das emotionale Reservoir für Männer und Kinder darstellen, also den „Kitt", der die Familienmitglieder zusammenhält, wird zwar täglich gelebt, dessen Wert aber nicht als solcher anerkannt.

Über „alleinstehende" Frauen mit oder ohne Betreuungspflichten wird in Begriffen des Mangels gesprochen, die Abwesenheit des Partners wird auch sprachlich zur Abweichung von der Norm. Und der überwiegende Teil der Alleinerziehenden sind Frauen.[143] Männer geraten nur in Ausnahme- und Extremfällen in diese Lage (Leibovici-Mühlberger et al. 2006). Suggeriert wird zumeist, dass es sich dann um eine „unvollständige Familie" (Griebel et al. 1992) handle. Und wenn eine Frau ein Kind vorsätzlich allein erziehen und nicht in einer Partnerschaft leben will, gilt sie schnell als „beziehungsunfähig". Kinder von Alleinerziehenden treffen ebenfalls auf Vorurteile. Die Unterstützungsleistung durch die Herkunftsfamilie, meist durch die Mutter der Mutter, wird weit geringer bewertet als die des leiblichen Vaters.

Hohe Scheidungsraten und Trennungen von Partnerschaften als Zeichen der Brüchigkeit

Die Norm der lebenslangen Ehe entspricht angesichts von Scheidungszahlen, die seit Jahrzehnten steigen, nicht mehr der Wirklichkeit. Die österreichi-

---

143 In Österreich lag der Anteil der Alleinerziehenden mit Kindern unter 15 Jahren bei 14 % (Kaindl/Schipfer 2015). In Deutschland lag die Zahl der Alleinerziehenden mit Kindern unter 18 Jahren bei rund 20 %, davon sind 89 % alleinerziehende Mütter. www.destatis.de/ DE/ZahlenFakten/GesellschaftStaat/Bevoelkerung/HaushalteFamilien/HaushalteFamilien.h tml (Zugriff: 11.6.2016).

schen und deutschen Scheidungsziffern liegen derzeit bei 42 bzw. 35 %[144]. Hinzu kommen die Trennungen unverheiratet zusammenlebender Paare, die statistisch gar nicht erfasst sind. Wissenschaftlich ist vom „Attraktivitätsverlust der Ehe" (Peuckert 2007) die Rede. Erwiesen ist, dass Krisen besonders dann virulent werden, wenn Kinder geboren werden, was der gängigen Überzeugung, dass Kinder die Erfüllung einer Beziehung seien, gänzlich widerspricht.

Historisch gesehen ist es nie gelungen, Liebe und Leidenschaft per Dekret zu verordnen. Die heutigen hohen Scheidungsraten bedeuten nämlich keineswegs, dass die Ehen in früheren Zeiten befriedigender waren. Es war vielmehr so, dass Scheidungen vor den 1970er-Jahren so stark sanktioniert waren und die Betroffenen – besonders in ländlichen Regionen – derart sozial ausgegrenzt wurden, dass es nur in Ausnahme- und Extremfällen zur Trennung kam.

Besonders betroffen von Scheidungen ist der Nachwuchs, in Deutschland sind derzeit rund 130.000 Kinder im Jahr davon betroffen. Daraus wird dann gemeinhin der Schluss gezogen, dass allein ihretwegen Beziehungen grundsätzlich gerettet werden müssten. Das seien die Eltern den Kindern schuldig, postulieren Familienforscher (Fthanakis/Textor 2002). Für die Eltern stellt die Auflösung der Partnerschaft oft einen Ausweg dar, während die Kinder die Trennung ihrer Eltern selten als angemessene Lösung ihrer Probleme betrachten (Fthenakis et al. 1993). In welchem Ausmaß sie weiter in Kontakt mit beiden Elternteilen stehen, ist nach Trennung oder Scheidung zumeist offen und das Risiko, den Kontakt zum Vater zu verlieren (Tazi-Preve et al. 2007) bzw. bei einer überlasteten Mutter aufzuwachsen, ist nachweislich hoch.

Der Therapiemarkt und die überhöhten Ansprüche an die Partnerschaft

Die Hälfte aller Erwachsenen bleibt also für eine begrenzte Zeit verheiratet, dennoch bleibt nicht nur die heterosexuelle Partnerschaft, sondern auch die Ehe die Norm (Bodenmann 2005). Eine glückliche Partnerschaft, die Freud

---

144 Kaindl/Schipfer 2015 und DESTATIS: www.destatis.de/DE/PresseService/Presse/Presse mitteilungen/2015/07/PD15_266_12631.html (Zugriff 11.6.2016).

als Naturgegebenheit beschrieben hatte, rangiert als Lebensziel an oberster Stelle (Peuckert 2007).

Da im Alltag eher Probleme die Regel sind, haben Paar- und Familientherapien Hochkonjunktur (Stierlin 2002). Eine Therapie wird oft begonnen, weil eine unbefriedigende Paarbeziehung nicht nur zu individuellen Problemen der Partner führt, sondern weil der Zustand der Beziehung entscheidend für alle Familienmitglieder ist. Häufig wird daher eine Therapie wegen der drohenden negativen Folgen einer Trennung für die Kinder und die finanzielle Situation in Angriff genommen.

Die Problematiken, die therapeutisch bearbeitet werden, sind: Die hohen Ansprüche aneinander, die unbefriedigten emotionalen und sexuellen Bedürfnisse, die Frustration über den Alltag, der Mangel an Aufmerksamkeit und finanzielle Probleme. Was den Wunsch nach Fürsorge und Trost betrifft, ist es augenscheinlich, dass der Partner bzw. die Partnerin der falsche Adressat ist. Partner/innen sind eben keine Mütter.

Und darin liegt das Problem – in Paarbeziehungen werden die widersprüchlichen Bedürfnisse nach Mütterlichkeit, Freundschaft und Erotik miteinander vermischt. Inzwischen wird dieses Paradox auch in der Therapieszene thematisiert (Perel 2006), die aber weitgehend das Ideal der stabilen Paarbeziehung hochhält.

Einer der klassischen Familientherapeuten ist Hellinger (2000), der die systemische Familientherapie mit der Einführung der Familienaufstellung stark beeinflusst hat. Er geht davon aus, dass „Mann und Frau einander brauchen", und er sieht in Familiengeschichten das Leid von einer Generation zur anderen weitergegeben. Die Familienaufstellung könne, so seine Behauptung, dieses Leid lösen, indem die Menschen „an den richtigen Platz gestellt würden". Auch Hellinger beruft sich auf ein Idealkonzept von Familie. Schuld an deren Zerbrechen gibt er häufig den Müttern, denen er Dominanz und ein „Hinausdrängen der Väter" vorwirft.

Das Phänomen der sogenannten „dysfunktionalen Familie" wurde erst spät durch die kritische Sozial- und Frauenforschung als solches benannt. Nach wie vor wird ein schlechtes Familienklima tabuisiert, die Schamschwelle der Betroffenen ist hoch. Und erst wenn es zu Gewalt kommt, werden öffentliche Stellen involviert.

War das Klima in der Herkunftsfamilie von Alkohol- und Drogenmissbrauch, physischer oder psychischer Gewalt geprägt, wird das erlebte Leid zumeist in die selbst gegründeten Familien hineingetragen. PaartherapeutInnen gehen davon aus, dass ein Großteil der Muster des späteren Handelns in Beziehungen, aber auch in der Arbeitswelt davon geprägt sind, wie die Beziehung zur eigenen Mutter und zum Vater in der Kindheit und Jugend war, welche emotionalen Defizite man damals erlebt hat. Die Neurotisierungen, die eine enge oder distanzierte Mutter- oder Vaterbindung verursacht haben, sind im Kontext der Kleinfamilie unvermeidlich. Die isolierten Beziehungen zwischen Vater-Kind und/oder Mutter-Kind können dramatische Folgen haben und sich im Erwachsenenleben in der Arbeits- und Beziehungswelt fatal auswirken.

Halten wir also fest, dass die meisten Paar- und FamilientherapeutInnen von einer bestimmten Vorannahme ausgehen. Nämlich von der, dass das Paar Voraussetzung für ein erfülltes Leben sei. Gleichzeitig wird angenommen, dass die Kleinfamilie ein sicherer Ort für das Aufwachsen von Kindern sei. Auch hätten Eltern angeblich eine natürliche Begabung zur Versorgung ihrer Kinder, wenn diese versagt, könnten Eltern durch pädagogische Programme dazu erzogen werden.

Die Überforderung der Mutter oder das deutsche Mutterbild

Mit dem Dilemma der patriarchal etablierten Mutterschaft haben wir uns im ersten Kapitel ausführlich befasst besonders mit der permanenten Überforderung von Müttern, egal ob sie in einer Paarbeziehung leben oder nicht. Die Mutter, die ganztägig nur dem Kind zur Verfügung stehen soll, hat es, wie Germaine Greer (2000) schreibt, nie gegeben. Das idealisierte Mutterbild, dem Frauen immer noch nachstreben, ist eine historische Erfindung. Kirche, Politik, Pädagogik und Psychologie bildeten eine unheilige Allianz, die Frauen die „wahre Mutterschaft" lehren wollte. Die Gesellschaft hat die Aufzucht von Kindern zum undankbaren, aber verschleißenden 24-Stunden-Job für Frauen gemacht.

Die Geburt eines Kindes wirkt sich auf Frauen ganz anders aus als auf Männer, denn sie führt häufig zur traditionellen Rollenverteilung. Im Regelfall steigen Mütter in Österreich und Deutschland aus dem Erwerbsprozess aus, zeitweise oder für sehr lange, während auf der anderen Seite die Väter ihr berufliches Engagement erhöhen. Frauen, berufstätig oder nicht, mit oder ohne Partner, organisieren das Management rund um die Kinder zumeist allein.

Die soziale Isolation von Müttern ist groß und hat gravierende wirtschaftliche Auswirkungen. Das Einkommen verringert sich ebenso wie die Pensionseinkünfte im Alter. Und die emotionale Abhängigkeit vom Partner steigt dadurch. Wir leben in einer Gesellschaft, die Mutterschaft gänzlich individualisiert und als Ideal überhöht. Da muss dann jede Schuldzuweisung an der Mutter haften bleiben, denn sie ist oft die einzige, die greifbar ist. Der soziale Druck ist gewaltig, denn Frauen sehen sich ständig der Gefahr ausgesetzt, als schlechte Mutter dazustehen.

Hier zeigt sich drastisch die Ungereimtheit: Einerseits wird über den Geburtenrückgang geklagt und die Mütter werden beschuldigt, sie kämen den angeblich berechtigten Ansprüchen des Staates auf Nachwuchs nicht nach. Es wird ihnen vorgeworfen, sie seien als berufstätige Frauen zu wenig präsent für ihre Kinder. Das, was Mütter leisten, sei also immer noch zu wenig. Die dauerpräsente Hausfrau gilt dagegen als übermächtig, und Psychotherapeuten und Psychologen sprechen von der Allmacht der realen und der symbolischen Mutter (Neumann 1989).

Die Mutter muss also innerhalb der Kleinfamilie zwangsläufig versagen, zumal in einer durch die häufige Abwesenheit der Väter auf die Mutter-Kind-Dyade reduzierten Familie, wo die Mutter unweigerlich zur Quelle alles Guten und Bösen wird. Die überforderte Mutter verhält sich dann dem Kind gegenüber „dissoziiert, erstarrt und innerlich von ihren Gefühlen abgeschnitten", so der Kinderpsychiater Paulus Hochgatterer[145] und das Kind lernt, die Abspaltung und Einsamkeit als Normalität zu akzeptieren (Groß 1916).

Wenn etwas schiefläuft, fällt alle Schuld auf die Mutter zurück. Psychologen/innen und Mediziner/innen machen Mütter für Alkoholismus, Drogenmissbrauch und Magersucht ihrer Kinder verantwortlich. Das „Motherblaming" ist salonfähig geworden. Die auf der Therapeutencouch liegenden Klienten/innen beschweren sich allenthalben über ihre Mütter. Über die gesellschaftlichen und ökonomischen Ursachen für das angebliche „Versagen der Mütter" wird aber kaum gesprochen.

---

145 Standard 10.11.2012.

Die widersprüchliche Rolle der Väter

Die Vaterschaft, in Kapitel 5 besprochen, ist in den letzten Jahrzehnten medial und wissenschaftlich ins Zentrum der Aufmerksamkeit gerückt. Selbstbeschreibungen von Männern in Elternzeit/Karenz füllen ebenso die Zeitungen wie die von geschiedenen Vätern, die die Trennung von ihren Kindern beklagen.

Die Vaterrolle ist widersprüchlich. Ein Wandel findet insofern statt, als soziale Vaterschaft heute als erwünscht gilt und politisch propagiert wird. Die Vaterschaft wird aktiv beworben – ein Slogan des österreichischen Familienministeriums lautet: „Echte Männer gehen in Karenz" –, um die Väter zum zeitweiligen Ausstieg aus dem Berufsleben zu motivieren.

Historisch ist allerdings die soziale Vaterschaft, also der präsente, sich kümmernde Vater, kaum nachweisbar, der Vater steht vielmehr symbolisch für Vorherrschaft, Vormundschaft und das „Tor zur Außenwelt". Der jüngeren männlichen Generation stehen kaum nachahmenswerte Rollenbilder für das konkrete väterliche Selbstverständnis zur Verfügung. Wenn sie sich das mütterliche Verhalten zum Vorbild nehmen, werden sie als „Mappis" bezeichnet.

Die väterliche Identität ist also brüchig. Ein Mann kann sich für sein Kind entscheiden, muss es aber nicht. Auch die traditionelle Vorstellung von Männlichkeit, die sich stark über die Erwerbstätigkeit definiert, widerspricht der eines sorgenden Vaters. Sie wird über die Präsenz, den Status, das Einkommen und die Anerkennung im Beruf bestimmt. Auch der anhaltende Widerstand von Seiten der Arbeitgeber erschwert eine engagierte Vaterschaft. Aktuelle Untersuchungen (Buchebner/Tazi-Preve i.E.) zeigen, dass die „neuen Väter" sich sehr aktiv einem konservativem Vaterbild widersetzen und auch Karrierenachteile in Kauf nehmen müssen.

Männer sind also widersprüchlichen Anforderungen ausgesetzt (Tazi-Preve 2009b): Einerseits erwartet die Partnerin den aktiven, präsenten Vater, der auch (frauen- und familien-)politisch gefordert wird. Auf der anderen Seite fordert die Arbeitswelt die Vorrangstellung der Erwerbstätigkeit. Frühe Abholzeiten von Kindergarten und Schule kollidieren mit Meetings; allzeitige Verfügbarkeit widerspricht einer regelmäßigen Kinderbetreuung. Sich den beruflichen Anforderungen zu entziehen, kann den Verlust des Arbeitsplatzes zur Folge haben, und das ist in Zeiten eines angespannten Arbeitsmarktes weit dramatischer als noch vor einigen Jahrzehnten. Diese ambivalenten Anforderungen führen zum Stillstand. So erklärt sich, dass sich die Bewusstseinslage von Vätern zwar ändert, die väterliche Praxis aber traditionell bleibt.

Die Familie als Gewaltschauplatz

Frauen und Kinder sind nirgendwo gefährdeter als in Familien. Nach wie vor gilt, dass Frauen und Mädchen (aber auch Jungen) innerhalb der Familie dem höchsten Risiko ausgesetzt sind, verletzt zu werden, sexuelle Gewalt zu erfahren oder sogar zu Tode zu kommen (Kapella et al. 2011). In jüngerer Zeit wird aber darauf hingewiesen, dass auch Frauen Täterinnen seien. Sie stellen jedoch, was das Gewaltausmaß und den prozentuellen Anteil betrifft, eine kleine Minderheit dar. Frauen werden allerdings zu Mittäterinnen, wenn sie die Verbrechen an ihren Kindern zulassen.

Betrachtet man die Zahl der verurteilten Täter, wird ersichtlich, dass es nur relativ selten zu einer Anklage bzw. zu einem Prozess kommt. Das geschieht vor allem in besonders dramatischen Fällen, wie in Österreich, wo Männer jahrelang ihre jungen weiblichen Opfer im Keller verschwinden ließen. Im Falle Amstettens brachte die junge Frau sogar die Kinder ihres eigenen Vaters zur Welt[146]. In Österreich und Belgien sind die grausamsten Verbrechen Europas belegt. Die Täter sind Männer, es sind häufig leibliche Väter, Stief- und Großväter. Sexuelle Gewalt in der Familie war lange Zeit ein Tabu, das erst durch die zweite Frauenbewegung aufgedeckt wurde.

Warum hält sich der Glaube an die Kleinfamilie so hartnäckig oder: Wer hat davon einen Vorteil?

Je mehr Einsicht ich in die Ergebnisse der Familien- und Therapieforschung gewann, desto mehr erwies sich, dass die „glückliche Familie" ein Mythos ist und keine Realität. An der Kleinfamilie wird aber trotzdem hartnäckig festgehalten. Die Gründe dafür seien hier skizziert.

Die Vorstellung von der Kleinfamilie wirkt von Kindesbeinen an, die Zweierbeziehung gilt als Quasi-Naturgegebenheit. Das führt zu Ein- und Ausschließungsmechanismen, d.h. alles, was von der Norm abweicht, wird

---

146 Vgl. www.stern.de/panorama/inzestfall-von-amstetten-kellerverlies-in-fritzls-haus-wird-zugeschuettet-2028108.html (Zugriff 2.2.2014).

sanktioniert. Z.B. müssen sich kinderlose Frauen dafür rechtfertigen, dass sie keine Kinder haben. Menschen, die nicht in einer Beziehung leben, gelten schnell als „beziehungsunfähig". Es gibt kaum eine andere Vorstellung von familialem Zusammenleben als die Kleinfamilie, die medial, politisch und in der Therapiepraxis fortwährend bestärkt wird. Ein Übriges tun die politisch Konservativen und die katholischen Kirche (Melichiori 2007), die an der Unauflösbarkeit der Ehe festhält.

Eine weitere Erklärung ist die feministische Erkenntnis der 1970er-Jahre, dass die Haushaltstätigkeit und Kindererziehung die – unsichtbare und unbezahlte – Grundlage des Bruttonationalprodukts sind. Es zeigt sich, dass die Familie die wichtigste Säule zum Funktionieren von Wirtschaft ist. Das ganze politisch-ökonomische System beruht auf der unablässigen Bereitstellung ihrer Grundlagen – der Geburt von Kindern, der Bereitstellung von Nahrung und dem Heranziehen der Arbeitskraft.

Dass es um eine Machtbeziehung, ein System, in dem Kontrolle ins Wanken geraten ist, geht, zeigt die unablässige Rede vom Zerfall der Familie. Deshalb wird auch befürchtet, dass Frauen sich aus diesen Verhältnissen befreien und sie ihre Fürsorge für Mann und Kinder einstellen könnten. Das Interesse der Familien- und Bevölkerungspolitik an der Mutterschaft ist nämlich groß, da die Zahl der Geburten von Staatsbürgern und die Festlegung der Bedingungen ihres Aufwachsens politisch essentiell sind. Das ökonomische und militärische Erstarken eines Staates hängt direkt mit der Größe seiner Bevölkerung zusammen.

Die Befürworter der Kleinfamilie fordern häufig, man müsse die Familie entpolitisieren. Damit wird die Diskussion auf die individuelle Ebene verlagert und ignoriert, dass das Familiendreieck von Vater-Mutter-Kind gar nicht ohne ökonomische Sicherung und politische Stützung existieren kann. Die ökonomische Sicherung muss entweder der Mann allein leisten, was bedeutet, dass die Frau abhängig ist, wenn sie beides übernimmt, führt dies zur Überlastung der Frauen. All dies findet auf dem Hintergrund einer sich verschärfenden Arbeitswelt statt. Die Behauptung, die Familie sei eine private Angelegenheit, stimmt daher nicht. Es liegt vielmehr im Interesse der Regierenden und Wirtschaftstreibenden, sie als solche erscheinen zu lassen. Und tatsächlich stellt die Familie den Zufluchtsort aus einer als zunehmend brutalisiert erlebten Arbeitswelt dar.

Auch die Kirche hat einen erheblichen Einfluss darauf, dass „der Wert der Familie" hochgehalten wird, wobei die Mutterschaft als Dreh- und Angelpunkt der Familie zu verstehen ist. Die Kirche wertschätzte stets die verheiratete Mutter und diskriminierte diejenige, die unehelich Kinder geboren hat. Auch in der Rechtsprechung wurde historisch die Mutterschaft diskreditiert, indem die Rolle des Vaters als legitimes Familienoberhaupt und Erzeuger seiner Kinder festgelegt und die Bedeutung der Frau verleugnet wurde. Die außereheliche Schwangerschaft wurde zum Verbrechen, die Mütter und Kinder zu Rechtlosen erklärt. Die uneheliche Geburt war in Europa bis in die 1970er-Jahre ein Drama und gilt in vielen Ländern bis heute als Verbrechen. Die Kirche wertschätzt die Mutter nur vorgeblich. In kirchlichen Schreiben wird sie immer wieder zur Ordnung gerufen, sie möge ihren Pflichten nachkommen, „um die Familie nicht zu gefährden".

Trotz alternativer Ansätze hält auch die Psychotherapie am Ideal der Kleinfamilie fest. Traumatisierungen und Verletzungen entstehen aus dem Gefühl der Nichtbeachtung, der fehlenden Wertschätzung durch Vater oder Mutter oder aber auch durch die schlechte Beziehung der Eltern zueinander. Sie entstehen auch aus dem Gefühl von „zu wenig oder zu viel" Nähe oder Distanz zur Mutter und/oder dem Vater. Auf die sozialen, politischen und ökonomischen Bedingungen von Mutterschaft – die hohe soziale Erwartung an sie, das mangelnde soziale Netz u.a.m. – und das mangelnde väterliche Selbstverständnis wird dagegen kaum eingegangen. Die Ursache für das Leiden an der Herkunftsfamilie oder an der selbst gegründeten Familie wird stets innerhalb des Familiendreiecks gesucht – und deswegen wird auch kein Ausweg gefunden.

Als Grundlage der Kleinfamilie gilt die Liebe. Ein ganz wesentlicher Einwand gegen die Konstruktion der Kleinfamilie liegt aber darin, dass es im Wesen erotischer Anziehung und Leidenschaft liegt, dass sie spontan und heftig auftritt und wieder abflauen kann. Daraus eine stabile Beziehung zu etablieren, kann gelingen ist jedoch nicht erzwingbar. Diese Tatsache steht im diametralen Gegensatz zur Forderung, die Familie müsse stabile Verhältnisse für das Aufwachsen von Kindern schaffen. Kleinfamilien erleben daher täglich eine Zerreißprobe, ohne dass je der innere Widerspruch benannt wird. Im Gegenteil wird das Gelingen als Norm hingestellt und das Nichtgelingen als Versagen der Einzelnen.

Das hartnäckige Festhalten an der Kleinfamilie muss also m.E. damit erklärt werden, dass sie Produkt eines Glaubenssystems ist, das massive ideologische Unterstützung erfährt. Andere Lebensformen wie Patchworkfamilien, Wohngemeinschaften mit Kindern u.a. wurden immer nur von Minderheiten erprobt und haben sich nicht durchsetzen können. Sie wurden in den 1970er- und 1980er-Jahren gegründet und von grünen, linken oder christlichen Bewegungen fortgeführt. Da ging es um nachhaltige Wohnformen, um Kinderfreundlichkeit oder alternatives Wohnen für ältere Menschen. Doch das Scheitern solcher Experimente und der dramatische Fehlschlag durch Missbrauch (z.B. in der Otto Mühl Kommune in Österreich) boten immer wieder eine ideale Rechtfertigung der Behauptung, die Kleinfamilie sei die einzig richtige Lebensform. Frauen, die sich vom Partner trennen, bleibt daher als Alternative nur das wirtschaftlich prekäre und psychisch belastende Alleinerzieherinnendasein.

Wie gestaltet Familie die Gesellschaft?

Wie Mann und Frau definiert werden, wird in der Familie eingeübt. Damit wirkt sich die sogenannte Privatheit direkt auf die öffentliche Welt aus, weil die Geschlechterrollen in die Arbeitswelt, in Erziehung, Ökonomie, Politik, etc. hineingetragen werden. Die Geschlechterrollen von Vätern und Müttern fließen wiederum in die Erziehung ihrer Kinder ein. Die in der Arbeitswelt geltenden Regeln der Konkurrenz, des Wettbewerbs und der Hierarchien resultieren aus einer an patriarchalen Werten orientierten Gesellschaft. Diese sind durch deren Verständnis von Männlichkeit geprägt und werden als allgemeingültig dargestellt.

Dass sich die Kleinfamilie selbst dauernd reproduziert, hat damit zu tun, dass, wie es Freud ausgeführt hat, das familiale Dreieck angeblich natürlich sei. Der Junge könne seine Männlichkeit nur dann entwickeln, wenn er sich von der Mutter abwende und sich auf den Vater hin ausrichte, der die Außenwelt darstelle. Männlichkeit als „Nicht-weiblichkeit" bedeutet generell die Ablehnung von Emotionen und die Geringschätzung des weiblichen Geschlechts.

Und was bedeutet das ödipale Dreieck für Mädchen? Sie können als sogenannte Vatertöchter eine Art Komplizenschaft mit ihren Vätern eingehen. Diese Frauen lernen, dass im Grunde nur die Außenwelt wirklich zählt und Anerkennung verspricht. Hier wird gewissermaßen die geistige Geburt des Zeus nachempfunden, der Athene aus dem Kopf gebiert und angibt, sie habe keine Mutter, sondern nur einen Vater (Ranke-Graves 1993). Vatertöchter verachten weibliche „Schwäche" und streben danach, sich selbst einen Anteil an der Macht zu sichern. Diese Frauen stützen das herrschende System bedingungslos, tragen es mit und erachten die patriarchalen Werte als universell. Sichtbar werden sie in den Führungspositionen. So galt beispielsweise die ehemalige britische Premierministerin Margaret Thatcher als „einziger Mann" in der Regierung.

Der andere Typus von Frauen lernt, dass Mütterlichkeit eine domestizierte Form von Weiblichkeit darstellt, eine Rolle, in die sie hineinwachsen müssen, und die eigenen Wünsche zurückstellen. Sie verkörpern die selbstlose Mutter, die nicht nur die Kinder, sondern auch den Ehemann mitversorgt. Dieses Bild wird jedoch von vielen Frauen abgelehnt, die dem väterlichen Ideal nacheifern, das viel mehr Anerkennung verspricht.

Es wird also ein patriarchales Menschenideal reproduziert, das aus Frauen entweder selbstlose Mütter macht oder Frauen, die ausschließlich männlich konstruierten Werten anhängen. Beide Typen sind in das Wirtschaftssystem integriert und werden in ihm instrumentalisiert. Die Erziehung in der Familie führt demnach dazu, dass wir das Patriarchat immer wieder in uns selbst mittragen, reproduzieren und weitergeben. Die Familie ist insofern als Keimzelle des Staates zu verstehen, als sie Menschen nicht nur als Geschlechtswesen prägt, sondern sie zu patriarchalen Wesen erzieht. Sie tragen diese Muster und Verhaltensweisen in die Gesellschaft und werden von dieser wiederum darin bestätigt. Wenn beispielsweise die Familienpolitik gezielt die Kleinfamilie fördert, reproduziert sie diese auch unablässig.

Eine weitere Dynamik ist die, dass aufgrund der engen Eltern-Kind-Beziehung psychische Störungen gefördert werden, die zumeist der eigenen Herkunftsgeschichte entstammen. Je nach Persönlichkeitsstruktur der Mutter oder des Vaters kann sich die – häufig unbewusste – Projektion des selbst Erlebten fatal auf die Kinder auswirken. Das Leid, von dem am Anfang die Rede war, ist damit unausweichlich. Die erwachsenen Kinder berichten dann vom Nicht-gehört-werden, vom Zuwenig an Liebe, an Fürsorge, an Schutz oder andererseits vom Zuviel an Zuwendung und Überbehütung.[147] Diese Menschen sind chronisch gefährdet in Bezug auf jede Art von Sucht – nach Alkohol, Drogen und Essen oder nach gesellschaftlichem Status.

---

[147] Standard, 7.5.2011. „Sie war die Schönste!", S. A2.

Andere Modelle – matrilineare Verhältnisse

Es zeigt sich, dass die modernen Ideen von Mündigkeit und Freiheit, die Abhängigkeit nur von einem Partner gestatten, für Mütter mit Betreuungspflichten untauglich sind. Mutterschaft unter patriarchalen Bedingungen lässt Freiheit und Geborgenheit für Kinder und Erwachsene nicht zu. Die zumeist von Frauen geleistete Arbeit des Sich-umeinander-kümmerns, um Kinder, Alte, Kranke, ohne die das Leben nicht weitergeht, wird zwar dringend benötigt, gleichzeitig aber geringgeschätzt.

Eine Alternative zeigt der Blick über kulturelle Grenzen hinweg zu Völkern in Asien, in Afrika und Amerika, die über andere als die uns bekannten Familienstrukturen verfügen, die nämlich an der mütterlichen Linie orientiert sind. Z.B. leben die Mosuo in Südchina (Danshilacuo/He 2009) als Verband von Frauen und ihrer Töchter, Söhne und Brüder zusammen. Die Familiengemeinschaft bildet einen Clan, der innerhalb eines Haushalts lebt, oft in sogenannten Langhäusern, an die Teile neu angebaut werden können, oder sie leben in unmittelbarer Nähe zueinander.

Die matrilineare Verbindung besteht nicht nur örtlich, sondern darin, dass alle Frauen der Familie die Mütter aller Kinder sind. Die uns bekannte Mutter-Kind-Fixierung kann damit nicht entstehen. Ein fundamentaler Unterschied zur Familie westlichen Zuschnitts ist, dass zwischen verwandtschaftlicher Beziehung und Notwendigkeit der Fürsorge für die Kinder einerseits und der Sehnsucht nach Freiheit, nach einer erotischen Beziehung und Partnerschaft andererseits unterschieden wird.

Liebesbeziehungen werden bei den Mosuo in Form der Besuchsehe praktiziert, d.h. der Ehemann lebt in seinem eigenen Clan und kommt – meistens über Nacht – zu Besuch zu seiner Partnerin. Die Kinder, die aus dieser Verbindung entstehen, sind immer Kinder des gesamten mütterlichen Clans, so wie jeder Erwachsene immer Teil des mütterlichen Clans bleibt. Der Mann übernimmt als Mutterbruder die väterliche Rolle für die Kinder seiner Schwestern. Es gibt damit im Falle der Trennung kein Auseinanderbrechen von Familien und keine negativen Konsequenzen für die Kinder.

Diese Konstellation hat mehrere Vorteile und folgt einer ganz bestimmten Logik. Das Heim bleibt immer bestehen, unabhängig von der Dauer einer Liebesbeziehung. Die Kinder können ohne Brüche aufwachsen, es ist auch für Erwachsene gesichert, dass sie immer wieder heimkehren können. Emotionalität, Zuwendung, Mütterlichkeit, all diese Bedürfnisse können innerhalb des mütterlichen Clans ausgelebt werden. Die Anforderungen an den Partner sind damit weit geringer als in der Kleinfamilie.

In gewisser Weise leben Frauen diese Matrilinearität auch in westlichen Gesellschaften, wenn sie immer wieder zu ihren Müttern und Schwestern zurückkehren oder ein soziales Netz errichten, um einander bei der Kindererziehung zu unterstützen. Sie benennen und wertschätzen es aber nicht als solches.

Warum scheitert die Kleinfamilie wirklich?

Ich behaupte, die sogenannte private Frage ist nicht gelöst. Während politische Zerreißproben – Kriegsszenarien im arabischen Raum und Osteuropa – und der Finanzkollaps von 2008 zu nachhaltigen kritischen Fragen führten, hinterfragt kaum jemand die Ursachen der Anfälligkeit der Kleinfamilienkonstellation. Unbefriedigend bleibt, wie Männer und Frauen ihre Privatheit gestalten, wie ihre emotionalen Bedürfnisse gestillt werden können, die Wünsche nach Geborgenheit in der Gemeinschaft und gesichertem Aufziehen der Kinder einerseits und andererseits die Bedürfnisse nach Erotik und Sexualität. Das Leiden an der Kleinfamilie wird weiter hingenommen.

Die Kleinfamilie versagt, weil es nur unter den Umständen der isolierten Dreieckskonstellation von Mutter, Vater und Kind zu den dramatischen Brüchen im stabilen familialen Umfeld oder zu seinem abrupten Verlust kommen kann. Das Risiko, vom Vater verlassen zu werden, und der Zwang zur Neuorientierung, von denen Kinder nach einer Scheidung betroffen sind, treten ausschließlich im Kontext der Kleinfamilie auf. Wenn nur so wenige Bezugspersonen für ein Kind zuständig sind, führt dies – noch dazu unter der belastenden Situation der Trennung – zum Verlust eines und zeitweilig sogar beider Elternteile. Für ein sicheres Aufwachsen von Kindern ist dies fatal.

Die Pädagogik der Moderne ist durch die Erziehung zur Autonomie geprägt, d.h. es wird danach gestrebt, sich so unabhängig wie möglich zu machen, was dann Erwachsenheit genannt wird. Eine „Rückkehr" in den Haushalt der Mutter gilt als unreif und infantil und bleibt daher ausgeschlossen, denn die Angst, sozial als „Versager/in" zu gelten, ist groß.

Auf diese Weise wird der (Ehe-)Partner zum einzigen emotionalen Rückhalt, sozial ist nur der Weg in eine „funktionierende Partnerschaft" gestattet. Umso dramatischer ist es, wenn diese nicht „gelingt" – obwohl das „Nichtgelingen" in der Moderne die Regel geworden ist, wie die Rede vom

„Lebensabschnittspartner" zeigt. Man sucht aber gleichzeitig immer weiter nach dem/der „Richtigen". Diese Logik ist eine verkehrte. Die Partnerschaft als einzige emotionale Glückverheißung kann nicht gelingen, da eine auf Erotik begründete Beziehung nicht zugleich auch mütterliche Fürsorge und Rückhalt bieten kann. Sie kann auch deshalb nicht gelingen, da sie mit Verpflichtungen füreinander, finanzieller Art oder für die gemeinsame Sorge für Kinder, verquickt ist. Da zudem das Aufziehen von Kindern nicht Sache eines Clans ist, sondern die individuelle von Paaren bzw. zumeist allein von Müttern, treten naturgemäß Spannungen und Überforderung auf.

Der wahre Skandal liegt darin, dass das Aufziehen von Kindern gänzlich individualisiert wurde, weil matrilineare Verhältnisse, wo das „Muttern" als gemeinschaftliche Aufgabe zu begreifen ist, umgedreht wurden und die Isolation als Normalität hingestellt wird. So werden Menschen, die auf engstem Raum zusammenleben, täglich neurotisiert, ohne Chance, dieser schicksalhaften Verstrickung zu entkommen. Ich halte es für grob fahrlässig, eine Mutter mit Kind(ern) alleinzulassen.

Häufigste Scheidungsgründe sind Konflikte um Geld, Überforderung und mangelnde Zuwendung, also emotionale und ökonomische Faktoren. Ein (Ehe-)Partner/in kann nicht das geben, was eine Mutter oder eine Schwester leistet. Auch die finanzielle Abhängigkeit voneinander erweist sich als verhängnisvoll. Und Sexualität ist nicht gleichbedeutend mit sonstiger Versorgung mit Zärtlichkeit. Nicht selten beklagen Männer die Unersättlichkeit von Frauen in ihrem Wunsch nach Zuwendung und Aufmerksamkeit, die sie ihnen aufgrund ihrer eigenen beruflichen Überlastung nicht bieten könnten. Streit und Konflikte entstehen nicht nur aus Mangel an Geld und Zeit, sondern auch aus Mangel an Personen, die geeigneter wären, die jeweiligen Bedürfnisse zu erfüllen. Männer wünschen sich z.B. ein mütterliches Heim, das sie bei ihren Ehefrauen nicht finden. Frauen sehnen sich nach umfangreichem Austausch und Gesprächen mit anderen Frauen – das kann der Partner nicht leisten. Die Betreuung von Kindern rund um die Uhr über viele Jahre überfordert naturgemäß eine aus lediglich zwei Personen bestehende Gruppe.

Halten wir also fest, dass die Familie eher einen Sehnsuchtsort darstellt, dem die Realität nicht standhält. Die Kleinfamilie war historisch nie stabil, es wird vielmehr eine Idylle kreiert, die es so nie gegeben hat. Zuweisungen von Schuld und Versagen an Einzelne bei ihrem Zerbrechen führen in die Irre. Nicht die AkteurInnen sind schuld, das Versagen ist vielmehr strukturell angelegt. Wie gezeigt wurde, stellt die Konstruktion der Familie per se das Problem dar.

In der Realität bedarf es großer und unablässiger Anstrengungen, den Status quo aufrechtzuerhalten, obwohl er sich in der Praxis unentwegt als brüchig erweist. In der politischen und medialen Propagierung eines spezifischen Familienideals und auf dem Therapiemarkt für Paare wird mit viel Mühe das Verständnis von Familie als Kleinfamilie ideologisch aufrechterhalten. Zugleich soll das falsche System „Familie" mit einer Arbeitswelt kompatibel gemacht werden, die unvereinbar mit den Bedürfnissen von Müttern und Kindern ist. Hier wird immer wieder die Quadratur des Kreises versucht und das Leiden an den Verhältnissen in Kauf genommen.

Aus meinen Studien und Analysen ziehe ich den Schluss, dass der „Niedergang der Familie" nichts mit dem beklagten „Werteverfall" zu tun hat. Die Gründe liegen vielmehr darin, dass in Theorie und Praxis mit einem willkürlich gesetzten Familienmodell operiert wird, das aber als die Regel hingestellt wird. Es herrscht der Glaube an ein bestimmtes Familienkonstrukt vor, wobei die Begründungsszenarien für das Glaubenssystem Kleinfamilie variieren. Statt der Logik einer matrilinearen Verbindung zu folgen, wurde die patriarchale Familie mit der Mutter als Institution und dem Vater als „Familienerhalter" etabliert. Weiter an die Kleinfamilie zu glauben würde bedeuten, das Patriarchat in uns weiterzutragen. Wir müssen also „vom Glauben abfallen".

Und was sollen wir jetzt tun, fragen meine Freundinnen und Freunde

Ich habe die Gedanken zu diesem Buch jahrelang mit Freundinnen und Freunden diskutiert. Ich fand ihre Zustimmung und Ermutigung und ich sprach ihnen offenbar auch aus der Seele. Sie haben ihre Erfahrungen mit der Gründung einer Kleinfamilie und mit ihrer Herkunftsfamilie mit mir geteilt. Ja, all das hatten sie sich auch schon gedacht, nur hatten sie das Normative an der Konstellation nicht in Frage gestellt. Und vor allen Dingen: die Alternativen waren nicht sicht- und greifbar oder jedenfalls zu wenig konkret, als dass sie leicht umgesetzt werden könnten. Manche berichteten von Gemeinschaftsformen, z.B. dem gemeinsamen Kauf eines Zinshauses, die sie diskutiert hätten, um so Kinder gemeinschaftlich zu erziehen, aber keine/r hatte diese verwirklicht.

Jetzt ist es an der Zeit, präziser zu werden oder zumindest anzudenken, wie der Wandel in Gang gesetzt werden könnte. Notwendig ist, einer Neudefinition dessen, was „menschengerecht" und lebensnotwendig ist, konkretes Handeln folgen zu lassen. Wie können familiale Bande gelebt werden, in denen das Bedürfnis nach Gemeinschaft mit Respekt vor Verschiedenheit gelebt werden kann und wo die Partnerwahl als persönlich gilt und deren Ausgestaltung und Dauer keine Auswirkungen auf das Familiengefüge hat? Wie kann Familie als Ort verstanden werden, wo als oberstes Prinzip die Fürsorge füreinander gilt.

Auf die Idee, dass nur Gesellschaften überleben, die sich fürsorglich zeigen und einander zugewandt, kommen auch führende männliche kritische Sozialtheoretiker. Jeremy Rifkin (2010) spricht von der „empathischen Zivilisation". Diese Empathie sei – so seine These – immer schon in der menschlichen Zivilisation vorhanden, aber versteckt, nicht als solche wahrgenommen. Die Chronisten der Geschichte hätten lieber Kriege und sogenannte Heldentaten verzeichnet, und er konstatiert

> Glückliche Menschen bewegen sich im Allgemeinen im Mikrokosmos ihres familiären und sozialen Umfelds. Geschichte wird dagegen vor allem von den Unzufriedenen und Frustrierten, den Zornigen und Rebellischen gemacht. (…) So gesehen geht es in der geschriebenen Geschichte hauptsächlich um die Pathologie der Macht. (Rifkin 2010, 20)

Rifkin sitzt aber dem allgemein verbreiteten Trugschluss auf, den Beginn des gewaltsam etablierten Patriarchats mit dem „Beginn der Zivilisation" gleichzusetzen. Die Empathie, behauptet er, habe sich gleichzeitig mit der Gewalt-ausübung etabliert. Die räuberische Plünderung des Planeten sei gleichsam notwendige Begleiterscheinung von Zivilisation und Höherentwicklung. Er setzt damit einen Entwicklungsbegriff voraus, der von der Entwicklung von einer angeblich niederen Stufe zu einer angeblich höheren ausgeht. Und da-mit dem konventionellen Kanon entspricht.

Rifkin sagt nicht, dass seine Zuschreibung von Empathie und Pathologie dem matriarchalen bzw. patriarchalen Gesellschaftsmodell entspricht. Tat-sächlich existieren die Konzepte nebeneinander bzw. ist das eine Vorbedin-gung für das Funktionieren des anderen. Denn das matriarchale Element des Mitfühlens und Sich-einander-Zuwendens lässt Kinder erst zu Erwachsenen werden, die dann in das patriarchale Gefüge von Politik und Ökonomie ein-gepasst werden können. Auch in der täglichen Arbeitswelt ist das rücksichts-volle Miteinander zwar gefragt, belohnt wird aber der kompetitive Sieg.

Riane Eisler (2006) setzt sich aus der Perspektive der kulturübergreifen-den Geschichtswissenschaft mit der Verschiedenheit von Gesellschaftsmo-dellen auseinander und integriert neben Politik und Wirtschaft die Familien-sphäre in die Analyse. Auf diese Weise gelangt sie zur Unterscheidung zweier Modelle. Das „dominatorische" Modell ist durch vier grundlegende Elemente geprägt (Eisler 2006, 151): 1. autoritäre Sozial- und Familien-strukturen, 2. rigide Männerdominanz, 3. ein hohes Maß an Angst, Gewalt und Missbrauch und 4. religiös verankerte Ansichten über die menschliche Natur, wobei Männlichkeit und Weiblichkeit gleichgesetzt werden mit Über- und Unterlegenheit.

Das „partnerschaftliche Modell" charakterisiert sie folgendermaßen: 1. demokratische und egalitäre Familien- und Sozialstrukturen, 2. Gleichbe-rechtigung der Geschlechter, 3. wenig institutionalisierte Gewalt und Miss-brauch sowie 4. Glaubenssysteme, Ansichten und Werte, die diese Art von Gesellschaftsstruktur als normal und richtig darstellen.

Der allgemeingültige Zivilisationsbegriff, der auch die Familie miteinein-schließt, entspricht also dem patriarchalen bzw. dominatorischen Modell, ohne dass er je so bezeichnet würde. Daher gilt es, als ersten Schritt den Glauben daran hinter sich zu lassen. Wir müssen ebenfalls all jene Vorstel-lungen davon aufgeben, die festlegen, wie eine „normale Familie" auszuse-hen habe. Das Kapitel zum Versagen der Kleinfamilie führt vor, wie das Festhalten am Glauben an die lebenslang funktionierende Partnerschaft Frauen, Männern und Kindern Jahrhunderte des Leids beschert hat. Nicht die hohen Scheidungsraten sind das Problem, diese sind vielmehr Ausdruck dafür, dass Menschen sich in großer Zahl aus den unerträglichen Zuständen lösen und aus der „Zurichtungsanstalt Familie".

Wir müssen erkennen, dass die Kleinfamilie Ursprung muttermörderischer Zerstörung von Welt ist. Dies ist den in der Kleinfamilie Lebenden weitgehend unbewusst. Es ist auch der Grund für das Interesse des Staates und des kapitalistischen Wirtschaftssystems, die Kleinfamilie aufrechtzuerhalten. In ihr werden Vater-Töchter produziert, die der als einzig erstrebenswert hingestellten Außenwelt zugeneigt sind und zwar um jeden Preis. Hier werden Söhne erzogen, die sich in muttermörderischer Weise von der Mutter und der mit ihr assoziierten Gefühlswelt abtrennen. Beide, Töchter wie Söhne, müssen sich dann der Außenwelt zuwenden, in ihr allen Anreiz suchen, der aus Geld und Anerkennung besteht. Sie müssen sich – alchemistisch gedacht – erst ein „neues Leben" schaffen, als ob sie keines oder kein „richtiges" hätten. Das heißt, es geht beim Denken zum Thema Familie um weit mehr als die intime Sphäre. Die Kleinfamilie produziert und normiert vielmehr den Menschen des neoliberalen Zeitalters.

Die Südafrikanerin Muthien (2009) fordert die „Rematriation", die Rückkehr zum „alten" Wissen der Indigenen, das sich am Erbe der matriarchalen Ahninnen orientiert, an ihrer Kultur und ihrem Naturverständnis. Anhand dieses Erbes und der existierenden matrilinear lebenden Gemeinschaften können wir lernen, neue Wege zu gehen, ohne in die Falle des simplen Gegensatzes zum bestehenden Patriarchalen zu tappen. Und den Europäerinnen empfiehlt sie, sich ihre Macht und Privilegiertheit als Nachfahrinnen der Kolonisatoren einzugestehen.

Das Patriarchat in uns selbst

Wir müssen uns bewusst werden, dass wir das Patriarchat in uns tragen, durch ein System, in dem Frauen, die Natur und die Länder des Südens stets unter- und nachordnet werden bzw. das auf der Ausbeutung ihrer Qualitäten und Ressourcen aufbaut. Dabei hilft uns das Wissen um existierende Alternativen (Kailo 2015). Ohne dieses Wissen und durch die verinnerlichten Werte des Patriarchats als angeblich universelle besteht wenig Hoffnung auf das Aufspüren neuer Wege und den tatsächlichen Ausbruch aus der patriarchalen „Denkgewalt" (Ernst 1986).

Das Ursprüngliche, Unverfälschte, „Vor-Koloniale" und „Nicht-Rassistische" ist das, was AnthropologInnen, FriedensforscherInnen und andere in den Ländern des Südens suchen. Es geht um das Aufspüren von alternativen Modellen, aber auch darum, das Patriarchat in sich selbst zu entdecken, aufzuzeigen und letztlich zu heilen.[148]

Das Patriarchat in sich zu haben, bedeutet:

- an das Paar als Norm des Erwachsenenlebens zu glauben;
- zu glauben, dass Kinder in der Kleinfamilie am besten aufgehoben seien;
- zu glauben, dass Kinder in jungen Jahren das Haus verlassen müssen, um Autonomie zu erlangen, und dass eine spätere Rückkehr, auch nur zeitweise, weder möglich noch wünschenswert sei;
- zu glauben, dass jeder Vater besser sei als keiner;
- zu glauben, dass dem Kind ein autonomer Ich-Begriff vermittelt werden muss, Selbständigkeit die oberste Prämisse und das individuelle Wohl vor das der Gemeinschaft zu stellen sei;
- zu glauben, dass der Süden rückständig sei und keine nachahmenswerte Konzepte des sozialen Zusammenlebens zu bieten habe bzw. dass der Charakter dieser Gesellschaften als „Unterentwicklung" zu interpretieren sei.
- durch die Praxis der patrilinearen Weitergabe des Familiennamens die weibliche Genealogie zugunsten einer männlichen zu unterbrechen und die Entwicklung einer Identität entlang der Mutter-Linie zu verunmöglichen;[149]
- einen Fortschrittsglauben anzuhängen, der allein durch die Entwicklungen in der Technologie begründet wird, und den Glauben an die angebliche Höherentwicklung des Westens; würde der Fortschritt hingegen am sozialen Zusammenhalt gemessen, zeigte sich im Gegenteil die Vergrößerung von Armut und der Kluft zwischen Arm und Reich sowie eine Zunahme von Gewalt durch Kriege, den Kampf um Land und die natürlichen Ressourcen der Erde.

---

148 Die kritische Forschung zu „Whiteness", ein Resultat der (post)colonial studies und der Studien zu Rassismus, befasst sich mit der Definition, Geschichte und Charakteristik von Privilegiertheit aufgrund der Hautfarbe oder ethnischen Zugehörigkeit.
149 Frauen können ihre matrilineare Linie aufgrund der Namensänderungen kaum länger als drei Generationen zurückverfolgen.

Was uns das Patriarchat weiter in uns tragen lässt, ist auch die Scham, die „Beschämung" jeder Art von Abweichung. Die sozialen Normierungen sind rigide und werden mit Ausschlüssen jeder Art sanktioniert. Frauen drohen die Verunglimpfung als „schlechte Mutter", als beziehungsunfähig, als „arbeitsfaul" und „Schmarotzerin". Und Männern droht die Verhöhnung als unmännlich, also der Vorwurf der angeblichen Verweiblichung.

Konkrete Vorschläge für alternatives Zusammenleben

Der Ruf nach Alternativen zur Kleinfamilie ist so alt wie die zweite Frauenbewegung. Das „Gefängnis Familie", die Isolation und Enge sollte aufgebrochen werden durch eine „Öffnung nach außen". Es gibt solche anderen Lebensformen, sie sind aber wenig bekannt und die Familiensoziologie erwähnt sie selten (Grundmann/Hoffmeister 2009). Im Zuge der Neuen Sozialen Bewegungen der 1970er-Jahre formierte sich zum Beispiel in Bayern die heutige Lebensgemeinschaft Klein-Jasedow in Ost-Vorpommern, eine der ältesten Gemeinschaften dieser Art weltweit. Seit über 30 Jahren leben die Gründerinnen und Gründer der Wahl-Großfamilie unverändert zusammen. Weder religiöse noch politische oder andere Glaubensbekenntnisse verpflichten die Familienmitglieder. Die Suche nach dem Geheimnis der erstaunlichen Stabilität der Wahl-Großfamilie, die heute vier Generationen umfasst, fördert Lebenshaltungen zutage, die eine hohe Übereinstimmung mit matriarchal verfassten Stammesgemeinschaften aufweisen (Mallien/Heimrath 2011).

Angelehnt an ein matrilineares Familienverständnis entwickelte Heide Göttner-Abendroth (2007) Vorschläge, wie ein verwandtschaftliches, familiales Zusammenleben abseits einer Kleinfamilienstruktur möglich wäre. Matriarchale Familiengefüge zeichnen sich durch die Abwesenheit von Hierarchie und Herrschaft und durch egalitäre Lebensformen aus. Sie schlägt als Alternative zur brüchigen Kleinfamilie Wahlverwandtschaften vor, indem sich – ausgehend von der grundlegenden sozialen Einheit der Mutter-Kind-Verbindung – ein Matri-Clan von gewählten Schwestern und Brüdern sowie Großmüttern und Großvätern bildet, die gemeinsam die Aufgabe von Mutter- und Vaterschaft übernehmen.

Ich trete für einen Paradigmenwechsel ein, der vom Bestehenden ausgeht und leicht im Hier und Jetzt umgesetzt werden kann. In diesem Entwurf erziehen Mütter die nächste Generation von Kindern nicht mehr dazu, als Erwachsene das Haus sofort verlassen zu müssen. Erwachsene Kinder übernehmen ökonomische Verantwortung gegenüber der familialen Gemeinschaft und nicht gegenüber dem/der Liebespartner/in. Die neue Generation „weiß" auch nichts mehr vom patriarchalen Liebes- und Ehemythos und stimmt mit der Mutter-Generation überein, dass die Partner/innen nicht im gleichen Haushalt leben sollten. Die Kinder müssen nicht mehr aus dem Mutterhaus ausziehen, um als erwachsen und autonom zu gelten, sondern können dort ihren emotionalen und sozialen Rückhalt haben. Sollten sie ausziehen, ist ihnen die Rückkehr nicht versperrt. Erotische Partnerschaften können als Besuchsehen gelebt werden, wodurch den beiden Grundbedürfnissen nach Gemeinschaft und individuellem erotischem Begehren Rechnung getragen wird.

Die Frauen, die solche Familien-Gemeinschaften beginnen, finden sich mit ihren Müttern, Schwestern, Tanten und Freundinnen in einem neuen matrilinearen Verständnis zusammen – sie verstehen dies nicht als Rückzug oder Zeichen eines angeblichen „Versagens". Das räumliche Zusammenleben ist wichtig und kann in einem gemeinsamen Haus oder aber in Wohnformen in unmittelbarer Nähe organisiert werden. Die im Mutter-Clan geborenen Kinder bleiben die Kinder der matrilinearen Familie, die Mutterbrüder und -onkel sind die wichtigsten sozialen Väter. Die leiblichen Väter sind zur aktiven Vaterschaft eingeladen, ihre mögliche Abwesenheit wird aber in dieser Familienkonstellation nicht zum Drama. Die Präsenz vieler für Kinder zuständiger Personen ist die Idealform des Aufwachsens von Kindern. Die strikte Abgrenzung des Ich vom anderen und den „eigenen" von den „anderen" Kindern hat dies bisher verhindert.

In den USA ist es weit verbreitet, dass (schwarze) Teenager zu jungen „single mums" werden und mit zahlreichen Stigmatisierungen konfrontiert sind. Ihnen wird unterstellt, sie seien außerstande, einen Mann dauerhaft an sich zu binden, und die Vaterlosigkeit triebe ihre Kinder in Drogenabhängigkeit und/oder Kriminalität. Nur vom Standpunkt der Notwendigkeit der Ehe- bzw. partnerschaftlichen Beziehung gesehen, ist aber ihr Status ein Problem. Vom matrilinearen Standpunkt aus betrachtet, zeigt sich, dass die jungen Frauen fast ausschließlich im Matri-Clan mit der Mutter, der Großmutter und den Geschwistern zusammenleben. Nicht die fehlende Ehe erweist sich als ihr Problem, sondern Armut und mangelnde Bildungs- und Arbeitschancen.

Gerade für diese marginalisierten und stigmatisierten Frauen ist es wichtig, wieder respektiert zu werden, die Würde zu erhalten, die in der jungen Mutter statt einer „Sozialschmarotzerin" einen Teil der mütterlichen Gemeinschaft sieht. Ihr Kind ist dann nicht mehr ein „ungewolltes" oder „uneheliches", sondern ein Kind, das willkommen ist und von der Gemeinschaft aufgezogen wird.

Worum geht es also?

- Es ist notwendig, vom Glauben an die Kleinfamilie abzufallen. Es ist an der Zeit zu erkennen, dass „wir Frauen ein sekundäres System am Leben erhalten" (Kuhn 2010).
- Es geht darum, die Verhältnisse wieder auf den Kopf zu stellen und das verwahrloste Matriarchat in und um uns als solches zu erkennen, und dem sozialen Netz, das uns im realen Leben trägt, die Wertschätzung zu geben, die es verdient. Die eigenen Beziehungen zu Mutter, zu Brüdern und Schwestern müssen wieder den Stellenwert bekommen, den sie realiter haben, statt sie als Ersatzbeziehungen für eine eventuell fehlende Partnerschaft anzusehen.
- Die Blickrichtung wird verändert, der Fokus auf die zentralen Beziehungen gerichtet mit dem Wunsch, sie zu klären: Die Beziehung zur eigenen Mutter, die Schwester-Bruder-Beziehung, die Schwester-Schwester-Beziehung, die Beziehung zu den eigenen Kindern und den Kindern der mütterlichen Familie, die Beziehung zu Freundinnen und die Beziehung und der Austausch unter Müttern.

Über die individuelle Ebene hinaus geht es um die Mutterschaft als übertragenes Prinzip der Fürsorge – für die Nachkommen, für die Natur, für das Wohlergehen der einzelnen und aller Mitmenschen. Das ist weit mehr als eine alternative Lebensweise, sondern hat vielmehr gesellschaftliche Implikationen. Die Mutterschaft ist als politische und ökonomische Kategorie zu begreifen.

Die Verfassungen Ecuadors, Boliviens und Perus orientieren sich an der „Pachamama", der Mutter Erde. Das Konzept vom westlichen „Fortschritt" mit seiner angeblich zunehmenden „Höherentwicklung" wird nicht geteilt. Im Mittepunkt steht vielmehr das „gute Leben", das ein Zusammenleben in Vielfalt und in Harmonie mit der Natur bedeutet, orientiert an der Befriedigung der Grundbedürfnisse der Menschen – Wasser, saubere Luft, integrale

Gesundheit, Bildung– und nicht an Profitmaximierung[150]. Die Akzeptanz des indigenen Denkens bedeutet, dass das Individuum zugunsten der Gemeinschaft und des Wohls aller zurücktritt, statt zu dominieren. Natürliche Ressourcen werden als gemeinschaftliche Güter verstanden, deren Kommerzialisierung undenkbar ist. Das Prinzip des „Guten Lebens" bedeutet, dass das Leben im Vordergrund steht, die Natur als Formgeberin, an der sich das Leben orientieren muss. Grundprinzipien des Denkens sind Nachhaltigkeit, Verantwortlichkeit und Fürsorge für die Gemeinschaft.

---

150 Abkommen der Völker 2010. Der Kampf der Indigenen gegen die Ölpipeline in North Dakota, die seit 2016 das Billionengeschäft zu verhindern sucht, ist eben diesen Grundsätzen verpflichtet (New York Times, 23.11.2016)

Nachwort.
Mein Familienname. Vom Exil durch Patrilinearität

Die Geschichte begab sich so: Meine Mutter lernte einen Mann kennen. Er war ein iranischer Student, sie war 17 Jahre alt und er 10 Jahre älter. Sie wurde schwanger, ihm war das Studium am wichtigsten. Bald ließ sich die Schwangerschaft nicht mehr verheimlichen. Meine Großeltern liefen Amok. „Diesem Mann geben wir unsere Tochter nicht", sagten sie. „Es war purer Rassismus", sagte meine Mutter später.

Ich sah dann Jahre danach die Statistiken durch. Anfang der 1960er-Jahre gab es eine Unehelichenquote von rund 3 % in Österreich. Die anderen, die damals unverheiratet „in anderen Umständen" waren, „mussten heiraten". Die Kinder aus solchen Zwangsheiraten können von anderen Leidensgeschichten berichten als die Unehelichen. Ich erhielt den Nachnamen meines Großvaters, selbst ein uneheliches Kind aus Kärnten. Ich hieß also Irene Maria Lorber. Meine nicht volljährige Mutter wurde von meinem Großvater aufs Jugendamt begleitet. Dort sollte zur Ausstellung der Geburtsurkunde der Name der Eltern angegeben werden. Meine Mutter wollte den Namen meines Vaters anführen. Mein Großvater verbot es, er befürchtete eine mögliche Kontaktaufnahme bzw. dass der Vater Rechte anmelden könnte. Meine Mutter gab also nur ihren Namen an. Wie ich später herausfand, steht im Geburtenregister unter „Vater": „unbekannt (Ausländer)". Hätte sie die Unterstützung der Eltern verloren, wäre die damals berüchtigte Jugendfürsorge eingeschritten und hätte ihr das Kind weggenommen. Ich wäre also im Heim gelandet.[151] Die andere Möglichkeit, die ihr mein Großvater offerierte, war, dass meine Großeltern mich adoptieren würden, denn man hielt sie für zu jung, um mich aufzuziehen. Diesem Wunsch widersetzte sich meine Mutter.

Was waren nun die Konsequenzen davon, eine „vaterlose" Geburtsurkunde zu haben?

Meine Mutter bekam niemals das Sorgerecht. Es verblieb beim Jugendamt. Unterhaltsleistungen konnten nicht eingefordert werden. Unterstüt-

---

151 Die Heimhistorikerkommission stellte für die Lebensbedingungen von Kindern in Wiener Heimen in den 1950er-, 1960er- und 1970er-Jahren fest, dass die physische, psychische und sexuelle Gewalt systemisch waren und die Heime ein „Ort des Schreckens" (Sieder/ Smioski 2012). Zum selben Ergebnis kamen Ralser, Bechter und Guerrini (2012) für Tiroler und Vorarlberger Fürsorgeeinrichtungen.

zungsleistungen von Seiten des Staates gab es damals keine. Mein biologischer Vater verließ nach Abschluss seines Studiums und exakt ein Jahr nach meiner Geburt das Land.

Die Fürsorge trat einmal offiziell bei uns zu Hause auf, um „nach dem Rechten zu sehen". Meine Mutter sorgte also für mich, ohne jeden rechtlichen Anspruch, weder für sich selbst noch für mich noch gegenüber dem Kindesvater. Es war ja scheinbar alles „Recht". Ich wuchs von meinen Großeltern und meiner Mutter wohlbehütet auf. Meine Mutter heiratete dann später. Damit sie rehabilitiert würde. Nach außen eine richtige Familie. Der gleiche Familienname. Vor der Eheschließung hatte meine Mutter versucht, das Sorgerecht zu beantragen. Das Jugendamt lehnte ihr Ansuchen mit der Begründung ab, sie sei mit ihren 23 Jahren zu jung dafür. Das Jugendamt wies auch den Antrag meines Steifvaters auf Adoption zurück. Auch er sei mit seinen damals 25 Jahren zu jung dafür, meinten sie. Aber den Namen sollte ich bekommen. In der dritten Volksschulklasse/Primariat fragte ich meine Lehrerin: „Welchen Namen soll ich in mein Heft schreiben?" „Preve natürlich", sagte sie. Ich erinnere mich an das Gefühl von Fremdheit. So hieß ich ab meinem 8. Lebensjahr Irene Maria Preve. Der österreichische Autor Thomas Bernhard hat darüber geschrieben, wie das ist mit den Vätern, Stief- und Großvätern. Und über die legale väterliche Anerkennung, die man damals brauchte – lange vor der Familienrechtsreform 1975 –, um so etwas wie Rechte zu haben, Ansprüche, überhaupt ein Recht auf Existenz.

Mit Anfang 20 heiratete ich. In den 1980er-Jahren erlaubte das österreichische Namensrecht nichts anderes als einen Doppelnamen – mit Bindestrich und Voranstellung des Namens des Ehemannes. So kam ich also zu meinem neuen Namen und der folgenden Kombination: Irene Maria Tazi-Preve. Die Jahre vergingen. Meine Mutter ließ sich scheiden. Ich ließ mich ebenfalls scheiden. Ich hatte also nun die Namen meines ehemaligen Stiefvaters und meines ehemaligen Ehemannes. Eine Änderung hätte bedeutet, einen anderen Namen als mein damals minderjähriger Sohn zu haben. Und einen Namen abzulegen, mit dem mittlerweile meine wissenschaftliche Arbeit verknüpft war. Und das wollte ich ebenso wenig. So ließ ich es dabei.

Inzwischen hatte ich nicht nur ein Identitätsproblem mit meinem Nachnamen, sondern auch mit meinem Vornamen. Ich mochte Irene nicht mehr und machte aus Maria die persische Form Mariam. Diesen Namen zog ich nach vorne, ganz und gar eigenmächtig. So heiße ich nun Mariam Irene Tazi-

Preve. Zwischenzeitlich spiele ich neue Namen durch – als E-Mail-Adresse mit dem „Mädchen"Namen meiner Großmutter, also Mariam Bertoldi.

Als ich 18 Jahre alt war, schlug mir mein biologischer Vater vor, seinen Namen anzunehmen. Ich ging zum Jugendamt. Man riet mir ab. Die genaue Begründung ist mir entfallen. Sie sagten etwas von Rechten, die er womöglich haben würde, obwohl dies absurd war, da ich ohnehin fast volljährig war. Und die „Rechte" hätten sich wohl eher als Pflichten (zum Unterhalt) erwiesen. Ich war damals nur wenig älter als meine Mutter, die 18 Jahre zuvor auf demselben Jugendamt gestanden war. Ich ließ also die Idee fallen, die hätten wohl Recht, dachte ich.

In Österreich wurde ich von Behörden nie nach dem Namen eines „amtlichen" Vaters gefragt. Die komplette Absenz meines Vaters verhalf mir zu einem Stipendium für mein Studium. Tatsächlich war es das einzige Mal, dass der Staat dafür einsprang, dass ich keinen Vater hatte. Nach der Geburtsurkunde wurde ich nie gefragt.

Das änderte sich, als ich im Ausland zu unterrichten begann – ein Lehrauftrag an einer deutschen Hochschule. Mittlerweile längst in Wien wohnhaft, ging ich aufs Bezirksamt. Ich benötigte ein Leumundszeugnis. Ich sollte ein Formular ausfüllen. Da wurde nach dem Namen der Mutter und des Vaters gefragt. Mein leiblicher Vater war inzwischen verstorben. Ich gab das Todesjahr an, nicht aber seinen Namen. Die Beamtin fragte nach dem Namen, was mir sehr unangenehm war. Sie war freundlich, das ist alles, woran im mich erinnere. Es ist mir entfallen, ob ich dann seinen Namen nannte.

Und dann ging ich in die USA. Ich bekam eine Gastprofessur. Für das Visum ist im Internet ein Formular auszufüllen, wo nach der Mutter und dem Vater gefragt wird. Ich saß bei einem Kollegen, der mir bei der komplizierten Prozedur behilflich war. Ich stutzte und gab den Namen meines (Ex-)Stiefvaters an. Der hat denselben Namen, das kann dann keine Probleme geben, dachte ich.

Ich ging kurze Zeit später erneut in die USA. Und wollte keine Unkorrektheiten bei meinen Papieren haben. Ich ging zur amerikanischen Botschaft, bevor ich um das neuerliche Visum ansuche. Ich wollte das aufklären. Die Dame in der Visumabteilung sagte: „Machen Sie sich da keinen Kopf." Den Amis ist das anscheinend egal, dachte ich.

Ich fragte einmal – nach dem Tod meines leiblichen Vaters – einen Anwalt, was ich eigentlich in solchen Fällen tun soll. Er sagte, ich kann angeben, wen ich will, die „Gegenseite" müsse dies dann widerlegen. Oder ein Haar meines in London lebenden Onkels stehlen und einen Vaterschaftstest machen, denn die genetischen Merkmale müssten bei einem Bruder meines Vaters praktisch identisch sein. Mein Onkel ist es übrigens, der mich darüber informierte, dass es ein Familiengrundstück und ein Haus gäbe in seinem Heimatland, von dem ich als einziges Kind nun den Anteil meines Vaters erben würde: als – einzige – Tochter nach islamischem Recht natürlich nur zwei Drittel davon. Eine meiner Tanten lässt mich wissen, dass sie dazu einen Nachweis seiner Vaterschaft bräuchten. Dieses Erbe werde ich wohl nie antreten.

Ich wollte erneut heiraten. Dies war zu diesem Zeitpunkt die einzige Möglichkeit auf Dauer bei meinem amerikanischen Lebensgefährten zu bleiben. Denn nur die Ehe hat besondere rechtliche Ansprüche. Rick schlägt mir vor, seinen Namen anzunehmen. Wieder ein Vater-Name. So habe ich nun die Wahl, den Namen meines Ex-Mannes abzulegen und den Namen meines Ex-Stiefvaters zu behalten oder dem Namen meines Ehemannes anzunehmen.

Irene Maria Lorber ist Irene Maria Preve ist Irene Maria Tazi-Preve ist Mariam Irene Tazi-Preve ist Mariam Bertoldi ist Mariam Skillings. Ich überlege noch. Vielleicht zurück zu den Anfängen als Mariam Irene Lorber. Oder zu einem neuen Mutter-Namen – die skandinavische Version: Margitsdotter.

Danksagung

Dieses Buch konnte nicht geschrieben werden ohne die unablässigen Diskussionen und Gespräche mit Kolleginnen, Kollegen, Freundinnen, Freunden, mit Frauen in meinen Netzwerken und meiner Familie. Ich bedanke mich für ihre Gedanken, das Teilen ihrer Geschichten, ihrer Zustimmung und ständigen Ermutigung.

Ich danke Gabriella Clari, Setare Seyyed-Hashemi, Michael Buchleitner, Nathalie Sequeira Taxer, Christiane Hintermann, Christa Walenta, Gabriele Mascher, Christiane Rille-Pfeiffer, Christiane Hintermann, Ann Fitzgerald, Margee Richardson und Andrea Kudelich für ein offenes Ohr und Zumurrud Butta, in deren Garten die Idee für dieses Buch geboren wurde. An Robert Bösze, den Seelenbruder aus Schulzeiten, mit dem ich so manche Familien-Geschichte teilte.

Dank auch an Lena Keyhan, die ganz Ohr war für die Idee, dass ihre enge Beziehung zu ihren Brüdern eben die Normalität darstellt. Und die als Mutter durch die Hölle ging.

An Cristina Romanelli, die an den unglaublichen – aber niemals als solche deklarierten – Ansprüchen leidet, die an Mütter gestellt werden, sobald das Kind in die Schule kommt.

An Margarita Ahumada, die für sich neue Familienverhältnisse plant. Besonders bedanken möchte ich mich bei Chris Day, Michael Huelshoff, Gertraud Griessner und Günter Bischof, die mich an die University of New Orleans eingeladen haben, in eine der anregendsten Städte, die ich überhaupt kenne.

Ich möchte mich auch für die Diskussionen und die persönlichen Gespräche bedanken, die meinen Vorträgen und Seminaren folgten. Die Vorträge, die ich an der University of New Orleans und an der Tulane University gehalten habe, beim MutterGipfel 2008 in Karlsruhe, im Rahmen der Oberinntaler Diskurse in meinem Heimatland Tirol 2009, bei der Konferenz in Toronto „A (M)Otherworld is possible" und der Vorträge und Gespräche anlässlich meines Forschungsaufenthalts 2010 an der Universität Pampeu Fabra in Barcelona.

Beständig inspiriert wird meine Arbeit durch den Kontakt mit Gleichgesinnten bei Tagungen in Europa und den USA: die Gift Giving Konferenzen in Rom 2010 und 2015 in der „Casa delle Donne", die Internationale Matriarchatskonferenz 2011 in St. Gallen, und den ASWM (Association for the

Study of Women and Mythology) Konferenzen in den USA, die ich zuletzt 2016 in Boston besuchte.

Genevieve Vaughan, Heide Göttner-Abendroth und Tricia Laurent, Euch sei besonders gedankt für die große Energie und erheblichen finanziellen Zuwendungen, die viele dieser Tagungen ermöglichten.

Immer wieder gilt mein Dank meiner Mutter Margit Preve dafür, wie sie mich „mitnahm" auf ihrem Weg zur Feministin. Ihre Erkenntnis in den 1970er-Jahren, dass „das Unrecht einen Namen hat", führte mich zum Wunsch, „to make the world a fair one"[152]. Ich möchte ihr danken für ein Aufwachsen in weiblicher Würde und Stärke und den politischen Diskurs, den wir seither haben.

Dank geht an meine Doktor-Mutter Claudia von Werlhof, deren Stärke und Unbeugsamkeit mich zutiefst beeindruckt und beeinflusst haben.

Mein Dank geht an die matriarchalen Frauen und „foremothers" in meinem Netzwerk, mit denen der Austausch von Herz zu Herz stattfindet: Malika Grasshoff, Lin Daniels, Erella Shadmi, Kaarina Kailo, Angela Miles, Linda Christiansen-Ruffman, Vicki Noble, Lydia Ruyle, Lucia Chiavola Birnbaum, Gisela Lässig, Dagmar Margotsdotter-Fricke und Uscha Madeischy. Und ich bedanke mich bei meiner neugewonnenen Freundin Sherri Mitchell, die mich teilhaben lässt am Denken der amerikanischen First Nations.

Ich möchte auch meinen Studentinnen und Studenten der University of New Orleans, den Universitäten Wien und Innsbruck sowie des MCI Innsbruck für ihre engagierte Teilnahme in den Seminaren danken.

Und nicht zuletzt geht mein Dank an meinen Mann Richard Skillings, einen wahrhaft matriarchalen Mann, der meine Arbeit voll und ganz mitträgt, „so that you can blossom and bring to light, which has a value to so many".

Ich bedanke mich auch bei jenen Schriftstellerinnen, die immer schon wussten, dass etwas zutiefst falsch ist am Mythos der Kleinfamilie und deren Schreiben allein der Wahrheit verpflichtet sind – Elfriede Jelinek, Marlene Streeruwitz, Erika Pluhar und Elfriede Hammerl. Und Dank ergeht

---

152 Barbara Alice Mann (Toronto 2009) von den Seneca in Ohio zitierte ihre Mutter, dies sei es, was wir zu tun hätten, statt die Fatalität der „Westener" zu akzeptieren, dass die Welt eben ungerecht sei.

auch an die wunderbare Roseanne Barr, ohne deren Sendung ich die 1990er-Jahre nicht überstanden hätte.

Orlando, Januar 2017

Literatur

Abkommen der Völker. Erklärung der Weltkonferenz über den Klimawandel und die Rechte der Mutter Erde. 22. April 2010. Cochabamba, Bolivien.

Adorno, Theodor. 1951. Minima Moralia. Frankfurt a.M.: Suhrkamp.

Ahnert, Lieselotte. 2010. Wieviel Mutter braucht ein Kind? Bindung – Bildung – Betreuung: öffentlich und privat. Heidelberg: Spektrum Akademischer Verlag.

Amadiume, Ifi. 1996. Männliche Töchter, weibliche Ehemänner. Soziale Rollen und Geschlecht in einer afrikanischen Gesellschaft. Zürich: Rotpunktverlag.

Amendt, Günter. 2006. Scheidungsväter. Wie Männer die Trennung von ihren Kindern erleben. Frankfurt a.M./New York: Campus.

Aristoteles. 1994. Politik. Reinbek: Rowohlt.

Armstrong, Jeannette. 2007. Indigenous Knowledge and Gift Giving: Living in Community. In: Vaughan, Genevieve (Hg.). Women and the Gift Economy. A radically different worldview is possible. Toronto: Inanna, 41–49.

Bachofen, Johann Jakob. 1975. Das Mutterrecht. Eine Untersuchung über die Gynaikokratie der alten Welt nach ihrer religiösen und rechtlichen Natur. Frankfurt a.M.: Suhrkamp.

Bäcker, Dirk (Hg.). 2005. Schlüsselwerke der Systemtheorie, Wiesbaden: Verlag für Sozialwissenschaften.

Baldwin, Margaret. 2007. Strategies of Connection. Prostitution and Feminist Politics. In: Stark, Christine, Whisnant, Rebecca (Hg.). Not for Sale. Feminists Resisting Prostitution and Pornography, Dehli: Aakar Books, 295-305.

Bartenstein, Martin. 1998. Eröffnungsstatements anlässlich der Expertenkonferenz des BMJF zu Vereinbarkeit von Beruf und Familie. Wien.

Basserman, Lujo. 1969. The Oldest Profession: A History of Prostitution. London: Arthur Barker Ltd.

Bauer, Tobias. 2000. Die Familienfalle. Chur: Rüegger.

Bayer, Eleonore. 2006. Tobt der Machtkampf ums Kind? http://www.welt-der-frau.at/index.htm?http://www.welt-der-frau.at/viewcat.asp?ID=960&cat=2 (Zugriffsdatum: 1.8.2006).

Beck, Ulrich. 1983. Jenseits von Klasse und Stand? In: Kreckel, Reinhard (Hg.). Soziale Ungleichheiten. Sonderband 2 der Sozialen Welt. Göttingen: Schwartz, 35–74.

Beck-Gernsheim, Elisabeth. 1985. Vom Geburtenrückgang zur Neuen Mütterlichkeit? Über private und politische Interessen am Kind. Frankfurt am Main: Fischer, 109–125.

Becker, Gary. 1981. A treatise on the family. Cambridge, MA: Harvard University Press.

Beham, Martina, Gössweiner, Veronika, Gross, Inge (Hg.). 1999. Zur gesellschaftlichen Bedeutung der Leistungen von Familien. In: Bundesministerium für Umwelt, Jugend und Familie (Hg.). Österreichischer Familienbericht. Zur Situation von Familie und Familienpolitik in Österreich, Wien, 40–61.

Bennholdt-Thomsen, Veronika. 2006. Eine matriarchale Gesellschaft in Zeiten der Globalisierung: Juchitan in Südmexiko. In: Göttner-Abendroth, Heide (Hg.). Gesellschaft in Balance. Dokumentation des 1. Weltkongresses für Matriarchatsforschung 2003 in Luxemburg. Stuttgart: Kohlhammer, 137–148.

Bennhold-Thomsen, Veronika. 2010. Geld oder Leben. Was uns wirklich reich macht. München: Oekom Verlag.

Bennholdt-Thomsen, Veronika. 2011. Die Politik der Subsistenzperspektive. Vortrag zum Kongress Perspektiven der Matriarchatspolitik, St. Gallen 12.–15. Mai 2011.

Bergmann, Anna. 1992. Die verhütete Sexualität. Die Anfänge der modernen Geburtenkontrolle. Hamburg: Rasch und Röhring.

Bernhard, Thomas. 2010. Ein Kind. Wien: Residenz.

Bernardi, Laura, and Clementine Rossier. 2008. The social context of fertility intentions: a comparative study in France and Germany. Paper presented at the European Association of Population Research, Barcelona. 10.7.2008.

Binder, Beatrix. 2007. Work-Life-Balance als Beispiel neoliberaler Gouvernementalität. Vortrag im Rahmen der Ringvorlesung „Gendered Subjects" an der Universität Wien. 19.4.2007.

Blaffer Hrdy, Sarah. 2000. Mutter Natur. Die weibliche Seite der Evolution, Berlin: Berlin Verlag.

Blackwood, Evelyn. 2005. Wedding bell blues: Marriage, missing men, and matrifocal follies. In: American Ethnologist, Vol. 32, Nr. 1, 1–19.

Blossfeld, Hans-Peter and Sonja Drobnič (Eds.). 2001. Careers of Couples in Contemporary Societies. Oxford: Oxford University Press.

Bodenmann, Guy. 2005. Beziehungskrisen: erkennen, verstehen und bewältigen. Bern: Huber.

Bodin, Jean. 1580/1973. De la demonomanie des sorciers. Deutsche Fassung von J.H. Fischart. Vom ausgelassenen wütigen Teufelsheer. Straßburg 1591. Nachdruck Graz: Akad. Druck- und Verlagsanstalt.

Böheim, René, Hofer, Helmut, Zulehner, Christine. 2007. Wage differences between Austrian men and women: semper idem? In: Empirica, 34(3), 213–229.

Böhnisch, Lothar und Karl Lenz (Hg.). 1996. Familien. Eine interdisziplinäre Einführung. Dresdner Studien. Juventa: Landsberg.

Boyle, Sheron. 1994. Working Girls and their Men. A candid investigation of prostitution in Britain. London: Smith Gryphon Publishers.

Böllert, Karin und Nina Oelkers (Hg.). 2010. Frauenpolitik in Familienhand? Neue Verhältnisse in Konkurrenz, Autonomie oder Kooperation. Wiesbaden: Verlag für Sozialwissenschaften.

Brant, Jennifer. 2014. From Historical Memories to Contemporary Visions. Honoring Indigenous Maternal Histories. In: Journal oft the Motherhood Initiative for Research and Community Involvement. Mothers and History, Vol. 5 (1), 35–52.

Breger, Claudia. 2005. Identität. In: Braun, Christina von und Inge Stephan (Hg.). Gender@Wissen. Ein Handbuch der Gender-Theorien. Köln: Böhlau, 47–65.

Brake, Anna und Peter Büchner. 2007. In: Ecarius, Jutta (Hg.). Handbuch Familie. Opladen: Verlag für Sozialwissenschaften, 199–219.

Briffault, Robert. 1931. The Mothers. The Matriarchal Theory of Social Origin. – A study of the origins of sentiments and institutions. New York: The MacMillan Company.

Buchebener-Ferstl, Sabine and Mariam Irene Tazi-Preve (im Erscheinen). The Austrian Case Studies. Case Study Christine and Richard: Enthusiastic Fatherhood. In: Francine Deutsch (Hg.). Equal Share Couples.

Buchebner-Ferstl, Sabine, Kaindl, Markus, Schipfer, Rudolf, Tazi-Preve, Mariam Irene. 2014. Familien- und Kinderfreundliches Österreich? Erfahrungen aus dem beruflichen, privaten und öffentlichen Raum. ÖIF Forschungsbericht Nr. 13, Wien.

Bundesministerium für Frauenangelegenheiten. 1995. Bericht über die Situation der Frauen in Österreich. Frauenbericht. Wien.

Bundeskanzleramt und Bundesministerium für Frauen und öffentlicher Dienst. 2010. Frauenbericht 2010. Bericht betreffend die Situation von Frauen in Österreich im Zeitraum von 1998 bis 2008. Wien.

Bundesministerium für Soziale Sicherheit, Generationen und Konsumentenschutz (Hg.). 2003. Scheidungsfolgen für Männer. Juristische, psychische und wirtschaftliche Implikationen. Wien.

Bundesministerium für Familie (BMF). 2005. Work Life Balance. Motor für wirtschaftliches Wachstum und gesellschaftliche Stabilität. Analyse der volkswirtschaftlichen Effekte – Zusammenfassung der Ergebnisse. Wien.

Bundesministerium für Familie, Senioren, Frauen und Jugend (BFSFJ). 2006. Wachstumseffekte einer bevölkerungsorientierten Familienpolitik. Berlin.

Bundesministerium für Familie, Senioren, Frauen und Jugend (BFSFJ). 2015a. Memorandum. Familie und Arbeitswelt. Vereinbarkeit NEU. Berlin.

Bundesministerium für Familie, Senioren, Frauen und Jugend (BFSFJ). 2015b. Dossier Väter und Familie – erste Bilanz einer neuen Dynamik. Berlin.

Bundesministerium für Wirtschaft, Familie und Jugend (Hg.). 2011. Der neue Jugendmonitor. Wien.

Butler, Judith. 1990. Das Unbehagen der Geschlechter. Frankfurt a.M.: Suhrkamp.

Butler, Judith. 1995. Körper von Gewicht. Die diskursiven Grenzen des Geschlechts. Berlin: Berlin Verlag.

Chasiotis, Athanasios. 2012. Väter zwischen Biologie und Kultur. In: Walter, Heinz, und Andreas Eickhorst (Hg.). Das Väterhandbuch. Theorie, Forschung, Praxis. Gießen: Psychosozial Verlag, 39–58.

Chiavola Birnbaum, Lucia. 2013. The Future has an Ancient Heart. Bloomington, IN: iUniverse LLC.

Chodorow, Nancy. 1986. Das Erbe der Mütter. Psychoanalyse und Soziologie der Geschlechter. München: Frauenoffensive.

Cichon, Joan. 2012. Demeter and the Eleusinian Mysteries: Ancient Origin and Modern impact. National Conference The Association for the Study of Women and Mythology. San Francisco, CA. 11–12.5.2012.

Claudot-Hawad, Hélène. 2003. Die Frau als „Schützende" und der Mann als „Reisender". Die Darstellung der Geschlechter bei den Tuareg. In: Göttner-Abendroth, Heide (Hg.): Gesellschaft in Balance. Dokumentation des 1. Weltkongresses für Matriarchatsforschung 2003 in Luxemburg. Stuttgart et al: Kohlhammer, 108–123.

Connell, Raewyn. 1995. Neue Richtungen für die Geschlechtertheorie, Männlichkeitsforschung und Geschlechterpolitik. In: Armbruster, Christof, Müller, Ursula, Stein-Hilbers, Marlene (Hg.). Neue Horizonte? Sozialwissenschaftliche Forschung über Geschlechter und Geschlechterverhältnisse. Opladen: Leske + Budrich, 61–84.

Corea, Gena: MutterMaschine. 1988. Reproduktionstechnologien – von der künstlichen Befruchtung zur künstlichen Gebärmutter. Frankfurt a.M.: Fischer.

Cousins, Mel. 2008. European Welfare States. Comparative perspectives. London et al.: Sage.

Crompton, Rosemary. 2001. Impact of policy on gender related decisions of labour in households. Vortrag im Rahmen des Workshops on Gender Relations, Family and Work. Oudenaarde, Belgien, 29.11.–1.12.2001.

Dackweiler, Regina-Maria. 2008. Wohlfahrtsstaat: Instutionelle Regulierung und Transformation der Geschlechterverhältnisse. In: Becker, Ruth und Beate Kortendiek (Hg.). Handbuch Frauen- und Geschlechterforschung. Wiesbaden: Verlag für Sozialwissenschaften, 512–523.

Daly, Mary and Katherine Rake. 2008. Gender and the Welfare State. Care, Work and Welfare in Europe and the USA. Cambridge, UK/Malden, USA: Polity Press.

Danshilacuo, Hengde and He Mei. 2009. Mosuo Family Structure. In: Göttner-Abendroth, Heide (Hg.). Societies in Peace. Matriarchies past present future. Toronto: Inanna, 248–255.

DeMeo, James. 2003. Saharasia. Die Ursprünge patriarchaler Kultur in Verbindung mit pröhistorischer Wüstenbildung. In: Göttner-Abendroth, Heide (Hg.). Gesellschaft in Balance. Dokumentation des 1. Weltkongresses für Matriarchatsforschung 2003 in Luxemburg. Stuttgart et al: Kohlhammer, 230–248.

Der Duden. 1989. Berlin: Dudenverlag.

DESTATIS. 2016. Datenreport https://www.destatis.de/DE/Publikationen/Datenreport/Downloads/Datenreport2016Kap2.pdf?__blob=publicationFile (Zugriffsdatum: 2.6.2016)

Diamond, Lisa. 2008. Sexual Fluidity. Understanding Women's Love and Desire. Cambridge, MA./London: Harvard University Press.

Dörfler, Sonja, Wernhart, Georg. 2016. Die Arbeit von Männern und Frauen. Eine Entwicklungsgeschichte der geschlechtsspezifischen Rollenverteilung in Frankreich, Schweden und Österreich. Forschungsbericht Nr. 19. Wien: Österreichisches Institut für Familienforschung.

Donath, Orna. 2015. Regretting Motherhood: A Sociopolitical Analysis, In: Signs, Winter 2015, 343–267.

Donkoh, Wilhelmina. 2010. Female Leadership Among the Asante. In: Göttner-Abendroth, Heide (Hg.) Societies in Peace. Matriarchies past present future. Toronto: Inanna, 117–128.

Drinck, Barbara. 2005. Vatertheorien. Geschichte und Perspektive. Opladen/Farmington Hills: Verlag Barbara Budrich.

Druckerman, Pamela. 2007. Lust in Translation. The Rules of Infidelity from Tokyo to Tennessee. New York: The Penguin Press.

Druckermann, Pamela. 2013. Hier hab ich das Sagen. In: EMMA 2/2013, 61–62.

Duden, Barbara. 1991. Der Frauenleib als öffentlicher Ort. Vom Missbrauch des Begriffs Leben. Hamburg/Zürich: Luchterhand.

Duthu, Bruce. 2008. American Indians and the Law. New York et al.: Penguin.

Ebbecke-Nohlen und Andrea, Nohlen, Dieter. 2005. Feminismus/Feministische Ansätze. In: Lexikon der Politikwissenschaft. Band I. Dieter Nohlen und Rainer-Olaf Schultze (Hg.). Theorien Methoden Begriffe. München: Verlag Beck, 242–246.

Ecarius, Jutta. 2007. Verwandtschaft. In: Ecarius, Jutta (Hg.). Handbuch Familie. Wiesbaden: Verlag für Sozialwissenschaften, 220–238.

Edmonds, Regina. 2010. Transforming Loss into Action. Mothers from the Plaza de Mayo to Juarez, Mexico. Journal of the Motherhood Initiative, Vol. 1. Nr.1, 52–63.

Ehnis, Patrick und Sabine Beckmann. 2009. Kritische Männer- und Männlichkeitsforschung. Positionen, Perspektiven, Potential. In: Kurz-Scherf, Ingrid, Lepperhoff,

Julia, Scheele, Alexandra (Hg.). Feminismus: Kritik und Interventionen. Münster: Westfälisches Dampfboot, 162–178.

Eisler, Riane. 2006. Matriarchale Gesellschaften in Geschichtstheorie und Geschichte. In: Göttner-Abendroth, Heide (Hg.). Gesellschaft in Balance. Dokumentation des 1. Weltkongresses für Matriarchatsforschung 2003 in Luxemburg. Stuttgart et al: Kohlhammer, 149–164.

Elias, Norbert. 1939/1992. Über den Prozeß der Zivilisation. Soziogenetische und psychogenetische Untersuchungen. 2 Bde., 17. Auflage. Frankfurt a.M.: Suhrkamp.

Engel, Antke. 2008. Gefeierte Vielfalt. Umstrittene Heterogenität. Befriedete Provokation. Sexuelle Lebensformen in spätmodernen Gesellschaften. In: Bartel, Rainer at al (Hg.). Heteronormativität und Homosexualitäten. Innsbruck/ et al: Studienverlag, 43–63.

Ernst, Werner. 1986. Legitimationswandel und Revolution. Studien zur neuzeitlichen Entwicklung und Rechtfertigung politischer Gewalt. Berlin: Faber.

Europäische Union. 2003. Die Leitlinien für beschäftigungspolitische Maßnahmen (2003–2005). http://europa.eu/scadplus/leg/de/cha/c11319.htm (Zugriffsdatum: 13.2.2008).

Fassbender, Ursula. 2015. Mütter-Folter. Bumerang. Zeitschrift für Patriarchatskritik, Vol. 1, 140–145. http://fipaz.at/bumerang/ (Zugriffsdatum: 20.10.2016)

Feichtinger, Gustav, Prskawetz, Alexia, Seidl, Andrea, Simon, Christa,Wrzaczek, Stefan. 2013. Do Egalitarian Societies Boost Fertility? Vienna Institute of Demography. Working Papers. Vol. 2.

Foucault, Michel. 1983. Der Wille zum Wissen. Sexualität und Wahrheit I, Frankfurt a.M.: Suhrkamp.

Foucault, Michel. 1993. Überwachen und Strafen. Die Geburt des Gefängnisses. Frankfurt a.M.: Suhrkamp.

Foucault, Michel. 2004. Geschichte der Gouvernementalität, 2 Bände, Frankfurt a.M.: Suhrkamp.

Fournier, Ursula. 2015. Kontinuität der Mutterlinie. Bumerang. Zeitschrift für Patriarchatskritik, Vol. 1, 220–223. http://fipaz.at/bumerang/ (Zugriffsdatum: 20.10.2016)

Frauennetz Attac (Hg.). 2003. Dienste ohne Grenzen? GATS, Privatisierung und die Folgen für Frauen, Dokumentation des Internationalen Kongresses, 9.–11.5.2003 in Köln. Frankfurt a.M.

Freud, Sigmund. 1917. Vorlesungen zur Einführung in die Psychoanalyse. Gesammelte Werke, Bd. XI. Frankfurt a.M. o.V., 47–482.

Freud, Sigmund. 1978. Werkausgabe in zwei Bänden. Hg. von Anna Freud und Ilse Grubrich-Simitis. Band 1: Elemente der Psychoanalyse. Frankfurt a.M.: Fischer.

Friebertshäuser, Barbara, Matzner, Michael, Rothmüller, Ninette. 2007. Familie: Mütter und Väter In: Ecarius, Jutta (Hg.). Handbuch Familie. Wiesbaden: Verlag für Sozialwissenschaften, 179–198.

Fry, Douglas. 2007. Beyond War: The Human Potential for Peace. New York: Oxford University Press.

Fthenakis, Wassilios. 1985. Väter – Band 1. Zur Psychologie der Vater-Kind-Beziehung. München: Urban und Schwarzenberg.

Fthenakis, Wassilios. 1988. Väter – Band 2. Zur Vater-Kind-Beziehung in verschiedenen Familien-Strukturen. München: Urban und Schwarzenberg.

Fthenakis, Wassilios und Martin Textor (Hg.). 2002. Mutterschaft, Vaterschaft. Weinheim/Basel: Beltz.

Fthenakis, Wassilios, Niesel, Renate, Griebel, Wilfried. 1993. Scheidung als Reorganisationsprozeß. Interventionsansätze für Kinder und Eltern. In: Menne, Klaus, Schilling, Herbert, Weber, Matthias (Hg.). Kinder im Scheidungskonflikt, Weinheim: Juventa, 261–290

Fuchs, Margareta und Veronika Krapf. 2009. Von wilden und weisen Frauen. 150 geheimnisvolle Frauen-Sagen aus Tirol. Innsbruck/Bozen: Löwenzahn.

Fuhs, Burkhard. 2007. Zur Geschichte der Familie. In: Ecarius, Jutta (Hg.). Handbuch Familie. Wiesbaden: Verlag für Sozialwissenschaften, 17–35.

Gagnon, John, Stein Greenblatt, Cathy, Kimmel, Michael. 1994. Bisexualität aus soziologischer Sicht. In: Haeberle, E.J., Gindorf, R. (Hg.). Bisexualitäten. Ideologie und Praxis des Sexualkontaktes mit beiden Geschlechtern. Stuttgart/Jena/New York: Gustav Fischer, 69–92.

Galtung, Johan. 1996. Peace by Peaceful Means. London: Sage.

Gapp, Hans (Hg.). 1996. Die großen Fasnachten Tirols. Innsbruck: Löwenzahn.

Gatusa, Lamu. 2006. Das Verwandtschaft-System der Mosuo in China. In: Göttner-Abendroth, Heide (Hg.). Gesellschaft in Balance. Stuttgart et al: Kohlhammer, 79–89.

Gemoll, Wilhelm. 1965. Griechisch-Deutsches Schul- und Handwörterbuch. München/Wien.: Freytag-Verlag

Genth, Renate. 1996. Matriarchat als 2. Kultur. In: Werlhof, Claudia von, Schweighofer, Annemarie, Ernst, Werner W. (Hg.). Herren-Los. Herrschaft – Erkenntnis – Lebensform. Frankfurt a.M. et al: Peter Lang, 17–38.

Genth, Renate. 2002. Über Maschinisierung und Mimesis. Erfindungsgeist und mimetische Begabung im Widerstreit und ihre Bedeutung für das Mensch-Maschine-Verhältnis. Beiträge zur Dissidenz Nr. 10, Frankfurt a.M. et al: Peter Lang.

Gestrich, Andreas, Krause, Jens-Uwe, Mitterauer, Michael. 2003. Geschichte der Familie. Stuttgart: Alfred Kröner Verlag.

Gimbutas, Marija. 1982. The Goddesses and Gods of Old Europe, London.: Thames and Hudson.

Gimbutas, Marija. 1991. The Civilization of the Goddess. The World of Old Europe. San Francisco: Harper.

Goldberg, Christine. 2002. Globalisierung, Karrieren und Familien – wo bleiben da die Frauen? In: Goldberg, Christine, und Sieglinde Rosenberger (Hg.). Karriere Frauen Konkurrenz. Innsbruck/Wien: Studienverlag.

Goldstein, Joshua, Lutz, Wolfgang, Testa, Maria Rita. 2003. The emergence of sub-replacement family size ideals in Europe. In: Population Research and Policy Review, 22, 479–496.

Gorz, Andre. 1994. Kritik der ökonomischen Vernunft. Sinnfragen am Ende der Arbeitsgesellschaft. Hamburg: Rotbuch.

Göttner-Abendroth, Heide. 1991. Das Matriarchat II, 1. Stammesgesellschaften in Ostasien, Ozeanien, Amerika. Stuttgart et al: Kohlhammer.

Göttner-Abenroth, Heide. 2000. Das Matriarchat II, 2. Stammesgesellschaften in Amerika, Indien, Afrika. Stuttgart et al: Kohlhammer.

Göttner-Abendroth, Heide. 2006. Moderne Matriarchatsforschung. Definitionen Reichweite Aktualität. In: Göttner-Abendroth, Heide (Hg.). Gesellschaft in Balance. Dokumentation des 1. Weltkongresses für Matriarchatsforschung 2003 in Luxemburg. Stuttgart et al: Kohlhammer, 20–29.

Göttner-Abendroth, Heide. 2007. Die Bildung von Matri Clans im zu Ende gehenden Patriarchat geht von den Müttern aus. In: MatriaVal. Zeitung für matriarchale Werte (1), 5–11.

Göttner-Abendroth, Heide. 2008. Der Weg zu einer egalitären Gesellschaft. Prinzipien und Praxis der Matriarchatspolitik. Klein-Jasedow: Drachen.

Göttner-Abendroth, Heide. 2012. Matriarchal Societies: Indigenous Cultures across the Globe. Frankfurt a.M. et al.: Peter Lang.

Grasshoff, Malika. 2006. Die zentrale Stellung der Frau bei den Berbern Nordafrikas am Beispiel der Kabylen. In: Göttner-Abendroth, Heide (Hg.). Gesellschaft in Balance. Dokumentation des 1. Weltkongresses für Matriarchatsforschung 2003 in Luxemburg. Stuttgart et al: Kohlhammer, 124–136.

Greer, Germaine. 2000. Die ganze Frau. Körper. Geist. Liebe. Macht. München: dtv.

Greve, Bent. 2015. Welfare and the Welfare State. Present and Future. London/New York: Routledge.

Griebel, Wilfried, Nave-Herz, Rosemarie, Krüger, Dorothea. 1992. Ein-Eltern-Familien. In: Zeitschrift für Familienforschung, 5 (2), 134–141.

Groß, Otto. 1916. Vom Konflikt des Eigenen und Fremden. In: Die freie Straße, Band 4, 3–5.

Grundmann, Matthias und Dieter Hoffmeister. 2009. Familie nach der Familie. Alternativen zur bürgerlichen Kleinfamilie. In: Zeitschrift für Familienforschung. Sonderheft, 157–178.

Gubitzer, Luise. 2008. Was, wie, von wem, wann, wo? Zentrale Fragen einer feministischen Politischen Ökonomie. In: Krondorfer, Birge, Wischer, Miriam, Strutzmann, Andrea (Hg.). Frauen und Politik. Nachrichten aus der Demokratie. Wien: Promedia, 67-77.

Haeberle, Erwin. 1994. Bisexualitäten – Geschichte und Dimensionen eines modernen wissenschaftlichen Problems. In: Haeberle, E.J., Gindorf, R. (Hg.). Bisexualitäten. Ideologie und Praxis des Sexualkontaktes mit beiden Geschlechtern. Stuttgart et al: Gustav Fischer, 1–40.

Hagestad, Gunhild. 2006. Transfers between grandparents and grandchildren: The importance of taking a three-generation perspective. In: Zeitschrift für Familienforschung, 18 (39), 315–331.

Haid, Hans. 2006. Mythen der Alpen. Von Saligen, Weißen Frauen und Heiligen Bergen. Wien et al Böhlau.

Haller, Max. 1996. Kinder und getrennte Eltern. Voraussetzungen und Strategien zur Bewältigung der Ehescheidung im Lichte neuer sozialwissenschaftlicher Studien. Wien: ÖIF Schriftenreihe.

Harding, Sandra. 2008. Can Women become fully Modern? Paper at the Women's World Conference. Madrid. 5.7.2008.

Hart, Mechthild. 2015. Patriarchal Procreation and Destruction of the Good and the Bad Mother. Boomerang. Journal for Critique on Patriarchy, Vol. 1, 52–67. http://fipaz.at/bumerang/ (Zugrifsdatum: 20.10.2016)

Hartmann, Jutta und Klesse, Christian. 2007. Heteronormativität. Empirische Studien zu Geschlecht, Sexualität und Macht – eine Einführung. In: Hartmann, Jutta, Klesse, Christian, Wagenknecht, Peter, Fritzsche, Bettina, Hackmann, Kristina

(Hg.). Heteronormativität. Empirische Studien zu Geschlecht, Sexualität und Macht. Wiesbaden: Verlag für Sozialwissenschaften, 9–15.

Hausen, Karin. 1993. Wirtschaften mit der Geschlechterordnung. In: Hausen, Karin (Hg.). Geschlechtshierarchie und Arbeitsteilung. Zur Geschichte ungleicher Erwerbschancen von Männern und Frauen. Göttingen: Vandenhoeck und Ruprecht, 40–67.

Heiliger, Anna. 2005. Schattenseiten des neuen Sorge- und Umgangsrechts – Folgerungen für eine kindswohlfördernde Praxis. In: SoFid Jugendforschung 1, 10–17.

Heiliger, Anna und Traudl Wischnewsky (Hg.). 2003. Verrat am Kindeswohl. Erfahrungen von Müttern mit dem Sorge- und Umgangsrecht in hochstreitigen Fällen. München: Frauenoffensive.

Heinsohn, Gunnar, Knieper, Rudolf, Steiger, Otto. 1979. Menschenproduktion. Allgemeine Bevölkerungslehre der Neuzeit. Frankfurt a.M.: Suhrkamp, 51–65.

Helfferich, Cornelia. 2007. Männlichkeit in sexuellen und familialen Beziehungen: Differenz, Dominanz und Gemeinschaftlichkeit. In: Bereswill, Mechthild, Meuser, Michael, Scholz, Sylka (Hg.): Dimensionen der Kategorie Geschlecht: Der Fall Männlichkeit. Münster: Westfälisches Dampfboot, S. 206–222.

Hellinger, Bert. 2000. Ordnungen der Liebe. Ein Kurs-Buch von Bert Hellinger. Heidelberg: Carl-Auer-Systeme Verlag.

Herlyn, Ingrid und Angelika Kistner. 1997. Großmuttersein heute. In: Zeitschrift für Frauenforschung (3), 5–21.

Hermann, Judith. 2006. Die Narben der Gewalt. Traumatische Erfahrungen verstehen und überwinden. Paderborn: Junfermann.

Hirsch, Joachim. 2005. Materialistische Staatstheorie. Transformationsprozesse des kapitalistischen Staatensystems. Hamburg: VSA.

Hochschild, Arlie Russel (1997): The Time Bind. When Work becomes Home and Home becomes Work, New York: Metropolitan/Holt.

Hönig, Barbara und Kreimer, Margareta. 2003. Towards a Closing of the Gender Pay Gap. Geschlechtsspezifische Einkommensunterschiede in drei Berufsgruppen. Wien: Arbeitspapier 2.

Horkheimer, Max. (Hg). 1987. Schriften des Instituts für Sozialforschung. Fünfter Band. Studien über Autorität und Familie. Forschungsberichte aus dem Institut für Sozialforschung. Reprint der Ausgabe Paris 1936. Lüneburg: Dietrich zu Klampen.

Huber, Johannes, und Schäfer, Eberhard. 2012. Väterpolitik in Deutschland. Bestandsaufnahme und Perspektiven für die Zukunft. In: Walter, Heinz und Andreas Eickhorst (Hg.). Das Väter-Handbuch. Theorie Forschung Praxis. Gießen: Psychosozial-Verlag, 127–146.

Huntington, Samuel. 2002. Kampf der Kulturen. Die Neugestaltung der Weltpolitik im 21. Jahrhundert. München: Goldmann.

Ingwersen, Friedrich. 1996. Ausgewählte Kasuistiken einer systemischen Paarbehandlung im stationären Setting. In: Busch, Friedrich und Rosemarie Nave-Herz (Hg.). Ehe und Familie in Krisensituationen. Oldenburg: Isensee, 173–195.

Irigaray, Luce. 1987. Zur Geschlechterdifferenz. Interviews und Vorträge, Wien: Wiener Frauenverlag.

Irigaray, Luce. 1989. Genealogie der Geschlechter. Freiburg i.Br.: Kore.

Jensen, Heike. 2005. Sexualität. In: von Braun, Christina von, Stephan, Inge (Hg.). Gender@Wissen. Ein Handbuch der Gender-Theorien. Köln: Böhlau, 100–116.

214

Jung, C.G. 1987. Heros und Mutterarchetyp. Symbole der Wandlung, Grundwerk Bd. 8, Olten/Freiburg: Walter-Verlag.

Kaa, Dirk van de. 1987. Europe's Second Demographic Transition. In: Population Bulletin (Population Reference Bureau Inc.), 42 (1), 3–57.

Kailo, Kaarina. 2015. The Gender Impact of Alchemical Politics and Exchange. The Fate of the Finnish Welfare Society and Gift Labor. Bumerang. Zeitschrift für Patriarchatskritik, Vol. 1, 67–84. http://fipaz.at/bumerang/ (Zugriffsdatum: 20.10.2016)

Kaindl, Markus und Rudolf Schipfer. 2015. Familien in Zahlen 2015. Statistische Informationen zu Familien in Österreich. Wien: Österreichisches Institut für Familienforschung.

Kapella, Olaf und Christiane Rille-Pfeiffer. 2007. Einstellungen und Wertehaltung zu Themen der Vereinbarkeit von Familie und Beruf. Deskriptive Ergebnisse einer Einstellungs- und Wertestudie zu Mutter- und Vaterrolle, Kinderbetreuung und Erwerbstätigkeit der Frau. Wien: OIF Working Paper.

Kapella, Olaf, Baierl, Andreas, Rille-Pfeiffer, Christiane, Geserick, Christine, Schmidt, Eva-Maria. 2011a. Gewalt in der Familie und im nahen sozialen Umfeld. Österreichische Prävalenzstudie zur Gewalt an Frauen und Männern. Wien: Österreichisches Institut für Familienforschung. http://www.bmwfw.gv.at /Presse/AktuellePresseMeldungen/Documents/Gewaltprävalenz-Studie%202011-Executive%20Summary.pdf (Zugriffsdatum: 20.10.2016).

Kapella, Olaf, Rille-Pfeiffer, Christiane, Baierl, Andreas. 2011. Vereinbarkeit aus Sicht von Vätern mit einem unter-dreijährigen Kind in Österreich. Schriftenreihe des Österreichischen Institutes für Familienforschung. Nr. 23. Opladen/ Farmington Hills: Barbara Budrich, 83–210.

Kassner, Karsten und Rüling, Anneli. 2005. „Nicht nur am Samstag gehört Papa mir!" Väter in egalitären Arrangements von Arbeit und Leben. In: Tölke, Angelika, Karsten Hank (Hg). Männer – Das „vernachlässigte" Geschlecht in der Familienforschung. Zeitschrift für Familienforschung Sonderheft 4. Wiesbaden: Verlag für Sozialwissenschaften, 235–264.

Katz Rothman, Barbara. 1994. Beyond mothers and fathers: Ideology in a patriarchal society. In: Nakano Glenn, Evelyn, Chang, Grace Rennie Forcey, Linda (Hg.). Mothering. Ideology, Experience, and Agency, New York, 139–157

Kaufmann, Franz-Xaver. 1995. Die Zukunft der Familie im vereinten Deutschland. München: Beck.

Kern, Jutta, Richter, Rudolf, Supper, Sylvia. 2000. Verständnis und Verwendung des Begriffs Familie: Eine soziologische Einführung. In: Bundesministerium für Familie und Jugend. 4. Österreichischer Familienbericht 1999. Familie zwischen Anspruch und Alltag. Wien, 14–39.

Kittay, Eva. 1999. Love's Labor: Women, Dependence and Equality. New York: Routledge.

Kitzinger, Sheila. 1978. Frauen als Mütter. Geburt und Mutterschaft in verschiedenen Kulturen. München: dtv.

Klein, Naomi. 2001. No Logo! Der Kampf der Global Players um Marktmacht: ein Spiel mit vielen Verlierern und wenigen Gewinnern. München: Riemann.

Klein, Naomi. 2007. Die Schock Strategie. Der Aufstieg des Katastrophen-Kapitalismus. Frankfurt a.M.: Fischer.

Klein, Renate. 2015. From Test-Tube Women to Bodies without Women. In: Bumerang. Zeitschrift für Patriarchatskritik, 150–187. https://fipaz.at/bumerang/ (Zugriffsdatum: 21.11.2016)

Kromer, Ingrid, und Katharina Hatwager. 2005. Zwischen Anspruch und Wirklichkeit: Vom Umweltinteresse zur nachhaltigen Umweltkompetenz: Ergebnisse eines österreichischen Forschungsprojekts. Wien: Österreichisches Institut für Jugendforschung.

Kuhn, Annette. 2009. Nefertiti. „A Beautiful Woman Has Come". Matriarchal Power in the Spiral of History. In: Göttner-Abendroth, Heide(Hg.). Societies in Peace. Matriarchies past present future. Toronto: Inanna, 297–310.

Kuhn, Annette. 2010. Im Namen der Frau Vernunft. Das matriarchale Muster in der Spirale der Zeit. In: Madeischy, Uschi (Hg.) Die Ordnung der Mutter – Wege aus dem Patriarchat. Rüsselsheim: Christel Göttert, 179–192.

Kuiper, Edith. 2004. Ökonomie: Feministische Kritik mikro- und makroökonomischer Theorien und Entwurf alternativer Ansätze. In: Becker, Ruth Und Beate Kortendieck (Hg.). Handbuch Frauen- und Geschlechterforschung. Wiesbaden: Verlag für Sozialwissenschaften, 494–503.

Kuokkanen, Rauna. 2007. The Gift Logic of Indigenous Philosophies in the Academy. In: Vaughan, Genevieve (Hg.). Women and the Gift Economy. A radically different wordlview is possible. Toronto: Inanna, 71–83.

Kurdek, Lawrence. 1998. Relational Outcomes and their Predictors. Longitudinal Evidence from Heterosexual Married, Gay Cohabiting, and Lesbian Cohabiting Couples. In: Journal of Marriage and the Family, Volume 60, Issue 3, 553–568.

Kurz-Scherf, Ingrid. 2009. Weiblichkeitswahn und Männlichkeitskomplex – zur Geschichte und Aktualität feministischer Patriarchatskritik. In: Kurz-Scherf, Ingrid, Leppershoff, Julia, Scheele, Alexandra (Hg.). Feminismus: Kritik und Intervention. Münster: Westfälisches Dampfboot, 24–63.

Ladd-Taylor, Molly. 2014. Mothers' Rights are Human Rights: Reflections on Activism and History. In: Journal of the Motherhood Initiative for Research and Community Involvement, Mothers in History, Spring/Summer 2014, Vol. 5, Nr. 1, 21–34.

Laesthaeghe, Ron and Guy Moors. 2000. Recent Trends in Fertility and Household Formation in the Industrialized World. In: Review of Population and Social Policy (9), 121–170.

Langhammer, Fricka. 2012. Die Familie als Baustein der Gesellschaft – Kleinfamilie versus Großfamilie. Köln: o.V.

Lauderdale, Pat. 1996. Indigene nordamerikanische Alternativen zur Vorstellung von Recht und Strafe in der Moderne: Was die Natur uns lehrt. In: Werlhof, Claudia von, Schweighofer, Annemarie, Ernst, Werner W.(Hg.). Herren-Los. Herrschaft Erkenntnis Lebensform. Frankfurt a.M. et al.: Peter Lang.

Leibovici-Mühlberger, Barbara, Klepp, Doris, Krenn, Benedikt. 2006. Allein erziehende Väter in Österreich. Eine qualitative sozialwissenschaftliche Studie zur Realisierung allein erziehender Vaterschaft. Wien: Bundesministerium für Soziale Sicherheit, Generationen und Konsumentenschutz.

Lenzen, Dieter. 1991. Vaterschaft. Vom Patriarchat zur Alimentation. Reinbek: Rowohlt.

Lerner, Gerda. 1991. Die Entstehung des Patriarchats. Frankfurt/New York: Campus.

Lerner, Susanna, Vilquin, Eric (Hg.). 2005. Reproductive health, unmet needs and poverty. Paris, CICRED (Seminar in Bangkok, 25–30.11.2002).

Machiavelli, Niccolò. 1513/1986. Il Principe. Mailand: Enaudi.

Madeischy, Uscha. 2010. Das Heilige Paar: Schwester und Bruder. Vortrag Internationaler Goddess Kongress 2010. 28.–30.5.2010.

Madeisky, Uschi, Parr, Daniela, Margotsdotter, Dagmar. 2014. Wo die freien Frauen wohnen. Deutschland/China 2014 (Film, 90 Minuten; Filmförderung Hessen + hr).

Maier, Corinne. 2006. Die Entdeckung der Faulheit. Von der Kunst bei der Arbeit möglichst wenig zu tun. München: Goldmann.

Mallien, Lara und Johannes Heimrath. 2011. Matriarchale Aspekte gelebter Gemeinschaft – Die natürliche Verfasstheit einer Wahl-Großfamilie. Vortrag am Internationalen Kongress Erkenntnisse der Matriarchatsforschung. Perspektiven der Matriarchatspolitik. St. Gallen, Schweiz, 12.–15.5.2011.

Mann, Barbara Alice. 2005. Erklärung zum Zweiten Weltkongress für Matriarchatsforschung Societies in Peace. 29.9.–2.10.2005. San Marcos/USA.

Mann, Barbara Alice. 2009. „They are the Soul of the Councils". The Iroquoian Model of Woman-Power. In: Göttner-Abendroth, Heide (Hg.). Societies in Peace. Matriarchies past present future. Toronto: Inanna, 57–69.

Marler, Joan. 2006. Die Ikonographie und Struktur Alteuropas: Die archäo-mythologische Forschung von Marija Gimbutas. In: Göttner-Abendroth, Heide (Hg.). Gesellschaft in Balance. Dokumentation des 1. Weltkongresses für Matriarchatsforschung 2003 in Luxemburg. Stuttgart et al: Kohlhammer, 195–206.

Martin, Emily. 1989. Die Frau im Körper. Weibliches Bewußtsein, Gynäkologie und die Reproduktion des Lebens. Frankfurt a.M: Campus.

Matzner, Michael. 1998. Vaterschaft heute. Klischees und soziale Wirklichkeit. Wiesbaden: Verlag für Sozialwissenschaften.

Mauss, Marcel. 1990. The Gift. London: Routledge.

McElroy, Wendy, 2004. A Feminist Defense of Pornography. Free Inquiry Magazine, Volume 17, Number 4. https://jenseyatvajameh.files.wordpress.com/.../a-feminist-defense (Zugriffsdatum: 6.11.2016)

McKenzie, Caroline. 2009. Batmans heilige Schlacht. In: Anschläge (2), 21–22, basierend auf dem Vortrag auf der Jahreskonferenz der National Women's Studies Assoziation in Cincinatti, Ohio. 18.6.2008.

Mees, Ulrich und Annette Schmitt. 2000. Liebe, Sexualität und Eifersucht. In: Kaiser, Peter (Hg.). Partnerschaft und Paartherapie. Göttingen et al: Hogrefe. Verlag für Psychologie, 53–74.

Meier-Seethaler, Carola. 1988. Ursprünge und Befreiungen. Eine dissidente Kulturtheorie. Zürich: Arche.

Melchiori, Paula. 2007. From Forced Gifts to Free Gifts. In: Vaughan, Genevieve (Hg.). Women and the Gift Economy. A radically worldview is possible. Toronto: Inanna, 318–326.

Mellaart, James. 1975. The Neolithic of the Near East. London: Thames and Husdson.

Merchant, Carolyn. 1987. Der Tod der Natur. Ökologie, Frauen und neuzeitliche Naturwissenschaft. München: Beck.

Meuser, Michael. 2005. Vom Ernährer der Familie zum „involvierten" Vater. In: Figurationen, 6 (2), 91–106.

Meuser, Michael. 2009. Männer und Familie – Perspektiven aus der Männlichkeitsforschung. In: Kapella, Olaf, Rille-Pfeiffer, Christiane, Rupp, Marina, Schneider,

Norbert (Hg.). Die Vielfalt der Familie. Tagungsband zum 3. Europäischen Fachkongress Familienforschung. Opladen/Farmington Hills: Barbara Budrich, 145–155.

Michalitsch, Gabriele. 2000. Jenseits des homo oeconomicus? Geschlechtergrenzen der klassischen Ökonomik. In: Krondorfer, Birge, Mostböck, Carina (Hg.). Frauen und Ökonomie oder Geld essen Kritik auf. Kritische Versuche feministischer Zumutungen. Wien: Promedia, 91-104.

Michalitsch, Gabriele. 2006. Die neoliberale Domestizierung des Subjekts. Von den Leidenschaften zum Kalkül. Frankfurt/New York: Campus.

Mies, Maria. 1996. Frauen, Nahrung und globaler Handel. Eine ökofeministische Analyse zum Welternährungsgipfel 13.–17. November 1996 in Rom. In: Diskussionsbeiträge zur Subsistenz, Nr. 1, Bielefeld, 41.

Mies, Maria. 2015. Kapital und Patriarchat. München: bge.verlag.de.

Mies, Maria, und Vandana Shiva. 1995. Ökofeminismus. Beiträge zur Praxis und Theorie. Zürich: Rotpunkt.

Mies, Maria und Claudia von Werlhof (Hg.). 2003. Lizenz zum Plündern. Das Multilaterale Abkommen über Investitionen „MAI". Globalisierung der Konzernherrschaft – und was wir dagegen tun können. Hamburg: EVA.

Mitscherlich, Alexander. 2003. Auf dem Weg zur vaterlosen Gesellschaft. Weinheim: Beltz.

Mitterauer, Michael. 1978. Der Mythos von der vorindustriellen Großfamilie. In: Rosenbaum, Heidi (Hg.). Seminar: Familie und Gesellschaftsstruktur. Frankfurt a.M., 128-152.

Moeller-Gambaroff, Marina. 1980. Im Strudel der Regression. In: Kursbuch (61), 83–92.

Morgan, Robin. 2015. Paid for. My journey through prostitution. Interview mit Chris Hedges 15.10.2015. Days of Revolt. TeleSUR.

Mott, Rebecca. 2015. The Abolitionist Movement – providing women with their human right to live free from Prostitution. Workshop. Feminism in London Conference, 24.10.2015.

Mukhim, Patricia. 2009. Khasi Matrilineal Society: Challenges in the Twenty-first Century. In: Göttner-Abendroth, Heide (Hg.). Societies in Peace. Matriarchies past present future. Toronto: Inanna, 193–204.

Mukhim, Patricia. 2011. Khasi-Pnar Matriliny: Reclaiming Lost Spaces. Vortrag am Internationalen Kongress „Erkenntnisse der Matriarchatsforschung. Perspektiven der Matriarchatspolitik". St. Gallen, Schweiz, 12.–15.5.2011

Mulack, Christa. 1990. Natürlich weiblich. Die Heimatlosigkeit der Frau im Patriarchat. Stuttgart: Kreuz.

Mulack, Christa. 2006. Der Mutterschaftsbetrug. Vom UnWert zum MehrWert des Mutterseins. Ebersdorf: 2-buch.de.

Mulack, Christa. 2015. Das globale Patriarchat als Feind der Mutterschaft. In: Bumerang. Zeitschrift für Patriarchatskritik, Vol. 1, 118–139. http://fipaz.at/bumerang/ (Zugriffsdatum: 21.11.2016).

Muraro, Luisa. 1993. Die symbolische Ordnung der Mutter. Frankfurt a.M.: Campus.

Muraro, Luisa. 2010. Die symbolische Ordnung der Mutter. In: Madeisky, Uschi (Hg.). Die Ordnung der Mutter – Wege aus dem Patriarchat. Rüsselsheim: Christel Göttert, 95–102.

Murdock, George. 1965. Social structure. New York: Free Press.

218

Muthien, Bernedette. 2008. The KhoeSan and Partnership. Beyond Patriarchy and Violence. A thesis presented to the Department of Political Science. Stellenbosch University, Stellenbosch, South Africa.

Muthien, Bernedette. 2009. Beyond Patriarchy and Violence. The Khoesan and Partnership. In: Göttner-Abendroth, Heide (Hg.). Societies of Peace. Matriarchies, past, present and future. Toronto: Inana, 145–158.

Nave-Herz, Rosemarie. 2004. Wandel der Familie: eine familiensoziologische Perspektive (The Change of the Family. A Family Sociological Perspective). In: Schneewind, Klaus A. (Hg.). Familienpsychologie im Aufwind. Brückenschläge zwischen Forschung und Praxis. Göttingen, 19–31.

Neuhauser, Johannes (Hg.). 1999. Wie Liebe gelingt. Die Paartherapie Bert Hellingers. Heidelberg.: Carl-Auer-Systeme Verlag.

Neumann, Erich. 1989. Die Große Mutter, Eine Phänomenologie der weiblichen Gestaltungen des Unbewußten. Olten/Freiburg: Walter-Verlag.

Neusüß, Christel. 1985. Die Kopfgeburten der Arbeiterbewegung oder Die Genossin Luxemburg bringt alles durcheinander. Hamburg: Rasch und Röhrig.

Neyer, Gerda. 2003. Child Care and Child Care Policies in Austria. Vortrag im Rahmen der Tagung „The Gender of Politics: The Example of Reproduction Policies in Austria, Finland, Portugal, Romania, Russia, and the US". Kreisky Archiv. 13.–15.3.2003.

Notz, Gisela. 1991. Auf der Suche nach den neuen Vätern, Ausflüge von Männern in Frauenräume. Frankfurt a.M: Verlag für Akademische Schriften.

Olorenshaw, Vanessa. 2016. Liberating Motherhood. Birthing the Purplestockings Movement. Cprk, Ireland: Womancraft Publishing.

Pakyntein, Valentina. 1996. The Khasi Clan: Changing Religion and It's Effect. In: J.S. Bhandari, Cosmo (Hg.). Kinship and Family in North-East India (2 Vols.). Dehli: Devine Books, 98–112.

Pakyntein, Valentina. 1999. Gender Preference in Khasi Society. In: Subbal Mittal, T.B. (Hg.). Wonder that is Culture: Festschrift to Professor P.K. Misra. Mittal Publications, 171–182.

Palier, Bruno. 2010. Continental Western Europe. In: Castles, Francis, Leibfired, Stephan, Lewis, Jane, Obinger, Herbert. The Oxford Handbook of the Welfare Stae. New York: Oxfor University Press, 601-615.

Parker, Joe. 2007. How Prostitution Works. In: Stark, Christine Whisnant, Rebecca (Hg.). Not for Sale. Feminists Resisting Prostitution and Pornography. Dehli: Aakar Books, 3–14.

Pateman, Carole. 1988. The Sexual Contract. Cambridge.: University Press.

Pelikan, Christa. 2011. Unterdrückte Männer – ausgeschlossenen Väter? In: AEP Informationen (4), 17–20.

Perel, Esther. 2006. Mating in captivity. Unlocking Erotic Intelligence. New York: HarperColins Publishers.

Petschenig, Michael. 1971. Der kleine Stowasser. Lateinisch-deutsches Schulwörterbuch. Wien: Hölder-Pichler-Temsky.

Peuckert, Rüdiger. 2007. Zur aktuellen Lage der Familie. In: Ecarius, Jutta (Hg.). Handbuch Familie. Wiesbaden: Verlag für Sozialwissenschaften, 36–56.

Platon. 1971. Der Staat. In: Platon. Werke in acht Bänden. Hg. von Gunther Eigler, Bd. 4, Darmstadt: Wissenschaftliche Buchgesellschaft.

Plattner, Gabriele. 2011. „Zum Wohl des Kindes" sagen sie „Im Namen des Vaters" meinen sie. In: AEP Informationen (4), 12–16.

Pluhar, Erika. 1999. Am Ende des Gartens. Erinnerungen an eine Jugend. München:dtv.

Projektgruppe Zivilsationspolitik. 2009. Aufbruch aus dem Patriarchat – Wege in eine neue Zivilisation? Frankfurt a.M. et al: Peter Lang.

Pühl, Katharina, und Stefanie Wöhl. 2002. Modell „Doris". Zur Kritik neoliberaler Geschlechterpolitiken aus gouvernementalitätstheoretischer Sicht, Wien: Tagungsmanuskript.

Ralser, Michaela, Bechter, Anneliese, Guerrini, Flavia. 2012. Geschichte der Tiroler und Vorarlberger Erziehungsheime und Fürsorgeerziehungsregime der 2. Republik – Eine Vorstudie. Forschungsbericht im Auftrag der Länder Tirol und Vorarlberg. Innsbruck: Universität Innsbruck.

Ranke-Graves, Robert von. 1993. Griechische Mythologie. Reinbek: Rowohlt.

Rathmayr, Bernhard. 1993. Geschichte der Liebe. Vorlesungsmanuskript. Universität Innsbruck.

Rauchfleisch, Udo. 1996. Schule, Lesben, Bisexuelle. Lebensweisen, Vorurteile, Einsichten. Göttingen: Vandenhoeck und Ruprecht.

Rees, Madeleine, Bürgisser, Emma, Chaker, Leila. 2012. Women's International League of Peace and Freedom. Human Trafficking and Related Crimes in the context of peacekeeping, state, organisation, and individual responsibilities and accountabilities. Human Trafficking Report.

Reeves Sunday, Peggy. 2006. Matriarchat und Weltfrieden. Lehren von den Minangkabau. In: Göttner-Abendroth, Heide (Hg.). Gesellschaft in Balance. Dokumentation des 1. Weltkongresses für Matriarchatsforschung 2003 in Luxemburg. Stuttgart et al: Kohlhammer, 56–67.

Rendtorff, Barbara. 2007. Geschlechteraspekte im Kontext von Familie. In: Ecarius, Jutta (Hg.). Handbuch Familie. Wiesbaden: Verlag für Sozialwissenschaften, 94–111.

Renggli, Franz. 1992. Selbstzerstörung aus Verlassenheit. Die Pest als Ausbruch einer Massenpsychose im Mittelalter. Zur Geschichte der frühen Mutter-Kind-Beziehung. Hamburg: Rasch und Röhrig.

Rich, Adrienne. 1979. Von Frauen geboren. Mutterschaft als Erfahrung und Institution, München: Frauenoffensive.

Rich, Adrienne. 1986. Zwangsheterosexualität und lesbische Existenz. In: Dagmar Schultz (Hg.). Macht und Sinnlichkeit. Ausgewählte Texte von Audre Lorde und Adrienne Rich. Berlin: Orlanda Frauenverlag, 138–168.

Rifkin, Jeremy. 2010. Die empathische Zivilisation. Wege zu einem globalen Bewusstsein. Frankfurt/New York: Campus.

Rille-Pfeiffer, Christiane, Baumgartner, Gilbert, Dörfler, Sonja, Kapella, Olaf, Klepp, Doris, Neuwirth, Norbert, Schulz, Wolfgang. 2005. Evaluation Kinderbetreuungsgeld. Eine Zwischenbilanz nach rund 3 Jahren Laufzeit (Statusbericht). Wien: Österreichisches Institut für Familienforschung.

Rille-Pfeiffer, Christiane, Kapella, Olaf, Tazi-Preve, Mariam Irene. 2007a. Evaluierung Kinderbetreuungsgeld. Evaluationsbericht (2001–2006). Schriftenreihe des Österreichischen Institutes für Familienforschung. Innsbruck: Studienverlag.

Rille–Pfeiffer, Christiane, Tazi-Preve, Irene Mariam, Kapella, Olaf. 2007b. Die Vereinbarkeitslüge. In: Der Standard, 28.3.2007. Kommentar der anderen. http://www.oif.ac.at/service/zeitschrift_beziehungsweise/detail/?S=ohne%3F%3F

S&tx_ttnews%5Btt_news%5D=264&cHash=53098dd9f106cbd3973b7863cfa76
259 (Zugriffsdatum: 21.11.2016)

Ritzer, George, Stepnisky Jeffrey. 2017. Modern Sociological Theory. Los Angeles et al.: Sage.

Rollet, Brigitte und Harald Werneck. 2001. Einstellungen, Rollenverhalten und Berufstätigkeit bei Erst-, Zweit- und Dritteltern in Österreich. In: Nickel, Horst, Quaiser-Phol, Claudia (Hg.). Junge Eltern im kulturellen Wandel. Untersuchungen zur Familiengründung im internationalen Vergleich. Weinheim: Juventa, 123–136.

Rosati Freeman, Francesca. 2015. I valori de principio materno della societá del Moso. In: Boomerang. Journal of Critique on Patriarchy. Vol. 1, 212–220. https://fipaz.at/bumerang/ (Zugriffsdatum: 21.11.2016)

Rosenberger, Sieglinde. 1995. Auswirkungen sozialpolitischer Maßnahmen auf die Gestaltung der Geschlechterverhältnisse, in: Bundesministerium für Frauenangelegenheiten (Hg.) Frauenbericht, Wien.

Rousseau, Jean Jacques. 1854/1998. Emile oder über die Erziehung. Stuttgart: Reclam.

Royalle, Candida. 2000. Porn in the USA. In: Cornell, Drucilla (Hg.). Feminism and Pornography. Oxford: Oxford University Press, 548.

Rösinger, Christiane. 2012. Liebe wird oft überbewertet. Frankfurt a.M.: Fischer.

Rudolph, Clarissa. 2009. Frauen- und Gleichstellungspolitik: Gesellschaftlicher Wandel durch Institutionen? In: Kurz-Scherf, Ingrid, Leppershoff, Julia, Scheele, Alexandra (Hg.). Feminismus: Kritik und Intervention. Münster: Westfälisches Dampfboot, 115–132.

Rummel, Carsten. 1993. Kinder. Unsere Zukunft – Wir sind dabei sie zu verspielen. In: Frauen ab 40, Nr. 3, 16–20.

Sandberg, Sheryl. 2013. Lean In. New York: Alfred A. Knopf.

Sauer, Birgit. 2004. Geschlecht und Politik. Institutionelle Verhältnisse, Verhinderungen und Chancen. Berlin: Wissenschaftlicher Verlag.

Schäfer, Rita. 2010. Projektionsflächen für Geschlechterpolitik in Südafrika, in: Frauensolidarität. Frauenkörper. (2), 16–17.

Schäffer-Hegel, Barbara. 1990. Eigentum, Vernunft und Liebe: Paradigmen des Ausschlusses der Frauen aus der Politik. In: Schaeffer-Hegel, Barbara (Hg.). Vater Staat und seine Frauen. Erster Band. Beiträge zur politischen Theorie. Pfaffenweiler: Centaurus, 149–165.

Scheibelhofer, Paul. 2011. Von der Krise der Buben zur Krise des Abendlandes. Maskulinismus und Rassismus in männlichen Krisendiskursen. In: AEP Informationen (4), 4–6.

Scheidler, Fabian. 2016. Das Ende der Megamaschine. Geschichte einer scheiternden Zivilisation. Wien: Promedia.

Schleiermacher, Friedrich. 1826/2000. Texte zur Pädagogik. Kommentierte Studienausgabe. Band 2. Herausgegeben von Michael Winkler und Jens Brachmann. Frankfurt a.M.

Schmidt, Eva-Maria und Mariam Irene Tazi-Preve. 2011. Väter und Väterforschung – ein Literaturüberblick. In: Kapella, Olaf und Christiane Rille-Pfeiffer (Hg.). „Papa geht arbeiten". Vereinbarkeit aus Sicht von Männern. Schriftenreihe des Österreichischen Institutes für Familienforschung. Nr. 23. Opladen/Farmington Hills: Barbara Budrich, 11–46.

Schipfer, Rudolf. 2009. ÖVP, SPÖ und die Familie. Eine Analyse der Grundsatzprogramme von 1945 bis 1998, In: Mariam Irene Tazi-Preve (Hg.). Familienpolitik. Nationale und internationale Perspektiven. Reihe Familienforschung Band 20. Opladen/Farmington Hills: Barbara Budrich, 15–56.

Schmölzer, Hilde. 2005. De abgeschaffte Mutter. Der männliche Gebärneid und seine Folgen. Wien: Promedia.

Schröttle, Monika. 2011. Kritische Anmerkungen zur These der Gendersymmetrie bei Gewalt in Paarbeziehungen. Gender Heft 1/2010. In: Jarosch, Monika. 2011. Die These vom gleichen Ausmaß der Gewalt von Frauen und Männern in Paarbeziehungen. In: AEP informationen (4), 21–24.

Schweighofer, Annemarie. 1996. Dichotomes Denken und Staat. Zur Auflösung verwandtschaftlich geordneter, wesentlich von Frauen geprägter Lebensformen. In: Werlhof, Claudia von, Schweighofer, Annemarie, Ernst, Werner (Hg.). Herren-Los. Herrschaft Erkenntnis Lebensform. Frankfurt a.M. et al.: Peter Lang., 51–67.

Schwedische Regierung. 2010. Report. Prohibition of the purchase of sexual services. An evaluation 1999–2008 (SOU 2010) http://www.government.se/articles/2011/03/evaluation-of-the-prohibition-of-the-purchase-of-sexual-services/ (Zugriffsdatum: 6.11.2016).

Senf, Bernd. 2011. Die Bedeutung von Wilhelm Reich für eine Kritische Patriarchatstheorie und Matriarchatsforschung. In: Projektgruppe „Zivilisationspolitik" (Hg.). Kann es eine „neue Erde" geben? Zur „Kritischen Patriarchatstheorie" und der Praxis einer postpatriarchalen Zivilisation. Frankfurt a.M. et al: Peter Lang, 77–80.

Shadmi, Erella. 2007. Tapped by Patriarchy: Can I forgive Men? In: Vaughan, Genevieve (Hg.). Women and the Gift Economy. A radical different World View is possible. Toronto: Inanna, 253–256.

Shiva, Vandana. 1989. Das Geschlecht des Lebens. Frauen, Ökologie und Dritte Welt. Berlin: Rotbuch.

Shiva, Vandana. 1993. Monocultures of the Mind. Biodiversity, Biotechnology and Agriculture. New Dehli/London: Zedbooks.

Sieder, Reinhard und Andrea Smioski. 2012. Gewalt gegen Kinder in Erziehungsheimen der Stadt Wien. Endbericht. Wien. https://www.wien.gv.at/menschen/magelf/pdf/endbericht-erziehungsheime.pdf (Zugriffsdatum: 20.11.2016)

Slaughter, Anne-Marie. 2016. Was noch zu tun ist – Damit Frauen und Männer gleichberechtigt leben, arbeiten und Kinder erziehen können. Köln: KiWi.

Somé, Sobonfu. 2009. The Gift of Mothering. Vortrag auf der Konferenz „An(M)Otherworld is possible". 23.–25.10.2009. York University, Toronto.

Sobotka, Tomas. 2008. Sub-replacement fertility intentions in Austria: Exceptional case or a likely future trend in other European countries? Vortrag auf der „European Population Conference" 2008. Barcelona, 9.–12.7.2008.

Sobotka, Tomas. 2015. Low Fertility in Austria and the Czech Republic: Gradual Policy Adjustments. Vienna Institute of Demography Working Papers. Vol. 2. Wien.

Squires, Judith. 1999. Gender in Political Theory. Cambridge, UK/Maldon, USA: Polity Press.

Spivak, Gayatri Chakravorty. 2008. Can the Subaltern Speak? Postkolonialität und subalterne Artikulation. Wien: Turia und Kant.

Statistik Austria (STATA). 2009. Zeitverwendung 2008/2009. Ein Überblick über geschlechtsspezifische Unterschiede. Endbericht der Bundesanstalt Statistik Österreich an die Bundesministerin für Frauen und Öffentlichen Dienst. Wien. http://www.statistik.at/ web_de/presse/052103 (Zugriffsdatum: 20.11.2010).

Stierlin, Helm. 2002. Familientherapie und/oder Einzeltherapie? – Eine Bestandsaufnahme. In: Familiendynamik, Jg. 27, 445–467.

Stillhart, Sibylle. 2015. Müde Mütter – Fitte Väter. Warum Frauen immer mehr arbeiten und es trotzdem nirgendwohin bringen. Zürich: Limmat.

Stuckey, Johanna. 2005. Sacred Prostitutes. In: MatriFocus, Vol. 5–1, 32–44.

Swanson, David. 2016. War is a Lie. Charlottsville, Virginia: Just World Publishing.

Tazi-Preve, Irene. 1992. Der Mord an der Mutter. Das gewaltsame Brechen der Macht der Mutter als konstitutives Merkmal des Patriarchats. Diplomarbeit Universität Innsbruck.

Tazi-Preve, Irene. 2003b. Geschlechterverhältnis. In: Gisser, Richard (Hg.): Population Policy Acceptance Survey (PPA II). Familie, Geschlechterverhältnis, Alter und Migration. Wissen, Einstellungen und Wünsche der Österreicherinnen und Österreicher. Tabellenband und Zusammenfassung ausgewählter Ergebnisse. Forschungsbericht Nr. 25. Institut für Demographie. Österreichische Akademie der Wissenschaften, Wien, 32–40.

Tazi-Preve, Irene. 2004. Mutterschaft im Patriarchat. Mutter(feind)schaft in politischer Ordnung und feministischer Theorie – Kritik und Ausweg. Werlhof, Claudia von (Hg.). Beiträge zur Dissidenz. Bd. 14. Frankfurt a.M. et al: Peter Lang.

Tazi-Preve, Irene. 2006. Vaterschaft heute. Zentrale Ergebnisse auf Basis des „Population Policy Survey." In: Harald Werneck, Martina Beham und Doris Palz (Hg.) Aktive Vaterschaft. Männer zwischen Familie und Beruf. Gießen. Psychosozial-Verlag, 230–244.

Tazi-Preve, Mariam Irene. 2008. … Vater sein umso mehr. Österreichische Väter in Sozialpolitik und -praxis. In: Tel Aviver Jahrbuch für Deutsche Geschichte, 293–398.

Tazi-Preve, Mariam Irene. 2009a. Die Vereinbarkeitslüge: Von der Unvereinbarkeit der Ansprüche von Staat, Familie und Arbeitswelt aus system- und geschlechtskritischer Sicht, (The Lie about Reconciliation. About the Contradicting Demands of State, Family and Labour Market). In: Familienpolitik – Nationale und internationale Perspektiven. Mariam Irene Tazi-Preve (Hg.). Opladen/Farmington Hills: Barbara Budrich, 57–84.

Tazi-Preve, Mariam Irene. 2009b. Politik zu Vaterschaft. In: SWS Rundschau 49 (4), 491–511.

Tazi-Preve, Mariam Irene. 2012a. Deconstructing family. Family Relations under Patriarchal and Matriarchal Conditions. In: Labrys 22. http://www.labrys.net.br/ labrys22/libre/tazi.htm (Zugriffsdatum: 20.10.2016)

Tazi-Preve, Mariam Irene. 2012b. Väterpolitik in Österreich: Status quo und Wege für die Zukunft. In: Walter, Heinz, Eickhorst, Andreas (Hg.). Das Väter-Handbuch. Theorie, Forschung, Praxis. Gießen: Psychosozial-Verlag, 147–164.

Tazi-Preve, Mariam Irene. 2013. Vom widerständig-denken-Lernen bei meiner Doktormutter. In: Mathias, Frick, Theresa, Scheiber, Ursula und Simone Wörer (Hg.)

Von der Weltsystemanalyse und Subsistenzperspektive zur Kritischen Patriarchatstheorie. Frankfurt a.M. et al: Peter Lang, 49-58.

Tazi-Preve, Mariam Irene. 2014. Mutterschaft in der patriarchalen Gesellschaft (in Hebräisch). In: Erella Shadmi (Ed.). Mother's Path. Tel Aviv: Resling, 67-82.

Tazi-Preve, Mariam Irene. 2015. Die Mutterfalle. In: Bumerang. Zeitschrift für Patriarchatskritik, Vol.1, 12-32.

Tazi-Preve, Mariam Irene. 2017. The Perversion of Maternal Giftgiving. Initiating the Matrilinear Motherhood Now Movement. In: Vaughan, Genevieve (Ed.). Toronto: Inanna Publications, 43-61.

Tazi-Preve, Irene and Roloff, Juliane. 2002. Abortion in Europe. Problems of Access and Services. Interregional Seminar on Reproductive Health, Unmet Needs and Poverty. Paper edited by Committee for International Cooperation in National Research in Demography. http://www.cicred.org/Eng/Seminars/Details/Seminars/Bangkok2002/bangkok02.htm (Zugriffsdatum: 20.10.2016)

Tazi-Preve, Mariam Irene, Kapella, Olaf, Kaindl, Markus, Klepp, Doris, Krenn, Benedikt, Seyyed-Hashemi, Setare, Titton, Monika. 2007. Väter im Abseits. Zum Kontaktabbruch der Vater-Kind-Beziehung nach Scheidung und Trennung. Wiesbaden: Verlag für Sozialwissenschaften.

Thevenon, Olivier. 2006. Family-Friendly Policies, Fertility, Poverty and Gender Inequalities in the Labour Market: Which relationships and disparities in OECD countries? Lecture at the American Association of America, 29. März 2006.

Theweleit, Klaus. 1986. Männerphantasien Band 1–2, Frankfurt a.M: Stroemfeld/Roter Stern.

Titiev, Mischa. 1944. Old Oraibi. Hopi Old Mesa. Papers of the Peabody Museum of American Archaeology and Ethnology, Harvard University, Vol. XXII, No. 1. Cambridge, Massachusetts.

United States Census. 2016. American National Longitudinal Mortality Study. https://www.census.gov/did/www/nlms/ (Zugriffsdatum: 20.10.2016)

Varoufakis, Yanis. 2016. And the Weak suffer what they must? Europe, Austerity and the Threat to Global Stability. London: Peguin Random House.

Vaughan, Genevieve. 2005. For-Giving. A Feminist Criticism of Exchange. Austin, Texas: Anomaly Press.

Vaughan, Genevieve. 2007a. Introduction. A Radically Different Worldview is Possible. In: Vaughan, Genevieve (Hg.). Women and the Gift Economy. A radically different wordlview is possible. Toronto: Inanna, 1–38.

Vaughan, Genevieve. 2007b. Heterosexism and the Norm of Normativity. A Radically Different Worldview is Possible. In: Vaughan, Genevieve (Hg.). Women and the Gift Economy. A radically different wordlview is possible. Toronto: Inanna, 199–214.

Vaughan, Genevieve. 2009. Mothering Economics, Mothering Language. Basic paper for the Motherworld Conference. Toronto 22.–25.10.2009.

Vaughan, Genevieve. 2015a. The Gift in the Heart of Language. The Maternal Source of Meaning. Mailand: Mimesis International.

Vaughan, Genevieve. 2015b. The Maternal Gift, Patriarchy and the Value Form of the Commodity. Bumerang. Zeitschrift für Patriarchatskritik, Vol. 1, 85–98. http://fipaz.at/bumerang/ (Zugriffsdatum: 23.11.2016)

Veyne, Paul. 1989. Das Römische Reich. In: Ariès, Philippe, Duby, Georges (Hg.). Geschichte des privaten Lebens. Bd. 1.: Vom Römischen Imperium zum Byzantinischen Reich. Herausgegeben von Paul Veyne. Frankfurt a.M.: Fischer, 19–228.

Walby, Sylvia. 1990. Theorizing Patriarchy. Oxford: Basil Blackwell.

Walby, Sylvia. 2009. Globalization and Inequalities: Complexity and contested modernities. London: Sage.

Walter, Wolfgang und Jan Künzler. 2002. Parentales Engagement. Mütter und Väter im Vergleich. In: Schneider, Norbert F. und Mathias Beck (Hg.). Elternschaft heute. Gesellschaftliche Rahmenbedingungen und individuelle Gestaltungsaufgaben. Opladen: Leske + Budrich, 95–120.

Weger, Siegfried und Reinhard Hölzl Reinhard. 2007. Geheimnisvolles Tirol. Mystisches, Magisches und Mysteriöses. Innsbruck/Bozen: Löwenzahn.

Werlhof, Claudia von. 1991. Männliche Natur und künstliches Geschlecht: Texte zur Erkenntniskrise der Moderne. Wien: Wiener Frauenverlag.

Werlhof, Claudia von. 1996. Mutter Los. Frauen im Patriarchat zwischen Angleichung und Dissidenz. München: Frauenoffensive.

Werlhof, Claudia von. 2003. Das Patriarchat als Negation des Matriarchats. Zur Perspektive eines Wahns. In: Göttner-Abendroth, Heide (Hg.). Gesellschaft in Balance. Dokumentation des 1. Weltkongresses für Matriarchatsforschung 2003 in Luxemburg. Stuttgart et al: Kohlhammer, 30–41.

Werlhof, Claudia von. 2009a. Capitalist Patriarchy and the Negation of Matriarchy: The Struggle for a „Deep" Alternative. In: Vaughan, Genevieve (Hg.). Women and the Gift Economy. A Radically different Worldview is possible. Toronto: Inanna, 139–153.

Werlhof, Claudia von. 2009b. Die Globalisierung des Neoliberalismus, seine Folgen und einige Alternativen. Überarbeitetes Vortragsmanuskript. „Dallinger Symposium". Wien, 21.11.2005.

Werlhof, Claudia von. 2010. Der unerkannte Kern der Krise. Die Moderne als Er-Schöpfung der Welt. Zur Alchemie des Patriarchats. Uhlstädt-Kirchhasel: Arun.

Werlhof, Claudia von. 2015. Ausflug in die Kritische Patriarchatstheorie: Die moderne Zivilisation und ihre fünf Basisverhältnisse – aus der Perspektive der Alchemiethese. In: Bumerang. Zeitschrift für Patriarchatskritik, Vol. 0, 9–52. http://fipaz.at/bumerang/ (Zugriffsdatum: 23.11.2016)

Werneck, Harald. 1998. Übergang zur Vaterschaft. Auf der Suche nach den „Neuen Vätern". Wien: Springer-Verlag.

Werneck, Harald. 2004. Die „neuen Väter". http://www.familienhandbuch.de/cmain/f_Aktuelles/a_Elternschaft/s_255.html (Zugriffsdatum: 11.8.2010).

Wernhart, Georg, Kaindl, Markus, Schipfer, Rudolf, Tazi-Preve, Mariam. 2008. Drei Generationen – eine Familie. Austauschbeziehungen zwischen den Generationen aus Sicht der Großeltern und das Altersbild der Politik. Innsbruck: Studienverlag.

Weyrather, Irmgard. 1993. Muttertag und Mutterkreuz. Der Kult um die „deutsche Mutter" im Nationalsozialismus, Frankfurt a.M.: Fischer.

WIDE. 2010. Kassasturz. Finanzkrise und Entwicklung aus feministischer Perspektive. WIDE-Positionspapier zur globalen sozialen, ökonomischen und ökologischen Krise. Wien.

Wiggershaus, Rolf. 1991. Die Frankfurter Schule. Geschichte, Theoretische Entwicklung, Politische Bedeutung. München, Wien: dtv wissenschaft.

Williams, Keira. 2014. Defending Depression. Intersectionality and American Infanticide. In: Journal of Motherhood Initiative for Research and Community Involvement. Motherhood and reproduction. Fall/Winter 2014, Vol. 5, Nr. 2, 107–122.

Wingen, Max. 1997. Familienpolitik. Frankfurt a.m.: Lucius und Lucius.

Wolf, Doris. 2009. Der Kampf gegen Weisheit und Macht der matriarchalen Urkultur Ägyptens. Eine Kriminalgeschichte. Küsnacht: Dewe.

Wörer, Simone. 2011. Gaben-Los? Grundrisse einer patriarchatskritischen Theorie der Gabe. In: Projektgruppe „Zivilisationspolitik" (Hg.). Kann es eine „neue Erde" geben? Zur „Kritischen Patriarchatstheorie" und der Praxis einer postpatriarchalen Zivilisation. Frankfurt.a.M. et al: Peter Lang, 179–201.

Wunder, Heide. 1993. „Jede Arbeit ist ihres Lohnes wert". Zur geschlechtsspezifischen Teilung und Bewertung von Arbeit in der Frühen Neuzeit. In: Hausen, Karin (Hg). Geschlechtshierarchie und Arbeitsteilung: zur Geschichte ungleicher Erwerbschancen von Männern und Frauen. Göttingen: Vandenhoeck und Ruprecht, 19–39.

Ziegler, Jean. 2012. Wir lassen sie verhungern. Die Massenvernichtung in der dritten Welt. München: Bertelsmann.

Zulehner, Paul M. und Rainer Volz. 1998. Männer im Aufbruch. Wie Deutschlands Männer sich selbst und wie Frauen sie sehen. Ein Forschungsbericht. Ostfildern: Schwabenverlag.

Zeitschriften, Periodika

EMMA. Dossier Mutter werden mit 50plus und Hochzeit – Traum oder Albtraum? Mai/Juni 2013, 20–51.

EMMA. Dossier. Dossier Frauen und der Mutter-Mythos, März/April 2016, 72–85.

Kurier. 22.5.2007. Szmydke, Paulina. „Man muss viel in Kauf nehmen". Jobkurier, S. 2.

New York Times. 15.4.2014. Dan Frosch. „Refusals Cut Options after C-Sections", D3.

New York Times. Frances Robles. 10.5.2015. „With Flurry of Bills, Republican Legislatures Make Abortions Harder to Get",16/21.

New York Times. 17.10.2015. Tamar Lewin. „Egg Donors Want Room to Name their Price.", 1/15.

New York Times. 9.4.2016. Denise Grady. „Yeast Infection Thwarted the Nation's First Uterus Transplant", A11.

New York Times. 22.2.2016 o.A. „In Service Sector, No Rest for the Working", B1/B5.

New York Times. 8.5.2016. David Beach. „Just Don't Call Me Mom", 6.

New York Times. 17.4.2016. Leserbrief zu „Disposable workers", 10.

New York Times. 17.4.2016. Alessandra Stanley. „A Billionaire with a Davos of His Own.", B1/5.

New York Times. 22.5.2016. Reniqua Allen. „Is Egg Freezing only for White Women?", 4f.

New York Times. 4.10.2016. o.A. „A Grueling Pace and a Tragic End"., B1/B6.

New York Times. 5.6.2016. Tyler Cowen. „More Time to Unwind, Unless you're a Woman", B3.

New York Times. Editorial Board. 23.11.2016. Power Imbalance at the Pipeline Protest. http://www.nytimes.com/2016/11/23/opinion/power-imbalance-at-the-pipeline-protest.html (Zugriffsdatum: 26.11.2016)

New Yorker. 30.5.2016. Heller, Nathan. „The Big Uneasy. What's roiling the liberal-art campus?", 48–57.

Orlando Weekly. 16.–22.9.2015. My Egg Bank Ad, 8.

Presse, Die. 18.7.2015. „Was heißt denn da „Reform?", Spectrum, IV.

Profil Nr. 30/2012. Sebastian Hofer und Salomea Krobath. „Alleinstellungsmerkmale", 60–67.

Spiegel. Nr. 47/1997. Mathias Matusek. Verlierer sind die Männer, 84–89; Der entsorgte Vater, 90–107.

Spiegel Online. 13.2.2015. Hesse, Genevieve. Es war brutal. 13.2.2015 http://www.spiegel.de/panorama/gesellschaft/prozess-gegen-strauss-kahn-befeuert-debatte-ueber-prostitution-a-1018370.html (Zugriffsdatum: 6.11.2016)

Standard 17./18.32007. Niki Glattauer. Miese Mütter machen mobil, 31.

Standard. 28.3.2007. http://www.oif.ac.at/service/zeitschrift_beziehungsweise/detail/?S=ohne%3FS%3Dkontrast&tx_ttnews%5Btt_news%5D=264&cHash=ab4de35a800cf1564e2c1d9fcbd5d579(Zugriffsdatum: 23.10.2016).

Standard. 5./6.5.2007. Christian Scholz. „Was die Arbeitswelt von morgen bestimmt. Anmerkungen zur Flexicurity".

Standard 28./29.6.2008. Interview „Die Familie kommt zu kurz", K1

Standard. 21./22.8.2010. o.A. „Sie sagen einfach nur mehr ,leck mich'. Zehntausende Kinder brauchen die Hilfe von Sozialarbeitern, Jugendämtern und Psychiatern", 10.

Standard. 27.2.2010. o.A. „Odysseus trägt Züge von uns allen", 25.

Standard. 7.5.2011. Mia Eidelhuber. „Sie war die Schönste!", A2.

Standard. 14./15.7.2012. Adelheid Wölfl. „Das Museum der zerbrochenen Beziehungen", 7.

Standard. 2.10.2012. Hartmut Volk. „Wenn Wertschätzung aus dem Arbeitsalltag verschwindet", 16.

Standard, 7.11.2012. Streeruwitz, Marlene. Wenn Sie mich fragen, A12.

Standard. 10.11.2012. Paulus Hochgatterer. „Bücherfressen macht schlau", A1–13.

Standard Online, 12.2.2015. Strauss-Kahn hatte Wohnung für Sexpartys. http://derstandard.at/2000011633387/Strauss-Kahn-hatte-Appartement-fuer-Sex-Parties (Zugriffdatum: 6.11.2016).

Süddeutsche Zeitung. 6.5.2016. Felix Hütten. „Wachstum ohne Mutter", 16.

Time. 28.9.2015. Kristin van Ogtrop. „Why Ambition isn't working for Women", 53–56.

USA Today, July 22, 2014. „How we criminalize parenting and poverty", 6A

Wall Street Journal. 5.–6.4.2014. Glenn Hubbard. „Where have all the Workers Gone", C1–2.

Wienerin. Mai 2011. „Die Tochter und das Biest", 196–200.

Wirtschafts-Nachrichten Spezial. 2015. Smart Production. Die Zukunft der Industrie liegt in der industriellen Produktion. Juli/August 2015.

Zeit, Die. 7.5.2016. 13 Beiträge zum Muttertag, die Texte: Die Mutter als Sexualobjekt, 10; Putins Mutter, 15; Die Mutter des Adam Smith, 21; Zwangsehen in Kambodscha, 30; Eva lebt, 39; Tiermütter, eine Infographik, 41; Raymond Chandlers Ehe, 54; Maria in Lourdes, 62; Matriarchat auf Sumatra, 63; Muttermörder, 74; Über Schwiegermütter, 75; Ich bin der Ersatz-Sohn, Magazin: Mütterfeindlichkeit, ZEIT Online.

Zeit Magazin. Nr. 29, 7.7.2016. Pham, Khue. „Der Nächste, bitte!", 15–23.